EL DON DE PROFECÍA

EN EL NUEVO TESTAMENTO Y EN LA ACTUALIDAD

Wayne A. Grudem

ISBN 0-8297-0990-8
Categoría: Teología sistemática / Doctrina

Este libro fue publicado en inglés con el título
The Gift of Prophecy por Kingsway Publications, Ltd.

© 1988 por Wayne A. Grudem

Traducido por M. Cristina Kunsch de Sokoluk

Edición en idioma español
© 1992 EDITORIAL VIDA
Deerfield, Florida 33442-8134

Cubierta diseñada por Graphic Expressions Inc. / Barbara Wood

A Elliot, Oliver y Alexander,
quienes alegran mi vida cada día.

"Herencia de Jehová son los hijos."

— Salmo 127:3

INDICE

INTRODUCCION
El problema de la profecía en la actualidad

¿Qué es el don de la profecía? ¿Debemos ponerlo en práctica en nuestras iglesias? Sobre estas preguntas difieren ampliamente los cristianos de nuestros días.

Muchos cristianos carismáticos y pentecostales responden que la profecía es "una palabra del Señor" que trae dirección divina a detalles específicos de nuestra vida, nos proporciona mucha edificación personal y otorga a nuestros períodos de oración una intensa conciencia de la presencia de Dios.

Sin embargo, muchos cristianos dentro de las tendencias reformada y dispensacional dicen que ese punto de vista amenaza la extraordinaria autoridad de la Biblia como la Palabra acabada de Dios, y conduce a que la gente reste atención a la Escritura y aumente la atención a directivas poco fiables y "subjetivas". Los que sostienen esta posición dirán que la profecía es la habilidad de pronunciar (o escribir) las palabras mismas de Dios, tales como las que tenemos en la Biblia, y que este don acabó cuando se terminó de escribir el Nuevo Testamento. A esta opinión se le llama a menudo "punto de vista cesantista", por sostener que la profecía y algunos otros dones milagrosos "cesaron" una vez que se escribió el Nuevo Testamento.

Hay además muchos otros cristianos que no son ni "carismáticos" ni "cesantistas";* simplemente no saben con seguridad qué debieran pensar del don de profecía (y los otros dones más insólitos). Ven que en la actualidad la profecía no funciona en sus propias iglesias, y han recelado de algunos excesos vistos en el movimiento carismático, pero por otra parte no tienen convicciones firmes que contradigan el uso de tales dones.

¿Podrá un examen del Nuevo Testamento proporcionarnos una salida a estos interrogantes? ¿Encontraremos en la Escritura misma

---

*   Utilizaremos en adelante el término "cesantista" para la postura doctrinal que el autor describe aquí como opuesta a la "carismática".

la indicación de un "terreno intermedio" que salvaguarde lo que es realmente importante para ambos bandos y no obstante sea fiel a la enseñanza del Nuevo Testamento? Creemos que la respuesta a estas preguntas es afirmativa.

Mediante este libro sugeriré una comprensión del don de profecía que requerirá una pequeña modificación en el punto de vista de cada uno de los tres grupos. Pediré a los carismáticos que continúen usando el don de profecía, pero que dejen de referirse a él como "palabra del Señor", precisamente porque ese rótulo le da una apariencia de autoridad tal como la de la Biblia, y eso conduce a muchos malentendidos. En el orden práctico, cito por extenso a varios líderes responsables del movimiento carismático, y pido a las iglesias que usan este don que tomen en cuenta el sabio consejo de esos líderes en lo relativo a la evaluación de las profecías y la evitación de abusos.

Por el otro lado, pido al bando de los "cesantistas" que den seria atención a la posibilidad de que la profecía en las iglesias neotestamentarias no haya sido igual en autoridad a la Escritura, sino que haya sido simplemente un informe muy humano — y algunas veces errado en parte — de algo que el Espíritu Santo hubiera traído a la mente de alguien. También les pido que vuelvan a considerar aquellos argumentos en favor de la cesación de ciertos dones, argumentos que examinaré por extenso en el capítulo 12.

Finalmente, a todos aquellos cristianos que no tienen convicciones fuertes sobre estos asuntos, les pido que dediquen algo de atención a la enseñanza del Nuevo Testamento sobre el don de profecía, y a la posibilidad de que, dadas ciertas condiciones, y tomando recaudos bíblicos, este don puede traer mucha edificación y una nueva vitalidad espiritual a la adoración.

Quisiera dejar en claro desde el comienzo que no declaro que en su mayor parte estén equivocados las opiniones carismáticas ni "cesantistas". Más bien creo que ambos tienen razón en su mayor parte (en aquello que consideran esencial), y creo que un ajuste en cuanto al modo en que entienden la naturaleza de la profecía (especialmente en materia de autoridad) tendría la posibilidad de lograr la resolución de este asunto dejando a salvo los puntos que ambos consideran cruciales. Desde la perspectiva "cesantista", este modo de ver la profecía incluiría una fuerte afirmación del cierre del canon neotestamentario (es decir, que al presente ninguna palabra recibida es de autoridad equivalente), de la suficiencia de la Escritura, de la supremacía y autoridad extraordinaria de la Biblia como guía. En cambio, la perspectiva carismática de la profecía aún sostendría el uso contínuo de la profecía como la obra espontánea y poderosa del Espíritu Santo trayendo algo a la memoria cuando la iglesia está reunida para adorar, dando "edificación, aliento y consuelo", dirigiéndose directamente a las necesidades del momento y llevando a la gente a darse cuenta de que "verdaderamente Dios está entre vosotros" (1 Corintios 14:25). Además, respecto de asuntos que todos los cristianos consideran importantes, tengo la esperanza de que esta perspectiva de la profecía neotestamentaria contribuya a una mayor unidad entre el pueblo de Dios en lo concerniente a dones del Espíritu Santo y a un mejor entendimiento de cómo usar correctamente estos dones hoy.

Este libro también trata varias cuestiones prácticas. En el área de lo personal: ¿es correcto procurar el don de profecía? ¿Cómo puedo saber que lo he recibido? ¿Cuándo y cómo debería ejercerlo? ¿Podría fortalecerse este don, o puede perderse? En cuanto a iglesias que permiten o podrían llegar a permitir este don, ¿qué enseñanzas deberían impartir al respecto? ¿Cuáles son las condiciones apropiadas para el ejercicio del don? ¿Qué medidas deberían tomarse para prevenir abusos tales como desorden, falsas enseñanzas, dependencia excesiva de una orientación subjetiva? ¿Cómo podemos resguardarnos de profecías falsas? ¿Se deberá permitir profetizar a cualquiera en la iglesia? ¿Podrá manejarse este tema de tal modo que no se produzcan divisiones en la iglesia?

Este libro no es una colección de experiencias personales, si bien éstas son de valor para animar a la gente a regocijarse en lo que Dios hace, o para avisarlos que eviten los trágicos abusos con los que otros se han enfrentado. Todo aquel que lee la literatura corriente en torno al don de profecía pronto descubre que se pueden reunir muchos testimonios buenos o malos sobre las dos caras de esta cuestión, y al final de cuentas no se llega a una conclusión. Esta cuestión deberá ser resuelta por último a base de lo que la Biblia misma dice. Por eso, este libro consiste casi completamente en un cuidadoso examen de las enseñanzas de la Escritura. He incorporado un índice más detallado que lo habitual para los que quieran averiguar hacia dónde se dirige la discusión. Animo a los creyentes a que lean este libro con una Biblia en la mano, y a que se pregunten a sí mismos si lo que yo sugiero es realmente lo que el Nuevo Testamento enseña acerca del don de profecía, un don que Pablo dice que los cristianos debieran procurar (1 Corintios 14:39).

CAPITULO 1

LOS PROFETAS DEL ANTIGUO TESTAMENTO

Pronunciar las palabras mismas de Dios

Antes de comenzar un estudio del don de profecía en el Nuevo Testamento, es necesario examinar brevemente a los profetas del Antiguo Testamento, a hombres como Moisés y Samuel, o Natán, o Isaías, Jeremías y Daniel.

¿Qué propósito tenían ellos? ¿Cuánta autoridad tenían? ¿Qué ocurría si alguno osaba desobedecerlos? ¿Cometían errores alguna vez?

En este punto no damos nada por sentado en cuanto a la pregunta de si estos profetas del Antiguo Testamento eran iguales o no a los del Nuevo Testamento. (En el capítulo 3 trataremos de demostrar que en realidad existen diferencias importantes.) Por el momento trataremos simplemente de examinar la evidencia en el texto del Antiguo Testamento y derivar algunas conclusiones, especialmente sobre la clase de autoridad que estos profetas del Antiguo Testamento tenían.

Los profetas son mensajeros de Dios

La principal función de los profetas del Antiguo Testamento era ser *mensajeros de parte de Dios*, enviados a hablar a hombres y mujeres en palabras provenientes de Dios. Así leemos del profeta Hageo: "Entonces Hageo, enviado de Jehová, habló por mandato de Jehová al pueblo" (Hageo 1:13; véase Abdías 1:1). De modo similar, el Señor "envió un mensaje por medio de Natán profeta" al rey David (2 Samuel 12:25), y el Señor dio al profeta Isaías un mensaje para entregar al rey Ezequías (2 Reyes 20:4-6).

El hecho es que un verdadero profeta es aquel a quien "Jehová en verdad envió" (Jeremías 28:9). Pero los falsos profetas, que profetizan mentiras, son aquellos de quienes el Señor dice: "No los envié" (Jeremías 29:9; Ezequiel 13:6).

Muy a menudo el profeta es un mensajero de tipo especial. Es un "mensajero del pacto", enviado a recordar a Israel los términos del pacto con el Señor, llamando a los desobedientes al arrepentimiento y advirtiéndoles que las sanciones de la desobediencia pronto serán aplicadas (véanse por ejemplo Jeremías 7:25; 2 Crónicas 24:19; Nehemías 9:26, 30; Malaquías 4:4-6).

¿Por qué es importante esto? Lo es porque los mensajeros oficiales no llevan solamente la autoridad propia, sino que hablan con la autoridad de aquel que los envía. Pongamos por ejemplo al embajador a un país extranjero que lleva un mensaje de su presidente o primer ministro. No considera que el mensaje es suyo, ni lo entrega en su autoridad personal. El mensaje que él entrega viene con la autoridad del dirigente que lo envió.

Así era con los profetas del Antiguo Testamento. Sabían que no hablaban por su propia cuenta, sino de parte de Dios, y con la autoridad de él, quien los había enviado.

Las palabras de los profetas son palabras de Dios

La autoridad de los mensajeros de Dios, los profetas, no se limitaba al contenido general de sus mensajes, ni a las ideas principales. Por el contrario, aseguraban reiteradamente que *sus mismas palabras* eran las palabras que Dios les había encomendado entregar.

Se enfatiza frecuentemente en el Antiguo Testamento el hecho de que los profetas hablaban las palabras mismas que Dios les había encomendado entregar:

"Yo estaré en tu boca, y te enseñaré lo que hayas de hablar" (Exodo 4:12; véase 24:3).

"Pondré mis palabras en su boca" (Deuteronomio 18:18; véanse los versículos 21-22).

"He puesto mis palabras en tu boca" (Jeremías 1:9).

"La palabra que Dios pusiere en mi boca, esa hablaré" (Números 22:38; véanse 23:5, 16).

"Les hablarás, pues, mis palabras" (Ezequiel 2:7; véase 3:17).

No es sorprendente, pues, que encontremos que los profetas del Antiguo Testamento hablan muy frecuentemente de parte de Dios en la primera persona gramatical, y dicen cosas como: "Haré esto" o "He hecho aquello" al hablar de parte del Señor, y muy evidentemente no por sí mismos (2 Samuel 7:4-16; 1 Reyes 20:13, 42; 2 Reyes 17:13; 19:25-28, 34; 21:12-15; 22:16-20; 2 Crónicas 12:5 y cientos de veces en los profetas más tardíos).

La completa identificación de las palabras de los profetas con las palabras del Señor, se ve cuando un profeta dice cosas como "para que conozcas que yo soy Jehová" (1 Reyes 20:13) o "Yo soy Jehová, y ninguno más hay; no hay Dios fuera de mí" (Isaías 45:5). Evidentemente ningún israelita hubiera pensado que el profeta se atribuía las palabras como propias en casos como éstos; simplemente se consideraba que repetía las palabras de Dios, quien lo había enviado.

Finalmente, una indicación de la creencia en el origen divino de las palabras proféticas se evidencia en la frecuencia con que se menciona a Dios como el autor de las palabras dichas por un profeta. En 1 Reyes 13:26, "la palabra de Jehová que él le dijo" fue la palabra que el profeta había hablado en el versículo 21.

En modo semejante, las palabras de Elías en 1 Reyes 21:19 se citan en 2 Reyes 9:25s. como una sentencia que el Señor decretó sobre Acab, sin mencionar siquiera a Elías (véanse Hageo 1:12; 1 Samuel 15:3, 18). Con frecuencia se lee, "la palabra de Jehová, la cual él había hablado por su siervo el profeta" (1 Reyes 14:18; 16:12; 2 Reyes 9:36; 14:25; 17:23; 24:2; 2 Crónicas 29:25; Esdras 9:10-11; Nehemías 9:30; Jeremías 37:2; Zacarías 7:7, 12; etc.)

La absoluta autoridad divina de las palabras proféticas

No creer o desobedecer las palabras de un profeta es no creer o desobedecer a Dios

Existía una consecuencia práctica de esta idea de que el profeta hablaba las palabras mismas de Dios: ¡resultaba en una gran diferencia en cuanto a cómo lo escuchaba la gente! De hecho, cuando la gente que escucha a un profeta está convencida de que las palabras exactas de ese profeta tienen absoluta autoridad divina, no se arriesgará a desobedecerle ni a no creer aun una ínfima parte del mensaje por miedo a recibir de Dios mismo el castigo a la desobediencia y la incredulidad (nótese Deuteronomio 18:19; 1 Samuel 8:7; 15:3, con los versículos 18 y 23; 1 Reyes 20:36; 2 Crónicas 25:16; Isaías 30:12-14; Jeremías 6:10-11, 16-19; etc.).

Podrían citarse otros pasajes, pero el esquema está claro: No creer o no obedecer cualquier cosa que un profeta dice en nombre de Dios, no es cuestión insignificante; es no creer y no obedecer a Dios.

Las palabras de un verdadero profeta están más allá de todo desafío o interrogante

Otra consecuencia tenía el hecho de que se consideraba que los verdaderos profetas hablaban las palabras mismas de Dios. Si éstas eran las palabras de Dios, luego eran verdaderas y buenas, y puras por definición, por venir de Dios mismo.

Por lo tanto, no encontramos en el Antiguo Testamento ningún caso en que la profecía de alguno reconocido como verdadero profeta sea "evaluada" o "tamizada", para separar lo bueno de lo malo, lo verdadero de lo falso. Por el contrario, cuando Samuel fue instaurado como profeta, "Jehová estaba con él, y no dejó caer en tierra ninguna de sus palabras" (1 Samuel 3:19). Por ser Samuel un hombre de Dios (es decir, un profeta), el criado de Saúl pudo decir: "Todo lo que él dice acontece sin falta" (1 Samuel 9:6).

Esto indica que cuando un profeta hablaba en nombre del Señor, si *tan sólo una profecía* no se cumplía, era porque era un falso profeta (Deuteronomio 18:22). Tan grande era la autoridad que acompañaba al oficio de profeta, y por tanto, tan desastroso para el pueblo era el efecto que derivaba de la emergencia de un profeta falso, que el castigo que recaía sobre éste era la pena de muerte (Deuteronomio 18:20; 13:5).

De modo que lo que encontramos en el Antiguo Testamento es que se juzgaba a cada *profeta*, pero no las distintas partes de cada *profecía*. La gente pregunta: "¿Es éste un verdadero profeta, o no? ¿Habla las verdaderas palabras de Dios, o no?" Nunca pregunta: "¿Qué partes de esta profecía son verdaderas y qué partes son falsas? ¿Qué partes son buenas y qué partes malas?" Es que aun una pequeña falsedad descalificaría a toda la profecía y expondría el carácter de falso del profeta. Un verdadero profeta que asegurara la autoridad divina de sus palabras exactas no podría incluir en su profecía algunas palabras propias y algunas de Dios; debían ser de Dios todas las palabras, o si no él era un falso profeta.

Por lo tanto, cuando resultó evidente que el Señor estaba con Samuel y que no dejó caer a tierra ninguna de sus palabras (1 Samuel 3:19), entonces "todo Israel . . . conoció que Samuel era fiel profeta de Jehová" (versículo 20). De modo que se vio que desobedecer a Samuel o interpretar por cuenta propia aun las órdenes aparentemente arbitrarias sería mal y conduciría al castigo de Dios (1 Samuel 13:13 con 10:18; 15:23 con el versículo 3).

Así también Micaías estaba dispuesto a poner en juego toda la reputación de profeta sobre el cumplimiento de una sola profecía (1 Reyes 22:28). Por considerarse a Dios como el hablante de todo lo hablado por un profeta en su nombre, no era concebible que un verdadero profeta profiriera un oráculo que fuera una mezcla de elementos buenos y malos, ciertos y falsos. Cualquiera que fuera el mensaje recibido del Señor, el verdadero profeta lo decía. Lo que el Señor así hablaba por medio del profeta tenía absoluta autoridad divina, incluyendo las palabras mismas usadas por el profeta.

Por supuesto todo esto no indica que un verdadero profeta nunca podría apostatar (1 Reyes 13:18). La diferenciación que se trata de trazar concierne al tipo de evaluación que la gente había de hacer.

Si el pueblo de Israel hubiera pensado habitualmente que un profeta hablaba simplemente sus propias palabras y no las del Señor, entonces se habría sometido a evaluación y cuestionamiento cada frase pronunciada. De cada afirmación los oyentes preguntarían: "¿Es cierto o no?" Esta clase de palabra enunciada por un profeta no sería más que una palabra de hombre entre otras palabras de hombres, y no poseería más autoridad que otra palabra cualquiera. Un discernimiento crítico sería necesario al escuchar todas las palabras del profeta, aun si afirmara que el contenido general de su mensaje fuera de Dios, pues podrían ocurrir leves errores en cualquier punto.

Si en cambio, el profeta asegura estar hablando las palabras mismas de Dios, tendrá lugar otra evaluación. Hay sólo dos posibilidades, sin terreno intermedio. La pregunta se torna: "¿Son éstas las palabras de Dios, o no? Si lo son, debo obedecer. Si no lo son, el profeta representa falsamente a Dios y se le debe dar muerte" (Deuteronomio 18:20). Una vez que se aceptan sus palabras —por cualquier modo que sea—, como palabras de Dios, cobran un rango diferente y están más allá de todo desafío o cuestionamiento.

Aplicación en la actualidad

A pesar de que nuestro estudio no ha tocado aún la cuestión de la profecía en el Nuevo Testamento, tiene de todos modos una aplicación útil para los cristianos contemporáneos. La razón para esto es que muchas de las palabras de Dios pronunciadas por profetas del Antiguo Testamento no se han perdido, sino que han sido conservadas para nuestro bien en las páginas del Antiguo Testamento. De hecho, hay indicios de que se consideraba que todo el Antiguo

Testamento fue escrito por aquellos que tenían la función de "profetas", pues leemos en el Evangelio según San Lucas: "y comenzando desde Moisés, y siguiendo por todos los profetas, les declaraba en todas las Escrituras, lo que de él decían" (Lucas 24:27).

Pero sea que consideremos que todo o que mucho del Antiguo Testamento ha venido por medio de aquellos que escribían como "profetas", ciertamente podemos demostrar que la Escritura misma afirma para todo el Antiguo Testamento esta misma autoridad: la autoridad de las propias palabras de Dios.

De esto se deriva una consecuencia práctica para los lectores modernos. Debemos confiar plenamente en las palabras de las escrituras del Antiguo Testamento y (toda vez que sus ordenanzas sean aplicables a nosotros hoy) debemos obedecer sus mandamientos completamente, pues son mandamientos de Dios.

Y si el Antiguo Testamento tiene esta clase de autoridad, no debemos nunca menospreciarlo o pensar que contiene falsedades o elementos que no merecen nuestra confianza. Por el contrario, debemos atesorarlo, volver constantemente a él para oír la voz de nuestro Creador hablándonos, dándonos dirección para nuestra vida y alimento espiritual para nuestras almas. Lo que dice el Antiguo Testamento lo dice Dios, y no creerlo o no obedecerlo es no creer y no obedecer a Dios mismo.

CAPITULO 2

LOS APOSTOLES DEL NUEVO TESTAMENTO

Pronunciar las palabras mismas de Dios

Si escudriñamos el Nuevo Testamento, ¿encontraremos la contraparte de los profetas del Antiguo Testamento?.

Al principio podríamos esperar que los profetas del Nuevo Testamento sean semejantes a los del Antiguo Testamento. Sin embargo, éste no parece ser el caso al revisar el Nuevo Testamento mismo. No hay casi nada de evidencia de un grupo de *profetas* en las iglesias del Nuevo Testamento que pudieran hablar con las palabras mismas de Dios (con "absoluta autoridad divina" que no pudiera ser cuestionada) y que tuvieran la autoridad para escribir libros de Escritura para inclusión en el Nuevo Testamento.

Por otro lado, hay un muy prominente grupo de personas en el Nuevo Testamento que *sí* hablan con absoluta autoridad divina y que *sí* escribieron la mayor parte de los libros del Nuevo Testamento. Sin embargo, a estos hombres no se les llama "profetas" sino "apóstoles". En muchos sentidos son semejantes a los profetas del Antiguo Testamento.

Los apóstoles del Nuevo Testamento son mensajeros de Cristo

Un paralelo notable entre el profeta del Antiguo Testamento y el apóstol del Nuevo Testamento es que el apóstol era comisionado por Cristo, "enviado" por El en una misión apostólica específica, así como los profetas del Antiguo Testamento eran "enviados" por Dios a modo de mensajeros suyos. A los discípulos (que serían "apóstoles" después de Pentecostés) Jesús les dijo: "Como me envió el Padre, así también yo os envío" (Juan 20:21). De modo similar dijo a sus once discípulos: "Id, y haced discípulos a todas las naciones" (Mateo 28:19).

En el camino a Damasco también dijo Cristo a Pablo: "Yo te enviaré lejos a los gentiles" (Hechos 22:21; véase 26:17; 1 Corintios 1:17; Gálatas 2:7-8). De hecho, así como los profetas del Antiguo Testamento eran mensajeros de un *pacto*, así también en 2 Corintios 3:6 Pablo se autodenomina ministro de un Nuevo Pacto, además de referirse repetidas veces al hecho de que Cristo le había confiado una comisión específica como apóstol (nótese 1 Corintios 9:17; 2 Corintios 1:1; 5:20; Gálatas 1:1; Efesios 1:1; Colosenses 1:1, 25; 1 Timoteo 1:1, etc.).

Los apóstoles del Nuevo Testamento se relacionan con los profetas del Antiguo Testamento

No es extraño entonces que cuando leemos el Nuevo Testamento encontremos varias ocasiones en que los *apóstoles* se relacionan con los profetas del Antiguo Testamento; los profetas del Nuevo Testamento, contrariamente, nunca se relacionan del mismo modo con los profetas del Antiguo Testamento.

En primer lugar, esto se verifica en el caso de Jesús mismo cuando se le aplica el término "apóstol". Hebreos 1 comienza: "Dios, habiendo hablado muchas veces y de muchas maneras en otro tiempo a los padres por los *profetas*, en estos postreros días nos ha hablado por el hijo (Hebreos 1:1-2a). Y luego en Hebreos 3:1 en vez de designar a Jesús como profeta basándose en lo antedicho, el autor dice: "Por tanto . . . considerad al *apóstol* y sumo sacerdote de nuestra profesión", y procede a contrastarlo con Moisés, el profeta arquetípico del Antiguo Testamento según la tradición judaica.

Según el autor de Hebreos, entonces, Dios habló por medio de *profetas* en el Antiguo Testamento y por medio de Jesús el *apóstol* en el Nuevo Testamento. Pero este uso no es el habitual, siendo la única ocasión en que se le llama "apóstol" a Jesús. Mucho más frecuente es el uso de la palabra "apóstol" para referirse a los mensajeros portadores de la autoridad de Jesús. Aquí también encontraremos la relación con los profetas del Antiguo Testamento.

Por ejemplo, en 2 Pedro 3:2 se insta a los lectores a tener memoria de "las palabras que antes han sido dichas por los santos *profetas*, y del mandamiento del Señor y Salvador dado por vuestros *apóstoles*"; y leemos en Lucas 11:49 "les enviaré profetas y apóstoles", una afirmación que, dado el contexto, debe de usar la palabra "profetas" con referencia a los profetas del Antiguo Testamento.

También en la iglesia primitiva se relaciona a los apóstoles con los profetas del Antiguo Testamento, pero no conozco ningún ejemplo en que se asocie a los profetas del Nuevo Testamento con los del Antiguo Testamento. Ignacio, Obispo de Antioquía (muerto cerca de 107 d.c.) escribió que Cristo es la puerta "por la cual entran Abraham, Isaac, Jacob, los Profetas, los Apóstoles y la iglesia... Pues los amados Profetas tenían un mensaje que señalaba a El" (Ignacio, *A los Filadelfianos* 9:1-2). Policarpo, Obispo de Esmirna (muerto 155 d.C.) animaba a la iglesia de Filipo:

> Por lo tanto, 'Sirvámosle en temor y toda reverencia', como El mismo nos lo ordenó, y como lo hicieron los Apóstoles que nos trajeron el Evangelio y los Profetas que predijeron la venida de nuestro Señor. (*A los Filipenses* 6:3). (Compárese Hermas, *El Pastor: Semejanzas* 9:15:4; Justino Mártir, *Diálogo con Trifón*, 75.)

Las palabras de los apóstoles son palabras de Dios

El paralelo más significativo entre los profetas del Antiguo Testamento y los apóstoles del Nuevo Testamento es la capacidad de escribir las palabras de la Escritura, palabras que tienen absoluta autoridad divina.

Los apóstoles son los receptores primarios del evangelio de Cristo

Esta capacidad parte del hecho de que el mensaje de los apóstoles venía directamente de Cristo. El apóstol Pablo, por ejemplo, insiste firmemente que su mensaje no vino mediante hombres, sino de Jesucristo mismo: "El evangelio anunciado por mí, no es según hombre; pues yo ni lo recibí ni lo aprendí de hombre alguno, sino por revelación de Jesucristo" (Gálatas 1:11, 12).

Tal insistencia sobre el origen divino de su mensaje está claramente dentro de la tradición de los profetas del Antiguo Testamento (Deuteronomio 18:20; Jeremías 23:16ss.; Ezequiel 13:1ss.; 1 Reyes 22:14, 28).

El Nuevo Testamento también afirma que los otros apóstoles tuvieron acceso a una información absolutamente exacta sobre la vida y la obra de Cristo. Es primordialmente a los apóstoles a quienes se les da la capacidad proveniente del Espíritu Santo de recordar con exactitud las palabras y los hechos de Jesús y de interpretarlos correctamente para las generaciones venideras.

Jesús prometió este poder a sus discípulos (quienes fueron llamados apóstoles después de la resurrección) en Juan 14:26: "Mas el

Consolador, el Espíritu Santo a quien el Padre enviará en mi nombre, él os enseñará todas las cosas, y os recordará todo lo que yo os he dicho."

De la misma manera Jesús prometió una mayor revelación de la verdad a través del Espíritu Santo cuando dijo a sus discípulos:

> Pero cuando venga el Espíritu de verdad, él os guiará a toda la verdad; porque no hablará por su propia cuenta, sino que hablará todo lo que oyere, y os hará saber las cosas que han de venir. El me glorificará; porque tomará de lo mío y os lo hará saber. (Juan 16:13-14)

Así a los discípulos se les promete asombrosos dones que los capaciten para redactar las Escrituras: el Espíritu Santo les enseñaría todo, les haría recordar *todo* lo que Jesús había dicho, y los guiaría a "toda verdad".

Los apóstoles hablan y escriben las palabras mismas de Dios

Pero se ven paralelos aún más explícitos con los apóstoles del Antiguo Testamento cuando los apóstoles afirman que no sólo dicen un mensaje general de parte de Dios, sino que hablan las palabras mismas de Dios — una afirmación de ser iguales en autoridad a los profetas del Antiguo Testamento.

Pedro insta a sus lectores a tener en la memoria "el mandamiento del Señor y Salvador dado por vuestros *apóstoles*" (2 Pedro 3:2). Digamos de paso que aparentemente afirma que mentir a los apóstoles (Hechos 5:2) equivale a mentir al Espíritu Santo (Hechos 5:3) y a mentir a Dios (Hechos 5:4).

Esta afirmación de estar capacitados para hablar las palabras de Dios mismo es particularmente frecuente en los escritos del apóstol Pablo. El declara no solamente que el Espíritu Santo le ha revelado "cosas que ojo no vio, ni oído oyó, ni han subido en corazón de hombre" (1 Corintios 2:9), sino también que cuando él declara esta revelación, él habla "no con palabras enseñadas por sabiduría humana, sino con las que enseña el Espíritu, acomodando lo espiritual a lo espiritual" (1 Corintios 2:13).

Más adelante, al defender su oficio apostólico, Pablo dice que dará a los corintios "prueba de que habla Cristo en mí" (2 Corintios 13:3). El declara que "mi evangelio" (Romanos 2:16) es el mensaje que predice el juicio final de todo mortal. Dice que si cualquier otra persona o aun un ángel del cielo proclamara un evangelio diferente del predicado por él, esa persona sería "anatema", eternamente maldito por Dios (Gálatas 1:8-9).

Más aún, alaba a los tesalonicenses por aceptar "la Palabra de Dios que oísteis de nosotros" y por recibirla "no como palabra de hombres, sino según es en verdad, la palabra de Dios" (1 Tesalonicenses 2:13). Y, para que no haya malentendido, les advierte con respecto a sus instrucciones para la conducta moral: "Así que el que desecha esto, no desecha a hombre, sino a Dios" (1 Tesalonicenses 4:8). Así es que puede conjurarlos solemnemente a que su carta sea leída "a todos los santos hermanos" (1 Tesalonicenses 5:27). Es que no se trata de una simple correspondencia humana, sino de algo que el Señor mismo pide que se lea a toda la iglesia.

Por esto Pablo podía impartir órdenes y hacer predicciones detalladas acerca del fin de la era y el retorno del Señor, todo con la absoluta autoridad del Señor Jesucristo mismo: "os decimos esto en palabra del Señor" (1 Tesalonicenses 4:15). "Pero os ordenamos, hermanos, en el nombre del Señor Jesucristo" (2 Tesalonicenses 3:6).

Por lo tanto, si alguno desobedecía las instrucciones de Pablo, debía ser excluido por un tiempo de la comunión de la colectividad cristiana: "Si alguno no obedece a lo que decimos por medio de esta carta, a ése señaladlo, y no os juntéis con él, para que se avergüence" (2 Tesalonicenses 3:14).

No es sorprendente, pues, que Pedro clasifique los escritos de Pablo como "Escrituras", colocándolas en cuanto a autoridad sobre un nivel igual a los escritos del Antiguo Testamento:

> ... también nuestro amado hermano Pablo, según la sabiduría que le ha sido dada, os ha escrito, casi en todas sus epístolas, hablando en ellas de estas cosas: entre las cuales hay algunas difíciles de entender, las cuales los indoctos e inconstantes tuercen, como también las otras Escrituras, para su propia perdición (2 Pedro 3:15-16).

Cuando Pedro menciona "las otras Escrituras", debe de referirse a las del Antiguo Testamento, pues eso es lo que esta palabra (en griego *grafe*) significa cada una de las de las cincuenta veces restantes que se usa en el Nuevo Testamento. Siempre se refiere a las palabras de la Biblia que se aceptan como las palabras mismas de Dios. Pero esto significa que a los escritos del apóstol Pablo se les daba un rango igual a las palabras de los profetas del Antiguo Testamento; es decir, son las palabras mismas de Dios.

Para el propósito del estudio de este asunto, uno de los pasajes más significativos es 1 Corintios 14:37-38, porque Pablo allí escribe a una comunidad en la que se encontraban activos varios profetas, y a pesar de ello él reafirma su autoridad sobre la comunidad entera, aun sobre aquellos profetas. Pablo escribe: "Si alguno piensa que es profeta espiritual, reconozca que lo que os escribo es mandamiento del Señor. Pero si alguno no reconoce esto, él no es reconocido" (La Biblia de las Américas).

La palabra que se traduce "lo que" en el pasaje anterior es un pronombre plural en griego (*ha*) y podría traducirse más literalmente, como "*las cosas que* os escribo". Así pues, Pablo asevera que sus directivas a la iglesia de Corinto no son meramente suyas, sino un mandamiento del Señor.

Pero, ¿cuánto de lo antedicho incluye Pablo al decir "las cosas que os escribo"? Probablemente no podamos estar seguros, pero podemos observar que aparece exactamente al final de una discusión sobre los dones espirituales (en los capítulos 12 al 14) y parecería aplicable por lógica a estos tres capítulos.

Por supuesto, alguno podría argumentar que esta declaración se refiere únicamente a la oración precedente, o a la indicación relativa a las mujeres (versículos 33 al 35). Sin embargo, esta expresión es tan general ("las cosas que os escribo"), y se torna tan indefinida por el uso del plural (en griego *ha*), que restringirla así a una porción tan pequeña parecería bastante forzado. El propósito de Pablo es poner fin a la discusión y al mismo tiempo interceptar el camino de cualquier profeta de Corinto que pretendiera imponer nuevas reglas que contradigan las escritas por él. Con seguridad esta preocupación se aplicaría a todo el espectro de ordenanzas para la adoración, alcanzando retrospectivamente a los capítulos 12 y 13, y quizá aun al 11.

Entonces esto significa que en 1 Corintios 14:37 tenemos una muy fuerte aseveración sobre la autoridad de Pablo. El ha instituido aquí una cantidad de nuevas reglas para la adoración de la iglesia de Corinto, y reclama para ellas el rango de "mandamiento del Señor". Además, el castigo es severo: aquel que se niega a reconocer la autoridad divina de Pablo, no será conocido, o reconocido, por el Señor (o por la congregación según algunas interpretaciones). Thomas Edwards resume 1 Corintios 14:38 de esta manera: "Aquel que se niega a escuchar a los apóstoles de Cristo se niega a escuchar a Cristo mismo e incurre en su desaprobación".*

De modo que aquí tenemos un estrecho paralelo con la autoridad profética del Antiguo Testamento. Cualquiera que desobedeciera las instrucciones de Pablo estaría desobedeciendo un "mandamiento del Señor". Por otro lado, nada que se aproxime a este tipo de afirmación se refiere a los profetas del Nuevo Testamento. Por el contrario, aun los profetas de Corinto habían de someterse a la autoridad apostólica de Pablo. G. W. H. Lampe observa que Pablo "se vio compelido a negarse rotundamente a admitir la posibilidad de que uno de esos profetas pudiera tener razón mientras que él se equivocaba (1 Corintios 14:37-38)".**

Los apóstoles, entonces, tienen la autoridad para escribir palabras que son las palabras mismas de Dios, a la misma altura en rango y autoridad que las palabras del Antiguo Testamento. Lo hacen con el fin de asentar en la Escritura los eventos centrales de la historia de la redención, de registrar y aplicar a la vida de los creyentes los hechos y el significado de la vida, muerte y resurrección de Cristo. No creer o no obedecer las palabras habladas con autoridad por un apóstol es no creer o no obedecer a Dios. Los apóstoles son la contraparte en el Nuevo Testamento de los profetas de autoridad divina en el Antiguo Testamento.

¿Por qué la designación de "apóstol" en vez de "profeta"?

Si los apóstoles del Nuevo Testamento son tan semejantes a los profetas del Antiguo Testamento, ¿por qué Jesús no los llamó "profetas"? ¿Por qué usó el nombre de "apóstoles"? Parece que hay tres razones:

La predicción de Joel en cuanto a profecía para todo el pueblo de Dios

Primeramente Joel había predicho el derramamiento del Espíritu de Dios sobre toda carne, hecho que daría como resultado el de

---

*   Thomas Edwards, *A Commentary on the First Epistle to the Corinthians* (Hodder & Stoughton, 1903), p. 384.

**   G. W. H. Lampe, "'Grievous wolves' (Acts 20:29)", en *Christ and Spirit in the New Testament* (Festschrift para C. F. D. Moule), ed. B. Linders y S. Smalley (Cambridge University Press, 1973), p. 258.

profecía no solamente para unas cuantas personas (tales como aquellos con autoridad para escribir las palabras mismas de las Escrituras), sino para todo el pueblo:

> "Y después de esto derramaré mi Espíritu sobre toda carne, y profetizarán vuestros hijos y vuestras hijas: vuestros ancianos, soñaran sueños, y vuestros jóvenes verán visiones" (Joel 2:28-29).

Igualmente Moisés había abrigado el deseo de un tiempo en que la profecía fuera ampliamente difundida: "Ojalá que todo el pueblo de Jehová fuera profeta" (Números 11:29). Existe también un enunciado rabínico bien conocido en el *Midrash Rabbah sobre Números* 15:25: "En el mundo venidero todo Israel será hecho profeta".

De modo que el término "profeta" habría sido demasiado amplio para aplicarse a un grupo de hombres especial y limitado, como el de los apóstoles, quienes tenían exclusiva autoridad para escribir las palabras de Dios como Escritura. Se anticipaba que la era del Nuevo Pacto sería una en que *todo* el pueblo de Dios podría profetizar.

El significado de la palabra "profeta"

(a) *Su significado en el uso del griego secular*

Había otra razón más por la cual Jesús no llamó "profetas" a sus mensajeros comisionados de manera especial. Esa razón tenía que ver con el significado de la palabra "profeta" en el habla común en la época neotestamentaria.

Ya para el tiempo del Nuevo Testamento el término "profeta" (en griego *profetes*) significaba a menudo, en el uso cotidiano, simplemente "aquel que posee un conocimiento sobrenatural" o "aquel que predice el futuro", o solamente "un vocero" (sin ninguna connotación de autoridad divina).

Varios ejemplos tomados de épocas próximas a la de la escritura del Nuevo Testamento son citados por Helmut Krämer[*]:

> — a un filósofo se le dice "*profeta* de naturaleza inmortal" (Dio Crisóstomo, 40-120 d.C.)
> —un maestro (Diógenes) desea ser "un *profeta* de la verdad y el candor" (Luciano de Samosata, 120-180 d.C.)
> —a los defensores de la filosofía epicúrea se les llama "*profetas* de Epicuro" (Plutarco, 50-120 d.C.)

---

[*] TDNT 6, p. 794; también LSJ, p. 1540.

—a la historia escrita se le llama "la *profetisa* de la verdad" (Diodoro Sículo, escribió cerca de 60-30 a.c.)

—a un "especialista" en botánica se le llama "*profeta*" (Dioscúrides de Cilicia, siglo I d.c.)

—a un "curandero" médico se le llama "*profeta*" (Galeano de Pérgamo, 129-199 d.c.)

La conclusión de Krämer es que la palabra griega para "profeta" (*profetes*) "expresa simplemente la función formal de enunciar, proclamar, dar a conocer". Sin embargo, a causa de que "todo profeta declara algo que no le es propio", el sinónimo más aproximado en griego es *kerux*, la palabra para "heraldo".[*]

El empleo de la palabra griega para "profeta" en el mundo antiguo también se ha analizado por extenso en el libro *Prophetes* de Erich Fascher.[**]

A causa de esta amplia gama de significados, queda en claro un punto: la palabra "profeta" no sugeriría automáticamente "aquel que habla las palabras mismas de Dios". Ese sentido de la palabra no era el que tenía en el uso diario en el mundo de habla griega.

Quiere decir que si Jesús y los autores del Nuevo Testamento hubieran necesitado, en el mundo del primer siglo, una palabra que significara "aquel que habla las palabras mismas de Dios" la palabra griega "profeta" no se adecuaba bien a la misión. Su significado se había diluido demasiado, pues sólo significaba "vocero" de modo general y no implicaba la posesión de la completa autoridad de aquel en cuyo nombre hablaba el profeta.

Con todo, ¿es de algún modo pertinente esta información de los autores griegos seculares en cuanto a Jesús y a los escritores del Nuevo Testamento? ¿Será que el Nuevo Testamento está escrito en

---

[*] TDNT 6, p. 795

[**] Erich Fascher, *Prophetes: Eine sprach- und religionsgeschichtliche Untersuchung* (Töpelmann, 1927). Luego de un extenso escrutinio, Fascher llega a la conclusión de que el término *profetes* es en sí mismo una palabra "encuadradora" que no tiene un significado propio de límites estrechos. Más bien se la usa en el más amplio espectro de situaciones y toma su significado del contexto. Una definición general que, a pesar de todo, encaja en casi todos los casos es "proclamador" o "anunciador". Dice Fascher que "profeta" (*profetes*) por sí solo no tiene casi nunca el sentido de "adivino, vaticinador", sino que debe recibir este significado de otros calificativos dentro del contexto. De igual manera, el verbo *profeteuo* nunca significa "predecir, prenunciar, adivinar", pero puede significar "hablar en el nombre de un dios", o "revelar algo oculto" o "ejercer el oficio de profeta".

un lenguaje diferente al de este griego de uso secular?

Las citas precedentes cobran importancia en el siguiente sentido. Ellas muestran la amplia gama de significados que la palabra "profeta" (en griego *profetes*) encerraba para los hablantes comunes del idioma griego alrededor de la época del Nuevo Testamento. La palabra "profeta" podía significar, por supuesto, "aquel que habla de parte de un dios", tal como en la traducción griega del Antiguo Testamento significaba "el que hablaba de parte de Dios". Pero también podía significar tan sólo "vocero, proclamador".

Ahora bien, los cristianos primitivos hablaban el griego común tal como se hablaba en todo el imperio Romano. Fácilmente podrían leer y comprender los escritos de cualquiera de los autores "seculares" griegos que se citaron más arriba. También podrían haber mantenido una conversación personal con cualquiera de esos escritores, de haber estado frente a frente. (Pablo, por ejemplo, conversó sin dificultad con los filósofos paganos griegos en la Colina de Marte en Atenas.) Esto era así porque usaban el mismo idioma; es decir, tenían una comprensión común de los significados de miles y miles de palabras.

Además de esto, cualquiera de estos autores seculares podría haber leído y comprendido los escritos del Nuevo Testamento. En verdad, los evangelios fueron escritos para que los no creyentes que hablaban el idioma griego corriente en aquellos tiempos pudieran leerlos y proceder a la fe en Cristo. (Si en algún momento fracasaba la comprensión, no se debía a que se había utilizado un idioma diferente, sino a que el pecado les cegaba los corazones; véanse 1 Corintios 2:14; 2 Corintios 4:4.)

Por lo tanto, nos es útil conocer los significados de las palabras griegas tales como se empleaban en la conversación y los escritos corrientes Imperio Romano del siglo I.

Por supuesto, eso no significa que el Nuevo Testamento use los términos siempre en el mismo sentido. Algunas palabras muy importantes (por ejemplo los vocablos griegos para "Dios", "cielo", "salvación", "iglesia") sufrieron grandes alteraciones de significado en el uso que les dieron los cristianos primitivos. Se daba la *posibilidad* de que esto sucediera con la palabra "profeta": Jesús y los autores del Nuevo Testamento podrían haberla conservado en lugar de recurrir a "apóstol" para referirse a los representantes con la autoridad de Jesús que conducían la iglesia primitiva y redactaban sus Escrituras. A estos doce discípulos habría sido *posible* llamarles "profetas" después de Pentecostés; Pedro, Santiago, Juan y los otros podrían haber aclarado el hecho de que no se los debiera considerar "profetas" en el sentido habitual de la palabra, sino en un sentido especializado, un sentido similar al que se aplicaba a los profetas que escribieron el Antiguo Testamento. Admitamos que existía la posibilidad de este recurso, pero no fue así.

En vez de ese término se escogió uno nuevo: "apóstol". Lo que tratamos de demostrar aquí es que la elección de un nuevo término era completamente apropiada: evitaba mucha confusión que hubiera resultado, no solamente por los usos seculares de la palabra, sino aun por los usos judaicos corrientes, e inclusive por los del mismo Antiguo Testamento.

(b) *Su significado en el uso judaico del siglo I*

Podría objetarse que la palabra "profeta" tendría un significado mucho más fuerte para los judíos del primer siglo que sabían que en el transfondo del Antiguo Testamento la palabra "profeta" se refería a los mensajeros de Dios que hablaban las mismas palabras de él. ¿No sería natural que usaran la palabra "profeta" de un modo diferente, en un sentido similar al usado en el Antiguo Testamento para referirse a los profetas que redactaron las Escrituras?

Aunque sea sorprendente, ése no fue necesariamente el caso. Si bien los judíos del siglo I se referían a los profetas del Antiguo Testamento como "profetas", había otros y más amplios usos también. Como lo demuestra la evidencia, tanto la palabra hebrea como la griega para "profeta" tenían un amplio campo de significados en la literatura judaica.

Por ejemplo, en la literatura rabínica las palabras utilizadas para "profeta", "profecía" y "profetizar" (hebreo *nabi'*, y derivados) se usan a veces para personas que simplemente tienen un conocimiento extrasensorial de las cosas. Estas palabras pueden referirse, por ejemplo, a personas que predecían el futuro pero que no consideraban que hablaban las palabras mismas de Dios ni que la autoridad de Dios acompañaba a las palabras pronunciadas por ellos.

Algunos ejemplos del Talmud Babilónico se encuentran en relatos acerca de Rebeca (b. Sotah, 13a, hace referencia a "su profecía" y el contexto da a entender que lo que motiva la elección del término es la predicción, no la autoridad), acerca de Miriam (b. Megillah 14a, la denomina "profetisa", simplemente por algo que predijo), y acerca de Ana (en el mismo texto se le aplica el término "profetisa", justificado por una predicción).

También parece que se enfatiza la profecía en el sentido de conocimiento revelado en b. Berakoth 55b y 57b; el Rabí Johann dice: "Si uno se levanta temprano y le viene a la mente un versículo de la Escritura, ésa es una pequeña profecía".

Semejante es lo dicho por el Rabí Hanina ben Isaac: "La forma incompleta de la profecía es el sueño" (*Midrash Rabbah sobre Génesis* 17:5; otra vez en 44:7).

El hecho de que a tales fenómenos pueda aplicarse el término "profecía" no se debe a que el receptor entregue el mensaje a otra persona con autoridad, ni que reclame una autoridad divina para las palabras precisas; se debe más bien en cada uno de estos casos a la sugerencia de ser investido el profeta de un modo especial con un conocimiento ajeno a él. Los ejemplos indican que se confiere a la palabra "profeta" y a términos afines un gran campo de significados.

En los libros apócrifos encontramos en Sabiduría 7:27 (escrito a fines del siglo I a.C.) que, hablando de la sabiduría, dice: "A través de las edades se derrama en las almas santas, haciendo amigos de Dios y profetas"*.

Josefo, quien vivió entre 37 ó 38 d.C. y aproximadamente 100 d.C., claramente denomina profeta a Juan Hircano (muerto en 105 a.C.):

> Fue considerado por Dios digno de los mayores privilegios, el gobierno de la nación, el oficio de sumo sacerdote, el don de profecía, pues la Deidad estaba con él y lo capacitó para prever y predecir el futuro; así predijo, por ejemplo, acerca de sus dos hijos mayores, que ellos no permanecerían como jefes del estado (*Antigüedades* 13:299-300; véase el relato paralelo en *Guerras Judías*, 1:68-69).

Este pasaje es significativo porque en él Josefo dice explícitamente qué era lo que hacía a ese Juan acreedor del título de "profeta": no la capacidad de hablar con el respaldo de autoridad divina para sus precisas palabras, sino sencillamente la habilidad de predecir el futuro. Siendo que se consideraba que esta habilidad provenía de Dios, es posible que se pensara que sus predicciones venían generalmente de Dios, pero nunca se afirma y ni siquiera se insinúa que una absoluta autoridad divina acompaña a sus precisas palabras (como

---

*   Versión Nácar-Colunga.

acompañaba a los profetas del Antiguo Testamento).

En un pasaje de Filón (quien vivió aproximadamente entre los años 30 a.C. y 45 d.C.) leemos que la mente en los sueños *profetiza* eventos futuros (*Leyes especiales* 1.219). Luego el mismo Filón usa la palabra "profeta" con el simple significado de "vocero", un sentido encontrado más frecuentemente en la literatura secular griega. En *La Invariabilidad de Dios*, 138, del mismo autor, se dice que la razón es el "profeta" de Dios. También, en *Lo peor ataca lo mejor*, 40, y en *Sobre la migración de Abraham*, 169, se dice que el habla actúa como el "profeta" de nuestro entendimiento.

De modo que varias corrientes de tradición judaica demuestran que los judíos del siglo I, al igual que sus contemporáneos griegos, podían usar la palabra "profeta" y términos afines para referirse a una amplia gama de personas y actividades sin ningún sentido de absoluta autoridad divina en conexión con las palabras mismas pronunciadas por el profeta.

(c) *Influencia sobre el uso de la palabra "profeta" en el Nuevo Testamento*
Cuando leemos el Nuevo Testamento debemos tener en cuenta esta gran diversidad de usos. La comprensión de las palabras que tenían los cristianos del Nuevo Testamento había sido condicionada por el Antiguo Testamento, el uso judaico contemporáneo y el uso del griego cotidiano de la cultura en que vivían. Cuando estas influencias se combinaban, quería decir que la palabra "profeta" y sus derivados tenían una gama de significados mucho más amplia que simplemente "un mensajero de Dios que habla con autoridad divina para las precisas palabras".

Por supuesto, cuando los escritores del Nuevo Testamento tienen necesidad de usar las palabras "profeta", "profecía" y "profetizar", la mayoría de las veces será en aquellos contextos que tratan de los grandes profetas que escribieron en el Antiguo Testamento, y cuyos escritos se vieron cumplidos en Cristo. En estos contextos "profeta" y términos afines se referirán generalmente a hombres del Antiguo Testamento que hablaron las palabras mismas de Dios. Pero esto no nos indica el significado de "profeta" aplicado a otras personas que los profetas del Antiguo Testamento. Puede revestirse de cualquiera de los varios significados corrientes en el griego de esa época.

En realidad, eso es lo que ocurre. En Tito 1:12 encontramos "profeta" (en griego *profetes*) en el sentido general de "proclamador, anunciador, vocero". Refiriéndose a Epiménides (maestro religioso cretense del c. siglo VI a.C.) el versículo dice: "Los cretenses, siempre mentirosos, malas bestias, glotones ociosos." ¡Por cierto que Epiménides no era uno que hablaba las palabras mismas de Dios! Pero aun así Pablo lo llama "profeta" (en griego *profetes*).

Luego en Lucas 22:64 los sirvientes del sumo sacerdote que le habían vendado los ojos a Jesús exigen: "Profetiza, ¿quién es el que te golpeó?" En este caso no quieren decir: "Di palabra en absoluta autoridad divina"; más bien se trata de un desafío burlón: "Muestra que tienes sabiduría por medios sobrenaturales; dinos quién te golpeó aunque no puedes vernos."

En el relato de la mujer junto al pozo, tan pronto como Jesús le dice a la mujer los secretos de la vida pasada de ella, "le dijo la mujer: 'Señor me parece que tú eres profeta' " (Juan 4:19). Sin embargo, Jesús no la había convencido todavía de que él podía hablar con autoridad divina en sus precisas palabras; solamente le había demostrado que él tenía un conocimiento que no le había venido por medios naturales (sabía de los cinco maridos anteriores de esta mujer).

Estos dos últimos ejemplos son especialmente interesantes porque nos dejan entrever el sentido que les confería a las palabras "profeta" y "profetizar" la gente común de la Palestina del siglo I, quienes a la vez tenían algún contacto con el Antiguo Testamento por su trasfondo religioso.

Indicaciones similares provienen de cristianos cuyos escritos no se encuentran en el Nuevo Testamento. En una composición de alrededor del año 100 A.D. que posee algo de influencia cristiana, el *Testamento de Salomón*, 15:8, hay un relato acerca de un demonio que *profetiza* (en griego *profeteuo*) a Salomón que su reino será quebrado. En el *Martirio de Policarpo* 12:3 (alrededor de 154-160 d.C.), leemos que Policarpo había dicho proféticamente (en griego *profetikos*): "Debo ser quemado vivo." En ambos casos se contempla la predicción como resultado de un conocimiento sobrenatural, pero no como un acto de hablar las palabras mismas de Dios.

Un nuevo nombre para los representantes de Cristo demostraba la novedad de la iglesia del Nuevo Pacto

Tal vez había aún un tercer factor que hiciera oportuna otra palabra que "profeta". Aunque había mucha continuidad entre el Antiguo Pacto y el Nuevo Pacto, también había mucha diferencia. A fin de acentuar la novedad del Nuevo Pacto que establecía Cristo, es posible que él consideraba apropiada la elección de otro nombre para designar a los primeros dirigentes de la comunidad del Nuevo Pacto, es decir, la iglesia. Por eso, a los dirigentes terrenales de la iglesia no se les llama "profetas de Jesucristo"; más bien, el cambio distintivo del Antiguo Pacto es señalado en parte por un nuevo nombre: "apóstoles de Jesucristo".

Conclusión: "profeta" no implica necesariamente absoluta autoridad divina

El resultado de este estudio es, entonces, la observación de que cuando los escritores del Nuevo Testamento aplican la palabra "profeta" y sus derivados a cualquier caso excepto un profeta del Antiguo Testamento, es imposible determinar por anticipado qué sentido tendrá. Se tiene que determinar el significado exacto por el contexto. Ciertamente no se puede decir que la palabra deba significar siempre "aquel que habla las palabras mismas de Dios" según el modelo de los profetas del Antiguo Testamento.

La conveniencia de la palabra "apóstol"

A estas alturas deben recordarse dos factores mencionados anteriormente: la predicción de la capacidad profética que se daría a todo el pueblo de Dios, y el frecuente uso de "profeta" y sus derivados en hebreo y en griego para referirse a un discurso que no cuenta con la absoluta autoridad de Dios como concomitante a cada palabra. Por estos dos factores un término diferente de "profeta" (en griego *profetes*) sería apropiado para aquellos que tendrían la tarea de escribir las palabras mismas de Dios en la Escritura del Nuevo Testamento.

Para suplir esta necesidad, la palabra "apóstol" (en griego *apostolos*) se adecuaba bien.

En primer lugar, como hicimos notar en el capítulo 1, una cosa que distinguía a aquellos que hablaban con autoridad divina en el Antiguo Testamento de los demás era el rango de "mensajeros". Un profeta del Antiguo Testamento enviado por Dios a hablar al pueblo era el único tipo de profeta que hablaba las palabras de Dios. Ahora la palabra griega *apostolos* significaba "alguien o algo que es enviado", o simplemente "mensajero". El verbo relacionado *apostello* significa "enviar". Así que esta palabra, sin ser lo mismo que la palabra "profeta", conservaba aún un sentido de relación con los profetas del Antiguo Testamento.

Además, podía servir de término más restringido que "profeta" para un aspecto específico de la amplia gama de significado que poseía la familia de la palabra "profeta". Podía referirse a hombres que eran la contraparte en el Nuevo Testamento de los mensajeros de Dios en el Antiguo Testamento, y que hablaban con autoridad divina.

En segundo lugar, por ser *apostolos* un término nuevo en este sentido, podía ser usado para un grupo limitado de hombres sin conflicto aparente con ninguna de las expectativas despertadas por el Antiguo Testamento o las tradiciones rabínicas de una amplia distribución de las capacidades proféticas.

En tercer lugar, la palabra *apóstol* (en griego *apostolos*) era bastante poco común antes del Nuevo Testamento. Sólo aparece una vez en el Antiguo Testamento en griego (conocido como Septuaginta), una vez en Josefo y nunca en Filón. El griego secular usaba esta palabra sólo esporádicamente para referirse a expediciones militares o a naves "enviadas" a alguna parte, pero no era el término común en griego para "mensajero".

De manera que aparentemente, la palabra "apóstol" fue escogida por Jesús como palabra que significaba "el que es enviado", pero que, sin embargo, quedaba libre de connotaciones confusas tanto del Antiguo Testamento como del uso griego secular. El término se prestaba a una ampliación de significado tal como efectivamente se realiza en el título "apóstol de Jesucristo". Este nuevo título fue usado luego en todo el Nuevo Testamento para designar a aquellos hombres a quienes Cristo envió con su autoridad a fundar y gobernar la iglesia y a escribir para ella las palabras del Nuevo Testamento.

¿Se les llama "profetas" a los apóstoles en alguna ocasión?

Luego del análisis anterior, puede quedar en claro la razón por la cual a los apóstoles no se les llama generalmente por el título de "profeta" en el Nuevo Testamento. El término "apóstol" era mucho más conveniente.

Pero, ¿es que en *alguna* ocasión se alude a los apóstoles como "profetas"? ¿Podría haber casos en que se diga que "profetizan"?

De hecho existen tales casos. Pero antes de examinarlos, es bueno colocar esta cuestión en una perspectiva más amplia: ¿Habrá casos en que se usen *otros* títulos o designaciones de función para los apóstoles? Aquí también la respuesta es afirmativa.

Otros títulos funcionales dados a los apóstoles

En 1 Timoteo 2:7, por ejemplo, Pablo se denomina *"predicador* y *apóstol"*, y *"maestro* a los gentiles en fe y verdad". De manera semejante en 2 Timoteo 1:11 dice: "fui constituido *predicador, apóstol* y *maestro"*.

Por su parte, Pedro se llama a sí mismo "anciano" en 1 Pedro 5:1.

Ahora bien, estos ejemplos no prueban que *todos* los "maestros" del Nuevo Testamento tuvieran la misma autoridad que Pablo el apóstol, ni que todo aquel que se llama "predicador" en el Nuevo Testamento pudiera hablar "mandamientos del Señor" como Pablo. Tampoco puede probarse por 1 Pedro 5:1 que *todos* los ancianos del Nuevo Testamento tuvieran la misma autoridad que el apóstol Pedro.

Los ejemplos citados sólo muestran que las palabras descriptivas de cierta *función* podían aplicarse a los apóstoles para hacer hincapié en dicha función; por ejemplo, Pablo podía autodenominarse "maestro" cuando deseaba resaltar su papel docente.

El mismo caso se da, pues, respecto de las palabras "profeta" y "profetizar". Estas también pueden usarse con referencia a los apóstoles.

Así, por ejemplo, Pablo habla de su propia actividad profética en Corinto: "Ahora, pues, hermanos, si yo voy a vosotros hablando en lenguas, ¿qué os aprovechará, si no os hablase con revelación, o con ciencia, o con profecía, o con doctrina?" (1 Corintios 14:6). De modo semejante, parece incluirse a sí mismo cuando dice en 1 Corintios 13:9: "en parte profetizamos".

Más adelante, en los capítulos 5 y 6 de esta obra, sostendremos que la característica distintiva de la profecía en el Nuevo Testamento era la de recibir una "revelación" (o sea, algo que Dios trajo a la mente de alguien) y entregarla a la iglesia. Así que si un apóstol deseaba destacar su función de receptor y comunicador de revelaciones de Dios, podía referirse a sí mismo como "profeta".

Es significativo, sin embargo, que Pablo nunca trata de afirmar su autoridad mencionando el don de profecía, aunque esto habría sido muy natural y fácil si se hubiera considerado generalmente en el Nuevo Testamento que los profetas hablaban con absoluta autoridad divina. Más bien, cuando Pablo quiere afirmar su autoridad, apela a su estado de "apóstol". Esto es otro indicio más de que para los autores del Nuevo Testamento el título que significaba autoridad semejante a la de los profetas del Antiguo Testamento, no era el de "profeta", sino el de "apóstol".

Y por cierto que había "profetas" en la iglesia de Corinto que no eran apóstoles como Pablo, puesto que Pablo les dio muchas instrucciones sobre la manera en que debían funcionar. Más adelante nos ocuparemos de examinar esas instrucciones y definir el don de profecía con más precisión. Pero primeramente observaremos otros dos pasajes del Nuevo Testamento en que la palabra "profeta" se refiere aparentemente a los apóstoles.

El libro de Apocalipsis

El mayor ejemplo en el Nuevo Testamento de una "profecía" dada por un *apóstol* es el libro de Apocalipsis. El libro completo se afirma como profecía: "Bienaventurado el que lee, y los que oyen las palabras de esta *profecía*" (Apocalipsis 1:3). Más tarde al final del libro leemos: "Bienaventurado el que guarda las palabras de la *profecía* de este libro... No selles las palabras de la *profecía* de este libro, porque el tiempo está cerca" (22:7, 10; véase 22:19). Y además, a Juan se le dice: "Es necesario que *profetices* otra vez sobre muchos pueblos, naciones, lenguas y reyes" (Apocalipsis 10:11). Así pues, el libro entero se ve como una profecía y Juan, al registrarlo por escrito, actúa como profeta.

Si aceptamos el punto de vista de que el autor, "Juan" (según Apocalipsis 1:1, 4, 9) es el mismo apóstol Juan (y ésta ha sido la opinión más común desde la historia más temprana de la aceptación de este libro en la iglesia), luego tenemos una vez más en este libro un ejemplo de un apóstol del Nuevo Testamento que funciona como profeta y escribe para la iglesia una profecía extensa. Y efectivamente vemos por qué es apropiado llamar a este libro "profecía". El contenido del libro es similar a las grandes predicciones proféticas del futuro que encontramos en los profetas que escribieron el Antiguo Testamento. Pero aquí tenemos predicciones que ven más allá de la era de la iglesia hasta el plan de Dios para los grandes eventos finales de la historia de la redención.

La autoridad que pretende Juan es una absoluta autoridad divina, como la que aseguran tener los otros apóstoles del Nuevo Testamento. Sus palabras están más allá de todo desafío o cuestionamiento (Apocalipsis 22:18-19), y obedecerlos trae grandes bendiciones (Apocalipsis 1:3; 22:7), mientras que alterarlos en lo más mínimo trae el castigo directo de Dios (Apocalipsis 22:18-19).

Así como los profetas del Antiguo Testamento y los demás apóstoles del Nuevo Testamento, Juan es comisionado como mensajero por Jesucristo, quien se le aparece y le ordena: "Escribe en un libro lo que ves, y envíalo a las siete iglesias" (Apocalipsis 1:11). Repetidamente se le ordena a Juan: "Escribe las cosas que has visto" (Apocalipsis 1:19) o simplemente "Escribe" (Apocalipsis 2:1, 8, 12, 18; 3:1, 7, 14; 14:13; 19:9; 21:5).

Siendo que algunas cosas le son reveladas a Juan pero no tiene autorización para escribirlas (véase Apocalipsis 10:4), se deduce que ha escrito ni más ni menos de lo que le había sido otorgado por comisión divina, y es esta comisión la que les da autoridad a sus palabras. Así el autor "asegura tener una autoridad sólo comparable con la de los apóstoles."*

Pero, ¿es que debemos buscar en el libro de Apocalipsis la evidencia de cómo era el don de profecía en las iglesias corrientes del Nuevo Testamento? No, no sería lo apropiado. Esta profecía no es de las comunicadas por algún cristiano común, sino por un apóstol muy notable de Jesucristo. Además, ésta no fue una profecía dada en el culto de adoración de un grupo local de cristianos, sino que fue dada a Juan en el exilio en la isla de Patmos para beneficio de las siete iglesias de Asia Menor (Apocalipsis 1:4), y finalmente para beneficio de toda la iglesia cristiana. Y no era ésta una breve palabra profética traída para hacer frente a la necesidad del momento en una iglesia local, sino que fue un vistazo exclusivo a los planes finales de Dios para la historia, dado de manera única y definitiva en una exposición extensa (más de 9.800 palabras) para inclusión en el canon neotestamentario. Se puede decir con certeza que no se ha dado jamás a la iglesia del Nuevo Testamento ninguna otra profecía que se compare con ésta en autoridad, contenido y alcance.

En conclusión, el libro de Apocalipsis nos demuestra que un apóstol podía desempeñar el papel de profeta y registrar por escrito una profecía para la iglesia neotestamentaria. Pero debido al hecho de que su autor fue un apóstol y de que es un caso especial de profecía, no nos brinda información que sea directamente pertinente al don de profecía en cuanto a su funcionamiento entre los cristianos comunes de las iglesias del primer siglo.

---

* G. Friedrich, TDNT 6, p. 849.

(*Nota a los lectores*: La siguiente sección será bastante larga y detallada. Algunos lectores preferirán saltar hasta su conclusión, que se da en el último párrafo del punto (e), página 52.)

Efesios 2:20 y 3:5

Hay otro lugar donde la palabra "profeta" aparece junto a una mención de los apóstoles: Efesios 2:20 y 3:5.

El primero de estos dos versículos, dirigido a los cristianos gentiles en la iglesia de Efeso, reza:

> Así que ya no sois extranjeros ni advenedizos, sino conciudadanos de los santos, y miembros de la familia de Dios, edificados sobre el fundamento de los *apóstoles y profetas*, siendo la principal piedra del ángulo Jesucristo mismo (Efesios 2:19-20).

Unos versículos más abajo Pablo dice a sus lectores gentiles:

> Leyendo lo cual podéis entender cuál sea mi conocimiento en el misterio de Cristo, misterio que en otras generaciones no se dio a conocer a los hijos de los hombres, como ahora es revelado a los *santos apóstoles y profetas* por el Espíritu: que los gentiles son coherederos y miembros del mismo cuerpo, y copartícipes de la promesa de Cristo Jesús por medio del evangelio (Efesios 3:4-6).

Ahora bien, algunos han sostenido que Efesios 2:20 demuestra que *todos* los profetas del Nuevo Testamento eran iguales y más aún, que este papel exclusivo de los profetas de ser "fundamento" según Efesios 2:20, significa que podían hablar con una autoridad igual a la de los apóstoles e igual a la de la Escritura. Citamos por ejemplo a Richard Gaffin, un meticuloso erudito del Nuevo Testamento del Seminario Westminster en Filadelfia, Estados Unidos de América. En la obra que citamos, él dice: "La generalización hecha en Efesios 2:20 abarca todas las demás declaraciones acerca de la profecía hecha en el Nuevo Testamento".[*]

Esta es una cuestión importante porque, si todo aquel que tenía el don de profecía en el Nuevo Testamento realmente poseía una absoluta autoridad divina de este tipo, entonces deberíamos de suponer

---

[*] Richard B. Gaffin, *Perspectives on Pentecost* (Presbyterian and Reformed, 1979), p. 96.

que este don hubiera muerto tan pronto como se completaron los escritos del Nuevo Testamento y se entregaron a las iglesias. La mayoría de los cristianos hoy día estarán sin duda de acuerdo con que el Nuevo Testamento está completo y con que actualmente ninguno puede hablar o escribir palabras con la misma autoridad que las palabras bíblicas.*

Sin embargo, ¿es convincente esta posición? ¿Es esta realmente la intención de Efesios 2:20 y 3:5?

La cuestión central es si estos versículos se refieren a todos los cristianos que tenían el don de profecía en todas las iglesias del primer siglo. Los profetas a los que se refieren estos versículos, ¿son aquellos que tenían el don de profecía en Corinto, Tesalónica, Efeso, etc.?

Si esto es efectivamente así, es decir, si estos versículos se refieren a todos los profetas en todas las congregaciones locales de las iglesias del primer siglo, luego tendrían un papel exclusivo como "fundamento" según se les describe aparentemente aquí, y tendríamos que concordar con el doctor Gaffin, lógicamente suponiendo que este don hubiera cesado una vez que se completó el Nuevo Testamento.

Diré desde ya que no encuentro, personalmente, que sea convincente esta posición acerca de todos los profetas de las iglesias. Mi argumento será a favor de otra posición, es decir, de que Efesios 2:20 y 3:5 hablan, no de dos grupos de personas apóstoles y profetas, sino de un grupo: "apóstoles-profetas". Pero antes de llegar a este punto, será indicado dar un panorama de las opiniones más comunes acerca de estos versículos.

Las cuatro interpretaciones más comunes de Efesios 2:20 y 3:5 pueden sintetizarse como sigue:

"El fundamento de los apóstoles y profetas" significa:

1. Los apóstoles y los *profetas del Antiguo Testamento*.
2. La *enseñanza* de los apóstoles y de los *profetas del Nuevo Testamento*.
3. Los apóstoles y los *profetas del Nuevo Testamento* mismos.
4. Los *apóstoles-profetas* mismos.

Analizaremos estos puntos de vista posibles en orden.

---

* Véase el Apéndice B al final de este libro para una discusión de las razones por las cuales el Nuevo Testamento está cerrado y no debemos esperar que se le agreguen más escritos.

(a) *Posición 1: El fundamento = los apóstoles y los profetas del Antiguo Testamento.* En favor de la opinión de que "el fundamento de los apóstoles y profetas" significa los apóstoles y los profetas del Antiguo Testamento está el hecho de que los apóstoles del Nuevo Testamento son ciertamente como los profetas del Antiguo Testamento y están relacionados con ellos en otros pasajes (como vimos en la sección anterior).

Esta posición, sin embargo, de manera alguna ha convencido a los lectores cuidadosos, principalmente porque en Efesios 3:5, donde Pablo habla todavía del mismo tema (es decir de la inclusión de los gentiles dentro de la iglesia) y donde se asemeja tanto la construcción gramatical, los profetas del Antiguo Testamento no pueden estar en mente. Esto es imposible porque el misterio de que los gentiles serían incluidos en la iglesia, según Pablo, "*ahora* es revelado a sus santos apóstoles y profetas" en una manera "que en otras generaciones no se dio a conocer a los hijos de los hombres". Esta revelación más completa de la incorporación de los gentiles a la iglesia llegó luego de Pentecostés, y Pablo dice explícitamente que no se había dado a conocer en otras generaciones, de esta manera dejando fuera de consideración a los profetas del Antiguo Testamento aquí.

Además de esto, el orden en que aparecen las palabras no trasmite normalmente este significado. Si Pablo hubiera querido referirse a los apóstoles del Antiguo Testamento y a profetas del Nuevo Testamento, habría sido muy natural decir: "profetas y apóstoles" (compárese Lucas 11:49 y 2 Pedro 3:2), pero en cambio aquí dice "apóstoles y profetas".

(b) *Posición 2: el fundamento = la enseñanza de los apóstoles y profetas del Nuevo Testamento.* Esta segunda posición sostendría que la enseñanza de los apóstoles y profetas del Nuevo Testamento, o tal vez su predicación "con autoridad" del evangelio, o su labor de fundar la iglesia, es lo que Pablo aquí quiere decir con "fundamento de apóstoles y profetas". La parte importante de esta interpretación es que entiende que el "fundamento" no alude a los apóstoles y profetas en persona, sino a algún aspecto de su obra.

Favoreciendo esta interpretación está el hecho de que Pablo en otro pasaje habla de la labor apostólica como "fundamento", especialmente en 1 Corintios 3:10-15 donde dice: "Yo como perito arquitecto puse el fundamento, y otro edifica encima; pero cada uno mire cómo sobreedifica" (1 Corintios 3:10; nótese una metáfora semejante en Romanos 15:20).

Sumado a este paralelo en 1 Corintios, otro argumento a favor de esta posición estaría en el hecho de que tanto predicar como enseñar acerca de Cristo son fundamentales para comenzar cualquiera iglesia, y esto haría que la metáfora parezca apropiada.

Sin embargo, muchos argumentos contradicen esta posición.

(1) En 1 Corintios 3:10-15 el tema es completamente distinto y la metáfora cumple un propósito diferente. Allí la cuestión es el trabajo hecho en la edificación de la iglesia. En Efesios 2:20, en cambio, el contexto se refiere a la inclusión de judíos y gentiles juntos en la iglesia. En Efesios 2:20 *las personas mismas*, tantos judíos como gentiles, se incorporan a la iglesia, "sobreedificadas" sobre el fundamento. Pero en 1 Corintios las personas realizan el trabajo: sobreedifican sobre la iglesia.

(2) En Efesios 2:20 las otras partes del edificio son personas, y esto seguramente requiere que "el fundamento" también sean personas, para que la metáfora sea comprensible.

Por ejemplo, la piedra angular del edificio de Efesios 2:20 es "Jesucristo *mismo*", no sólo una enseñanza acerca de él. Luego la "sobreestructura" del edificio, la parte que se construye sobre el cimiento, consiste en todos los demás cristianos, tanto judíos como gentiles, quienes se vuelven "conciudadanos" en la casa de Dios.

Ahora bien, si la piedra angular es una persona (Cristo) y el resto del edificio está hecho de personas (todos los otros cristianos, judíos y gentiles), luego debe deducirse que el fundamento también sean personas: los "apóstoles y profetas" mismos.

(3) A diferencia de 1 Corintios 3, en este contexto no se menciona la tarea de enseñanza de los apóstoles. La obra de Dios de reunir a judíos y gentiles en una iglesia es lo que está en consideración, no la tarea de esos creyentes sino ellos como personas reunidas en uno por Dios.

(c) *Posición 3: El fundamento = los apóstoles y los profetas del Nuevo Testamento*. Esta es la posición asumida por el doctor Gaffin en el argumento mencionado más arriba, en que él propone que el don de profecía tenía el fin de sentar las bases de la iglesia y por consiguiente no continúa actualmente. Y otros que no comparten la posición del doctor Gaffin de que cesara tan tempranamente el don de profecía, aún verían en este versículo una referencia a dos grupos: (1) los apóstoles, y (2) los profetas del Nuevo Testamento.

En apoyo de la posición de que aquí Pablo habla de dos grupos distintos está el hecho de que la palabra "profeta" en el Nuevo Testamento se usa frecuentemente para referirse a un grupo diferente de los apóstoles. (En realidad la mayor parte de lo que resta de este libro se concentrará en esos otros casos en que se considera a los "profetas" como un grupo aparte de los apóstoles.)

Más aún, en Efesios 4:11, un pasaje que se encuentra sólo un poco más adelante en esta misma epístola, se distingue claramente entre profetas y apóstoles. Ahí Pablo dice: "El mismo constituyó a unos *apóstoles* y a otros *profetas*; a otros, evangelistas; a otros pastores-maestros."

Alguno podría sostener que el uso de la palabra "profeta" en Efesios 4:11 debe servir para indicarnos cómo se usa en Efesios 2:20 y 3:5. En los tres casos, podría argumentarse, la palabra se referiría a un grupo distinto de los apóstoles. Esta es la posición adoptada por el doctor Gaffin, por ejemplo, en su argumento de que el don de profecía ha cesado y que su uso hoy día ya no es válido.*

No obstante, hay algunos argumentos significativos en contra de esta posición:

(1) La gramática no señala aquí necesariamente dos grupos. La misma construcción gramatical usada aquí se usa repetidamente en el Nuevo Testamento para referirse a una persona o a un grupo con dos nombres diferentes.

Esta construcción griega se compone de una fórmula "artículo + sustantivo + conjunción + sustantivo". Cuando los autores del Nuevo Testamento quieren dejar en claro que están refiriéndose a dos elementos o a dos grupos diferentes, añaden el artículo al segundo sustantivo, formando esta construcción: "artículo + sustantivo + conjunción + *artículo* + sustantivo". Si Pablo hubiera utilizado esta construcción, habría quedado en claro que quería referirse a dos grupos: los apóstoles y los profetas. Pero al omitir el artículo "los" ante el segundo sustantivo ("profetas"), utilizaba una construcción que hacía saber a   los lectores que de alguna forma encuadraba "apóstoles y profetas" como una unidad.

Un ejemplo cercano de esto se encuentra en Efesios 4:11, al hablar Pablo de pastores-maestros. Aunque la gramática no lo exija, debemos decir que sería más probable la interpretación de esto como "pastores-maestros" que como dos grupos, "pastores y maestros", y

---

* Gaffin, *Perspectives*, pp. 94-95.

muchos intérpretes hoy día lo entienden así.

Enumero a continuación varios otros ejemplos tomados del Nuevo Testamento en que una persona o un grupo de personas se indican utilizando la misma construcción que en Efesios 2:20 y 3:5.

Romanos 16:7: "Saludad a Andrónico y a Junias, mis parientes y mis compañeros de prisiones." Pablo no habla de dos grupos, uno de "parientes" y otro de "compañeros de prisiones", sino de un solo grupo: "parientes que a la vez son compañeros de prisiones". Esta es la misma construcción gramatical del griego que se encuentra en Efesios 2:20 y 3:5. Lo mismo ocurre en los ejemplos siguientes.

Gálatas 1:7: "Algunos que os perturban y quieren pervertir el evangelio de Cristo" (un solo grupo).

Efesios 6:21: "Tíquico, hermano amado y fiel ministro en el Señor" (una sola persona).

Filipenses 2:25: "Epafrodito, mi hermano y colaborador y compañero de milicia" (una sola persona).

Colosenses 1:2: "A los santos y fieles hermanos en Cristo que están en Colosas" (un solo grupo).

1 Tesalonicenses 5:12: "los que trabajan entre vosotros, y os presiden en el Señor" (un solo grupo).

Tito 2:13: "la manifestación gloriosa de nuestro gran Dios y Salvador Jesucristo" (una sola persona).

Filemón 1: "al amado Filemón, colaborador nuestro" (aunque la construcción de la oración griega es la misma aquí, literalmente: "el amado y colaborador nuestro", está tan claro que se refiere a sólo una persona que se le traduce generalmente "nuestro amado colaborador").

Hebreos 3:1: "Considerad al apóstol y sumo sacerdote de nuestra profesión, Cristo Jesús" (una sola persona).

2 Pedro 1:1: "nuestro Dios y Salvador Jesucristo" (una sola persona).

2 Pedro 1:11: "nuestro Señor y Salvador Jesucristo" (una sola persona).

Se podrían dar más ejemplos, pero queda claro que no es obligatorio traducir esta construcción gramatical usada por Pablo en Efesios 2:20 y 3:5 como "los apóstoles y profetas". Es igualmente válido, y tal vez esté más de acuerdo con el uso del Nuevo Testamento, traducir "apóstoles-profetas" o "los apóstoles que también son profetas" (un grupo, no dos).

No estoy insinuando que sea *necesario* traducir Efesios 2:20 y 3:5 de este modo, pues se encuentran otros ejemplos en que esta construcción sí se refiere a dos personas o cosas,* pero ciertamente sería una traducción legítima, y a falta de indicaciones contextuales o de otra clase en apoyo de lo contrario, esa traducción sería aun preferible. Personalmente no he encontrado en los escritos de Pablo ni un ejemplo claro en que dos distintas personas (a diferencia de cosas) se junten en esta clase de construcción.

(2) Una segunda razón que se opone a la opinión de que este versículo represente a los apóstoles del Nuevo Testamento por un lado y a los profetas del Nuevo Testamento por otro es el hecho de que los profetas en el Nuevo Testamento no recibieron la revelación de que los gentiles serían incluidos en la iglesia del Nuevo Testamento en un rango de igualdad con los creyentes judíos. Se dice muchas veces que esta notable revelación de la inclusión de los gentiles vino a los apóstoles, pero nunca se dice en el Nuevo Testamento que se le haya dado a un "profeta" o grupos de profetas que no fueran apóstoles que desempeñaban el papel profético.

A continuación se citan algunos pasajes que muestran la revelación de Dios acerca de la inclusión de los gentiles en la iglesia.

Mateo 28:19: "Id y haced discípulos a todas las naciones" (dicho a los apóstoles).

Lucas 24:46-47: "Jesús les dijo: Así está escrito, y así fue necesario que el Cristo padeciese, y resucitase de los muertos al tercer día, y que se predicase en su nombre a todas las naciones, comenzando desde Jerusalén" (dicho a los apóstoles).

Hechos 1:8:"me seréis testigos en Jerusalén, en toda Judea, en Samaria, y hasta lo último de la tierra" (dicho a los apóstoles).

Hechos 10:15: "Volvió la voz a él por segunda vez: Lo que Dios limpió, no lo llames tú común" (dicho al apóstol Pedro).

Hechos 10:34-35: "Entonces Pedro, abriendo la boca, dijo: En verdad comprendo que Dios no hace acepción de personas, sino que en toda nación se agrada del que le teme y hace justicia" (dicho por Pedro luego de recibir la visión del cielo, y visitar la casa de Cornelio).

Hechos 10:47-48: "¿Puede acaso alguno impedir el agua, para que

---

*   Véanse Hechos 13:50; 15:2; y en los escritos de Pablo 2 Corintios 6:7; 7:3; 13:11; Filipenses 1:19, 25; 2 Tesalonicenses 1:4; 2:2. Algo ambiguos son Efesios 1:1; 5:5; y 2 Tesalonicenses 1:12.

no sean bautizados estos que han recibido el Espíritu Santo también como nosotros? Y mandó bautizarles en el nombre del Señor Jesús?" (Pedro el apóstol declara la aceptación de los gentiles en la iglesia).

Hechos 11:2-18: La explicación de Pedro a la iglesia de Jerusalén de cómo le había sido revelado en una visión la incorporación de los gentiles y cómo había descendido el Espíritu Santo en la casa de Cornelio.

Hechos 15:6-29: En el concilio de Jerusalén, tanto Pedro como Santiago, apóstoles ambos, pronuncian discursos cruciales.

Hechos 22:21: "Ve, porque yo te enviaré lejos a los gentiles" (dijo Cristo al apóstol Pablo en el camino a Damasco).

Hechos 26:17-18: "Librándote de tu pueblo, y de los gentiles, a quienes ahora te envío, para que abras sus ojos, para que se conviertan de las tinieblas a la luz, y de la potestad de Satanás a Dios; para que reciban, por la fe que es en mí, perdón de pecados y herencia entre los santificados" (Cristo se lo dijo a Pablo en el camino de Damasco).

Gálatas 1:15-16: "Agradó a Dios . . . revelar a su Hijo en mí, para que yo le predicase entre los gentiles" (Pablo el apóstol).

Gálatas 2:7-8: "Vieron que se me había sido encomendado el evangelio de la incircunsición, como a Pedro el de la circuncisión (pues el que actuó en Pedro para el apostolado de la circuncisión, actuó también en mí para con los gentiles" (Pablo el apóstol, al hablar de la comisión que recibió de Cristo para predicar a los gentiles).

Efesios 2:11-3:21: Aquí Pablo da una larga explicación de su comprensión del "misterio" de la inclusión de los gentiles en la iglesia. Dice:"leyendo lo cual podéis entender cuál sea mi conocimiento en el misterio de Cristo, misterio que en otras generaciones no se dio a conocer a los hijos de los hombres, como ahora es revelado a sus santos apóstoles y profetas por el Espíritu: *que los gentiles son coherederos y miembros del mismo cuerpo, y copartícipes de la promesa de Cristo Jesús por medio del evangelio"* (Efesios 3:4-6).

Podemos notar también el énfasis que pone Pablo en el papel que él mismo juega en la proclamación de la inclusión de los gentiles:

> A mí, que soy menos que el más pequeño de todos los santos, me fue dada esta gracia *de anunciar entre los gentiles el evangelio de las inescrutables riquezas de Cristo*, y de aclarar a todos cual sea la dispensación del misterio escondido desde los siglos en Dios, que creó todas las cosas (Efesios 3:8-9).

Lo notable de todos estos pasajes es que en ninguna parte se insinúa que esta revelación, apenas sugerida en el Antiguo Testamento pero hecha explícita en la predicación apostólica, esta revelación de la inclusión de los gentiles, haya sido jamás confiada a ninguno de los "profetas" de las iglesias neotestamentarias. Todas las referencias se inclinan hacia una sola respuesta, señalando que este punto mayúsculo de la revelación en la historia de la redención fue recibido por los *apóstoles* y que sólo por medio de ellos llegó a otros.

(3) Una tercera razón por la cual Efesios 2:20 y 3:5 aparentemente no se refieren a los apóstoles del Nuevo Testamento y a los profetas del Nuevo Testamento (dos grupos) es que la metáfora de un *fundamento* da la imagen de algo que está completo, algo a lo que no se añadirá más una vez que se comience el resto del edificio. Ahora bien, si este "fundamento" equivale a los apóstoles del Nuevo Testamento y sólo a ellos, luego la metáfora es muy adecuada: los apóstoles eran un grupo definido, limitado, que habían visto al Señor Jesús resucitado y habían sido comisionados por él para la función especial de "apóstol de Jesucristo".

Si por el contrario el fundamento consistiera en los apóstoles, más todos aquellos que tenían el don de profecía en cada una de las iglesias neotestamentarias en todo el mundo mediterráneo, entonces tendría que ser un "fundamento" que cambia continuamente y al que se le agrega sin cesar. Al predicar el evangelio Pablo y otros en toda la extensión del mundo romano, más y más personas se hacían cristianas, y aparentemente en cada congregación había algunos con el don de profecía. De modo que este "fundamento" agregaría más y más elementos al convertirse más personas y recibir dones espirituales. Además, en obediencia a las indicaciones de Pablo como la de 1 Corintios 14:1: "Procurad los dones espirituales, pero sobre todo que profeticéis", aquellos que no eran parte del "fundamento" de la iglesia seguramente desearían y orarían por el don de profecía, y algunos recibirían ese don. Luego tendrían que ser agregados al "fundamento" de la iglesia. Pero esta interpretación es bastante incoherente con la metáfora de un "fundamento", la cual da la imagen de algo ya completado antes del comienzo del resto del edificio.

(4) Guardando relación con la razón dada anteriormente, existe otro factor que sugiere que los lectores de Efesios no considerarían a los profetas comunes de sus congregaciones como parte del "funda-

mento". Notamos en Efesios 2 y 3 que Pablo no se está refiriendo a una congregación local, sino a la iglesia universal. Es aquella iglesia en que todos los creyentes gentiles ya no son "extranjeros ni advenedizos, sino conciudadanos de los santos y miembros de la familia de Dios" (Efesios 2:19). Es aquella iglesia en la cual Jesucristo mismo es la piedra angular y los "apóstoles y profetas" son el "fundamento".

Por eso los lectores comunes en la iglesia de Efeso, y las iglesias locales circundantes que también leyeron la epístola de Pablo a los Efesios, no considerarían a los hombres y mujeres (y quizás aun niños), amigos y vecinos suyos que tuvieran en sus iglesias locales el don de profecía, como parte de este "fundamento" de la iglesia universal, a un mismo nivel en cuanto a importancia que Pedro, Pablo y los otros apóstoles.

(5) Una quinta dificultad que presenta esta interpretación de "apóstoles y profetas" se refiere al propósito que persigue Pablo en esta sección. Su meta es probar que judíos y gentiles son miembros iguales en la iglesia de Cristo. Para lograr esto demuestra que judíos y gentiles creyentes son parte de este "edificio", metáfora que representa a la iglesia.

Pero si todos los profetas del Nuevo Testamento fueran parte del "fundamento" de la iglesia, aceptamos que habría seguramente profetas *gentiles* en ese fundamento, puesto que muchos creyentes gentiles recibían el don de profecía en las iglesias locales. Pero si fuera así, sería difícil de comprender por qué Pablo no subraya el hecho que pruebe la igualdad de judíos y gentiles en la iglesia. Podría muy bien haber dicho: "¡Algunos de ustedes hasta son parte del *fundamento* de la iglesia! ¡A pesar de ser gentiles!" Este argumento hubiera sido poderoso, pero lo deja completamente de lado; inferimos que no consideraba a los cristianos gentiles con el don de profecía en las iglesias locales como parte de este "fundamento".

(6) Hay otros pasajes en el Nuevo Testamento que hablan explícitamente sobre el común de los profetas en congregaciones locales, pasajes como 1 Corintios 12-14, 1 Tesalonicenses 5:20-21 y varios párrafos en el libro de los Hechos. Estos otros pasajes que describen el don de profecía en el Nuevo Testamento son una fuerte evidencia de que los habituales profetas congregacionales *no* desempeñaban actividades ni poseían la autoridad necesaria para la función de "fundamento" de la iglesia. Así que, mientras que hay posibilidad de discusión de si Efesios 2:20 y 3:5 se refieren a profetas congregacio-

nales comunes o no, muchos otros pasajes no son en absoluto ambiguos. Hablan clara y explícitamente del don de profecía en su modo de funcionar en las congregaciones locales.

Parece, pues, apropiado como método de investigación permitir que aquellos pasajes que clara y explícitamente analizan la profecía congregacional habitual (tales como 1 Corintios 12 al 14) contribuyan a nuestra comprensión de pasajes menos explícitos (como Efesios 2:20 o 3:5) para determinar si describen la corriente profecía congregacional o no.

(7) Finalmente, otra objeción a la interpretación de Efesios 2:20 y 3:5 como referentes a apóstoles del Nuevo Testamento y a profetas del Nuevo Testamento, es decir, dos grupos aparte, es una pregunta sin respuesta: ¿Dónde están todos estos profetas? Si existía realmente un grupo tan importante como se infiere de esta posición, un grupo de "profetas" *que no eran apóstoles* ellos mismos pero que hablaban las palabras mismas de Dios con absoluta autoridad divina, siendo parte del "fundamento" de la iglesia universal, ¿no sería de esperar que encontráramos algún registro de ellos en las páginas del Nuevo Testamento? Pero no hay tal registro.

En ningún punto del Nuevo Testamento, que yo sepa, se registra un profeta que no sea un apóstol pero que, no obstante, haya hablado palabras que sean de la absoluta autoridad divina. Y no tenemos libros del Nuevo Testamento que hayan sido escritos por uno que se diga "profeta" sin proclamarse a la vez apóstol. Más aún, durante los primeros ciento cincuenta años de la iglesia no se registró (que yo me haya enterado) ninguna palabra con autoridad divina hablada por estos profetas. No existe cosa tal como colecciones de "palabras de los profetas de Corinto", o "palabras de los profetas de Tesalonica" o "palabras de los profetas de Efeso", o Tiro, Cesarea, etc. Pero si todos estos mismos profetas hablaban las mismísimas palabras de Dios, ¿no sería lógico suponer que muchas de estas palabras estuvieran registradas y conservadas para la posteridad como Escritura? Si esas palabras eran verdaderamente iguales en autoridad a las Sagradas Escrituras, ¿por qué, pues, no fueron conservadas por los primeros cristianos? ¿Y por qué no hay indicios de que algunas iglesias *trataran* de conservarlas?

Así pues, si partimos de la suposición de que había un grupo de "profetas" no apóstoles, quienes no obstante tenían una autoridad igual a la de los profetas del Antiguo Testamento, tropezamos con una dificultad mayúscula: nos encontraremos en una situación de sostener la existencia de un grupo altamente significativo que no ha dejado registro ni huella alguna en las páginas del Nuevo Testamento ni en los escritos de las primeras generaciones de cristianos. Comenzaremos a preguntarnos si existió en realidad algún grupo así, un grupo de profetas, no apóstoles, neotestamentarios que hayan hablado también con la divina y absoluta autoridad de los profetas del Antiguo Testamento. Esto nos lleva a preguntarnos si no hay una mejor interpretación de Efesios 2:20 y 3:5 que la que ve en ellos dos grupos separados, apóstoles del Nuevo Testamento y profetas del Nuevo Testamento, ambos constituyentes del "fundamento" de la iglesia.

(d) *Posición 4: El fundamento = apóstoles-profetas (un solo grupo).* Esta cuarta y última interpretación de Efesios 2:20 y 3:5 propone que no hay dos grupos en consideración (apóstoles neotestamentarios y profetas neotestamentarios), sino un solo grupo (apóstoles-profetas neotestamentarios, o sea "apóstoles que a la vez son profetas").

Hay varias razones por las cuales parece convincente tal interpretación del pasaje.

(1) Primeramente, esta interpretación es por cierto posible desde la perspectiva de la gramática griega (véase el análisis ya presentado). Además, concuerda con el uso gramatical hecho por Pablo en Efesios 4:11 donde aparece la misma construcción al hablar de "pastores-maestros".

(2) Esta interpretación encaja mejor en los datos históricos ya mencionados, los cuales muestran que Dios reveló a los apóstoles solamente, y no además a algunos de los profetas, la verdad acerca de la incorporación de los gentiles en una manera nueva y cabal en la era del Nuevo Pacto. Por eso puede decir Pablo acertadamente:

> ... leyendo lo cual podéis entender cual sea mi conocimiento en el misterio de Cristo, misterio que en otras generaciones no se dio a conocer a los hijos de los hombres, como ahora es revelado a sus santos *apóstoles que son a la vez profetas* por el Espíritu: que los gentiles son coherederos (Efesios 3:4-6).

(3) Interpretar que los apóstoles por sí solos sean el "fundamento" de la iglesia neotestamentaria concuerda con otra imagen de un "fundamento" en el Nuevo Testamento, una imagen descriptiva que subraya claramente la exclusiva misión de los apóstoles de ser fun-

dadores, ellos solos y no algún otro grupo de profetas. Me refiero a la descripción que se encuentra en la visión dada al apóstol Juan de la ciudad celestial en Apocalipsis 21:14: "Y el muro de la ciudad tenía doce cimientos y sobre ellos los doce nombres de los doce apóstoles del Cordero."

(4) Tal referencia a los apóstoles como "también profetas" se adecúa al argumento de Pablo en este punto. Resaltaría el hecho de que la inclusión de los gentiles no fue revelada simplemente a algunos cristianos secundarios e insignificantes en una provincia remota, sino que les fue revelada específicamente a aquellos que constituían el *fundamento* de la iglesia: los apóstoles mismos. Y fue en su carácter de "profetas", es decir, receptores de la revelación de parte de Dios, que esta inclusión de los gentiles les fue revelada.

Por lo tanto, los gentiles pueden tener la certidumbre de su igualdad dentro de la iglesia, puesto que aquellos que son "apóstoles", los proclamadores del verdadero evangelio autorizados por Dios, son "también profetas", es decir, los receptores de las nuevas directivas del Espíritu Santo, especialmente directivas acerca de la inclusión de los gentiles. De modo que la completa inclusión de los gentiles no es una idea precariamente cimentada, sino más bien un concepto central que fue dado a conocer primeramente a quienes llegaron a ser los principales miembros y líderes de la iglesia, y que fue aprobado por ellos.

En contraposición a esta interpretación ("los apóstoles que son también profetas") el doctor Gaffin dice lo siguiente:

> Esto es posible gramaticalmente y además los apóstoles efectivamente ejercen funciones proféticas (por ejemplo Romanos 11:25ss.; 1 Corintios 15:51ss.; 1 Tesalonicenses 4:15ss.; compárese con 1 Corintios 14:6). Es probable que no haya nada que excluya completamente este punto de vista. Sin embargo, una conjunción de factores estaría definitivamente en su contra.[*]

Luego enumera cuatro objeciones a nuestra posición:

(1) En Efesios 4:11 se diferencia claramente a los apóstoles de los profetas, y dicho versículo está dentro del mismo contexto mayor que Efesios 2:20 y 3:5.

---

[*] Gaffin, *Perspectives*, pp. 93-94.

(2) También se diferencia a los apóstoles de los profetas en 1 Corintios 12:28.

(3) A los apóstoles como conjunto nunca se les llama "profetas" o "maestros" ni otro término que determine un ministerio en el Nuevo Testamento.

(4) Por tanto, este sentido diferente de la palabra "profeta" no habría sido captado por los lectores al no haber otro indicio en el contexto.*

Podemos responder ahora a estas cuatro objeciones en orden de presentación.

(1) Admitamos que en Efesios 4:11 Pablo usa la palabra "profetas" para referirse a los que tenían el don de profecía en las congregaciones locales. Por tanto, la usa para referirse a personas distintas de las mencionadas en 2:20 y 3:5.

Pero Pablo destaca claramente esta diferencia mediante las construcciones gramaticales que usa. En Efesios 4:11 antepone el artículo definido "los" a la palabra "profetas". Al hacer esto muestra claramente que tiene en mente dos grupos.

En realidad, resulta aún más explícito mediante de dos palabras griegas que usa, las cuales a menudo se dejan sin traducir, que significan "por un lado . . . por otro lado". En una traducción totalmente literal podríamos traducir Efesios 4:11 así: "Constituyó *por un lado* a los apóstoles, *por otro lado* a los profetas, *por otro* a los evangelistas, *por otro* a los pastores y maestros".

De manera que aquí los apóstoles se mencionan en un grupo separado, y se los distingue claramente de los profetas, evangelistas y pastores-maestros.

Un caso similar se encuentra en 1 Pedro 5:1, donde Pedro dice: "Ruego a los ancianos que están entre vosotros, yo anciano también con ellos, y testigo de los padecimientos de Cristo." Aquí Pedro usa la palabra "anciano" para referirse a los que tienen cargo en la iglesia pero no son apóstoles, sino meramente miembros de congregaciones locales. En la misma oración usa luego una palabra equivalente a "co-anciano" en referencia a sí mismo como apóstol, no a todos los ancianos en general. Pero esto queda claro merced al contexto.

De modo similar, en 1 Timoteo 2:7 Pablo se autodenomina "maestro"; sin embargo, más adelante en la misma epístola habla de las

---

* Gaffin, *Perspectives*, pp. 94-95.

funciones docentes que es necesario que lleve a cabo el obispo o anciano (1 Timoteo 3:2 y 5:17), y anteriormente se había referido a los que quieren ser doctores de la ley (usando aquí un vocablo compuesto). En 2 Timoteo 1:11 dice que fue constituido "maestro", pero más abajo menciona que habrá tiempo en que "se amontonarán maestros conforme a su propia concupiscencia" (2 Timoteo 4:3). En cada uno de estos casos queda claro por el contexto que las palabras como "anciano", "maestro" y "profeta" se usan de modos diferentes en contextos distintos, y las diferencias se hacen patentes por el contexto y por las palabras precisas usadas en cada caso.

(2) Estoy de acuerdo, naturalmente, con que en 1 Corintios 12:28 se diferencia a los apóstoles de los profetas, pero objeto que eso no significa que esas palabras deban ser usadas para grupos distintos cada vez que se emplean en el Nuevo Testamento. Un ejemplo del empleo de una palabra no es prueba de que deba tener el mismo sentido en otros ejemplos, y la cuestión que estamos tratando es el significado de la palabra en Efesios 2:20 y 3:5.

(3) El hecho de que a los apóstoles "como grupo" no se les llama por un nombre determinado en otros pasajes no es factor decisivo para el significado de Efesios 2:20 y 3:5, pues hay en el Nuevo Testamento muchos ejemplos donde un término en particular se aplica a personas en el singular pero no en el plural, o sólo aparece en el plural una o dos veces. Pablo era "predicador" del evangelio, y hubiera sido apropiado llamar a los apóstoles "predicadores" del evangelio, pero nunca ocurre esta designación en el Nuevo Testamento. Pablo era un "maestro" y podría haberse llamado apropiadamente a los apóstoles por la designación de "maestros", pero el hecho es que no se les llama así. Del mismo modo los apóstoles tenían funciones proféticas, pero realmente sólo dos veces se les llama por la voz "profetas" en plural (más precisamente "apóstoles-profetas") en el Nuevo Testamento. Muchas cosas que se dicen en el Nuevo Testamento ocurren sólo una o dos veces, y parece ser un requisito injustificado pretender que se repitan de cierta forma *más de dos veces* para que sean aceptables.

(Nótese que a los ancianos aparentemente se les llama "pastores" sólo una vez en el Nuevo Testamento [Efesios 4:11]; sin embargo mucha gente cree que Efesios 4:11 se refiere a ancianos. Aún más, a los apóstoles se les llama por las voces en plural "discípulos" [en los evangelios reiteradamente] y "testigos" [Hechos 2:32].)

Por lo tanto, si los apóstoles ejercían funciones proféticas, (con lo cual concuerda el doctor Gaffin), y si Pablo el apóstol podía mencionar el hecho de traer "profecía" a Corinto, y si el apóstol Juan a su escrito lo denomina "profecía" (Apocalipsis 1:3 y 22:7), luego no hay ninguna razón inherente por la cual no se pueda llamar "profetas" a los apóstoles dos veces en Efesios 2:20 y 3:5, siempre que la gramática y el contexto apoyen esta interpretación.

(4) ¿Habrán captado esto los lectores? He aportado varias razones hasta aquí por las cuales tanto la gramática como el tema tratado dan señales a los lectores, indicándoles que Pablo hablaba de "apóstoles-profetas" en estos versículos.

Queda aún una objeción más en torno a la posición 4. La agregaremos a las presentadas por el doctor Gaffin, pero tal vez sea el factor más significativo de los que producen indecisión en la mente de los lectores modernos sobre este punto. Esa objeción, o mejor dicho obstáculo, es el hecho de que nuestras traducciones por lo general dicen "apóstoles y profetas", y en esa construcción la palabra española "y" parece dar a entender claramente dos grupos separados: los apóstoles y profetas. Esta no es en realidad una objeción que se base sobre el significado del texto griego, pero sí aumenta la dificultad que muchos lectores encuentran en traducciones modernas para comprender que el versículo quiere decir "los apóstoles que también son profetas" (un solo grupo de personas).

La contestación a esta objeción es simplemente que notemos con qué frecuencia Pablo y los demás escritores del Nuevo Testamento usan esta misma construcción para referirse a una persona o grupo de personas. Desde el punto de vista gramatical, en verdad no existe nada que lleve a pensar a un lector de Efesios de habla griega en el siglo I que Pablo tuviera en mente dos grupos.

Por lo expuesto, parece mejor la conclusión de que Efesios 2:20 quiere decir que la iglesia está edificada "sobre el fundamento de los apóstoles que también son profetas" y de que Efesios 3:5 sea interpretado como aportando la información de que el misterio de la inclusión de los gentiles en la iglesia "no se dio a conocer a los hijos de los hombres, como ahora es revelado a sus santos apóstoles y profetas por el Espíritu".

(e) *¿Qué decimos a quien aún ve dos grupos distintos en Efesios 2:20 y 3:5?*

Por último, debemos tratar un punto más. Aun si alguno no se convenciera por el argumento precedente, sino que encontrara más persuasiva la posición 3, es decir, que estos versículos se refieren a dos grupos aparte — "apóstoles neotestamentarios" y "profetas neotestamentarios" — aún no se impone la conclusión de que estos versículos se aplicaran a *todos* los profetas neotestamentarios. En verdad sería muy difícil sostener que la breve referencia a los "profetas" vista en estos dos versículos describiera a todos aquellos que en toda congregación neotestamentaria tuvieran el don de profecía, especialmente si muchos otros pasajes del Nuevo Testamento mencionaran a profetas ejerciendo su función en iglesias locales sin la misión de ser "fundamento".

Por lo tanto, si algún lector prefiriera, por ejemplo, la posición 3, esto no debiera afectar en modo importante lo que se desarrollará en el resto de este libro. Así es porque si Efesios 2:20 y 3:5 mencionan dos grupos diferenciados — apóstoles y profetas — responderé simplemente que luego aquellos "profetas" mencionados allí serían los que compartían una autoridad similar a la de los apóstoles; de modo que serían *diferentes* de los profetas comunes esparcidos por muchas de las primeras iglesias cristianas, profetas descritos mucho más detalladamente en otras partes del Nuevo Testamento. Debemos confesar que el doctor Gaffin da mucha atención a Efesios 2:20 y *dice* que es una descripción de *todos* los profetas en todas las iglesias neotestamentarias, pero concede muy poco análisis a referencias concretas en el resto del Nuevo Testamento que demuestren la veracidad de su posición: de que en los otros contextos la profecía cumple en verdad el mismo fin de actuar como "fundamento". (Por ejemplo, sólo dedica dos páginas [60-61] a la cuestión de la autoridad de la profecía en 1 Corintios 14.)

Para los fines de este estudio, serán mucho más pertinentes esos profetas cristianos comunes que usan el don de profecía en reuniones corrientes de la congregación, que ese grupo especial de "profetas" (o "apóstoles-profetas") de Efesios 2:20 y 3:5, a quienes les fue revelado el gran asunto de la inclusión de los gentiles. Y es justamente a un estudio de estos profetas en las congregaciones cristianas comunes a lo que nos dedicaremos en el siguiente capítulo.

¿Existen, pues, dos tipos de profecía?

Si yo afirmo, como de hecho hago, que los apóstoles podían "profetizar" con absoluta autoridad divina, pero que los profetas congregacionales comunes no tenían tal autoridad, ¿estoy diciendo que hay dos tipos de profecía en el Nuevo Testamento? Algunos podrían hacer esta diferenciación; en realidad, yo mismo la hice en un libro previo, más técnico, acorde con la terminología que había sido usada en anteriores debates eruditos sobre la profecía.

A pesar de eso, he decidido no hablar en el presente libro de "dos tipos de profecía" en el Nuevo Testamento porque puede interpretarse mal la expresión, como si "tipos" de profecía indicara diferencias en *muchos* aspectos, amplias diferencias en la experiencia del profeta mismo, etc. Es que el Nuevo Testamento no da apoyo a tales diferencias (y no las sostuve en mi otro libro).

La diferencia que intenté establecer en mi libro anterior, y que intentaré mantener aquí también, es sólo en punto: el tipo de autoridad que acompaña a las palabras habladas en una profecía. Cuando la profecía es hablada o (escrita) por un apóstol, entonces las palabras tienen autoridad sin par, una autoridad divina absoluta (como intenté demostrar anteriormente en este mismo capítulo). No creer o no obedecer la profecía dada por un *apóstol* es no creer o no obedecer a Dios. Esa es la misma razón por la cual las palabras de un apóstol pueden ser asentadas por escrito e incluidas en las Santas Escrituras: tienen la autoridad de la Escritura. Tal autoridad absoluta, en cambio, simplemente no se aplica a las palabras de los profetas comunes en congregaciones locales neotestamentarias (veremos esto en los próximos capítulos). Su modo de profetizar es "diferente" en este sentido.

Pero esto no es de sorprenderse; es lo mismo que sucede, por ejemplo, con "enseñar" y "predicar". Las enseñanzas y la predicación de los *apóstoles* cuentan con la absoluta autoridad divina, pero no por eso decimos habitualmente que haya en el Nuevo Testamento "dos tipos de enseñanza" o "dos tipos de predicación". Si dijéramos eso para destacar la diferencia en autoridad entre los apóstoles y las demás personas, no sería incorrecto. Pero por lo general ese lenguaje resultaría confuso porque tendería a enfatizar las diferencias y a restar valor a las semejanzas entre la predicación y la enseñanza apostólica y toda otra predicación y enseñanza en las iglesias del Nuevo Testamento.

Así que en este libro no he optado por la terminología "dos tipos de profecía". Simplemente he hablado de la profecía como la ejercieron los apóstoles, y luego de la "profecía congregacional corriente" como sucedía en muchas congregaciones cristianas locales. La profecía ejercida por los apóstoles era diferente, no precisamente por el "tipo", ni de muchos modos, sino solamente en cuanto a su autoridad. La profecía ejercida por todos los demás cristianos en las iglesias locales era "corriente" y "común", y es esta clase de profecía que es el interés principal de este libro.

Aplicación en la actualidad

Una vez que hemos tomado conciencia de que los apóstoles del Nuevo Testamento son la contraparte de los profetas del Antiguo Testamento, debemos por consiguiente aplicar ese esclarecimiento a nuestra vida, dando detenida atención a los escritos de aquellos "apóstoles de Jesucristo". En particular, debemos leer los escritos del Nuevo Testamento como las palabras mismas de Dios, aún vivientes y poderosas para hablar a nuestro corazón hoy con la autoridad de Dios mismo. Ninguna otra palabra hablada hoy día puede igualar jamás las palabras de la Escritura misma, sea en autoridad, pureza o poder.

En nuestra vida cotidiana, deben ser las palabras de la Escritura solamente las que tengan primer lugar en nuestra mente y corazón. Debemos leerlas, creerlas, memorizarlas, amarlas y valorarlas como que son las palabras mismas de nuestro Creador que nos habla. Todo otro don y enseñanza debe someterse a las palabras de la Escritura y se deben juzgar a su luz. Ningún otro don ni enseñanza ni escrito debe permitirse competir con las Escrituras en cuanto a prioridad.

CAPITULO 3

PROFETAS NEOTESTAMENTARIOS EN CORINTO

Pronunciar palabras meramente humanas que trasmiten algo que Dios trae a la mente

Estructura de 1 Corintios 12-14

Antes de examinar en detalle el estudio del don de profecía en 1 Corintios, será provechoso adquirir una visión global de la enseñanza y la estructura de 1 Corintios 12-14.

Entre los muchos problemas que Pablo debió enfrentar en Corinto estaba el del orgullo de parte de aquellos que tenían dones espirituales notables (1 Corintios 1:31; 4:7; 5:6; 8:1; 10:12; 11:21ss.; 13:4-5) y como resultado los sentimientos de insignificancia o celos de parte de los aparentemente menos dotados (1 Corintios 3:3; 10:10; 12:14-26; 13:4). Pablo ataca ambos problemas a la vez en 1 Corintios 12:28, cuando dice: "y a unos puso Dios en la iglesia, primeramente apóstoles, luego profetas, lo tercero maestros, luego los que hacen milagros, depués los que sanan, los que ayudan, los que administran, los que tienen don de lenguas".

Por una parte, destacando que tales ministerios son *de Dios*, recordaba a los corintios que no deberían sentirse orgullosos sino *humildes* (nótese 1 Corintios 4:7: "¿Qué tienes que no hayas recibido? Y si lo recibiste, ¿por qué te jactas como si no lo hubieras recibido gratuitamente?").

Por otra parte, siendo que Dios ha *distribuido* dones como mejor le pareció (1 Corintios 12:11, 18, 22), los corintios no deberían estar celosos unos de otros, ni murmurar acerca de las decisiones de Dios, sino sentirse satisfechos. Además de esto, siendo que a *cada* creyente le ha sido entregado un don de alguna clase (1 Corintios 12:6, 7, 11), y que *todo* don es necesario (1 Corintios 12:7, 15, 17, 21, 23, 26), ninguno necesita sentir que es poco importante.

A pesar de esto, Pablo podría haber creado otro problema si, al tratar de resolver los anteriores, se hubiera detenido aquí. Los corintios podrían haber desembocado en el fatalismo como consecuencia de un énfasis desequilibrado en la soberanía de Dios en la distribución de los dones. Se podría haber detenido su progreso hacia la consecución de los dones que más ayudarían a la iglesia. Por eso Pablo añade un mandato correctivo: *a pesar de que* Dios ha colocado los dones en la iglesia según su voluntad (1 Corintios 12:28-30), los corintios deben, *no obstante, continuar buscando* los dones mejores (1 Corintios 12:31).

Sin embargo, aun los mejores dones podían ser mal usados si los corintios tenían actitudes equivocadas. Por lo tanto, Pablo pasa a algo mejor que buscar los mejores dones ("un camino aun más excelente" 1 Corintios 12:31b), esto es, usar aquellos dones que tenían, o querían, en amor (1 Corintios 13:1-13).

¿Y cómo funciona eso en la práctica? En el uso de los dones, seguir el camino del amor significa esto: hablar en manera inteligible y ordenada para que la iglesia pueda ser edificada (1 Corintios 14:1-35).

Entonces la estructura de estos capítulos en breve síntesis es lo siguiente:

1. Es bueno usar los diferentes dones que Dios ha dado a todos ustedes (1 Corintios 12:1-31).

2. Es aun mejor usar en amor los dones que ustedes tienen o procuran (1 Corintios 13:1-13).

3. Hacer uso de los dones en amor significa hablar en manera inteligible y ordenada (1 Corintios 14:1-40).

La captación de la estructura de 1 Corintios 12-14 puede ayudarnos a entender lo que Pablo quiere decir con dones "mejores" en 1 Corintios 12:31, y lo que quiere decir con "primero . . . luego . . . tercero" en 1 Corintios 12:28.

En 1 Corintios 12:28, el orden sugerido por las palabras de Pablo "primero, luego, tercero" por cierto no es cronológico, pues las lenguas aparecen aquí en último término pero llegaron al comienzo de la iglesia (Hechos 2:4).

Pues entonces, ¿es un rango de "dignidad" o "superioridad espiritual"? No es probable que a eso se deba el ordenamiento, siendo que Pablo trata de combatir el orgullo espiritual, y en el caso de sí mismo, antes de reclamar su propia dignidad considera a los apóstoles como "postreros . . . , espectáculo al mundo, a los ángeles y a los hombres" (1 Corintios 4:9).

La respuesta correcta la proporciona parcialmente 1 Corintios 12:31a. Los lectores de Pablo podrían suponer naturalmente que los dones "mejores" (en griego *meizon*) son aquellos que Pablo acaba de enumerar como "primeramente . . . luego . . . lo tercero". Luego en 1 Corintios 14:5b queda explícita la idea de Pablo: allí, usando tal vez intencionalmente la misma palabra, dice que "mayor es el que profetiza" (nuevamente el vocablo griego *meizon*) porque por medio de él la iglesia recibe edificación.

De manera que este contexto da la medida de la grandeza según sea de utilidad a la iglesia. Por eso en 1 Corintios 12:28 aparecen primero los apóstoles por ser más útiles en la edificación de la iglesia. Los profetas aparecen en segundo lugar y los maestros en el tercero, porque también constribuyen grandemente a la edificación de la iglesia. Esta interpretación encuadra con el propósito general de Pablo de estimular los dones y las actitudes que edifican la iglesia (nótese este énfasis al resumir puntos cruciales: 1 Corintios 12:7, 25-26; 14:5b, 12, 26b).

Aunque algunos de los detalles presuponen conclusiones que se presentarán más adelante en este estudio, será útil incluir aquí algunas de las frases transicionales del texto y resumir nuevamente la totalidad de 1 Corintios 12-14:

Acerca de los dones espirituales (12:1):

(1) *Todos* ustedes tienen dones útiles (12:2-30), y es *bueno* procurar los dones mejores (12:31a).

(2) Pero es *aun mejor* (12:31b) usar en amor (13:1-13) los dones que tienen o desean tener, es decir, hablando en forma inteligible o adorando en orden para que la iglesia pueda ser edificada (14:1-36).

(3) Deben obedecer mis palabras, pues son mandamientos del Señor (14:37-38).

(4) Sintetizando: "Acerca de cuestiones particulares de la profecía y el hablar en lenguas: deseen la profecía, no prohíban el hablar en lenguas, pero hagan todo en orden" (14:39-40).[*]

---

[*]   Traducción directa del autor.

A partir de esta comprensión de los capítulos 12, 13 y 14, ubicamos a 1 Corintios 14:29-33a como parte de un fragmento más grande de la epístola (1 Corintios 14:1-36) en el cual Pablo da instrucciones a los corintios sobre cómo conducirse en los servicios de adoración. Los versículos del 29 en adelante expresan el punto de vista de Pablo en cuanto al uso correcto del don de profecía en particular.

1 Corintios 14:29: Profecías que deben ser examinadas

Pablo dice: "hablen dos o tres, y los demás juzguen" (1 Corintios 14:29).

La primera cuestión a decidir es ésta: ¿quiénes son "los demás", a quienes Pablo ordena realizar esta evaluación de lo dicho por el profeta?

¿"Los demás" son aquellos que poseen el don de "discernimiento de espíritus" según 1 Corintios 12:10?

Algunos comentaristas del Nuevo Testamento, aunque no muchos de ellos, interpretan que "los demás" como aquí se los menciona, son aquellos con el don de "discernimiento de Espíritu" según 1 Corintios 12:10. La principal razón a favor de este punto de vista es la similitud entre el sustantivo (en griego *diakrisis*) "evaluación, discriminación, distinción" que aparece en 1 Corintios 12:10, y el verbo griego (*diakrino*) "evaluar, sopesar, discernir" en 1 Corintios 14:29.

Pero se debe notar que tanto el sustantivo como el verbo tienen una amplia gama de significado. No es improbable en absoluto que Pablo haya usado en 1 Corintios 12:10 *diakrisis* con el significado de "distinguir" (entre diferentes clases de espíritus), mientras que *diakrino* en 1 Corintios 14:29 fue usado para significar algo tan diferente como "evaluar" o "juzgar" (discursos proféticos). El hecho es que en 1 Corintios solo Pablo utiliza el verbo *diakrino* en varios sentidos.

En vista de esta amplia gama de significados, sería muy atrevido suponer que el sustantivo en 1 Corintios 12:10 debe tener el mismo sentido que el verbo en 14:29, y además debe referirse a la misma actividad o don.

Más aún, no sería válido suponer que 1 Corintios 12:10 se limita a una prueba de profetas y profecías. El comentarista Bittlinger, por ejemplo, sugiere como ejemplos de "discernimiento de espíritus" algunos exorcismos de Jesús cuando él sabía de la presencia de un demonio, y los casos de Elimas (Hechos 13:8ss.) y de la muchacha

adivina (Hechos 16:16-18).* Por su lado, Robertson y Plummer definen dicha habilidad como "el don de discernir en varios casos (por
tanto el plural) si las manifestaciones espirituales extraordinarias
eran de lo alto o no".**

Si nos resistimos a la tentación de atribuir a la frase "discernimiento
de espíritus" una limitación injustificada al examen específico de las
profecías, entonces es acertada una definición más general, como la ya
citada del comentario de Robertson y Plummer. Es más apropiada una
definición como: "la habilidad de reconocer la influencia del Espíritu
Santo o de los espíritus demoníacos sobre una persona".

Esto significa que cualquier situación en que los cristianos del
siglo I hubieran visto influencia demoníaca era una oportunidad en
potencia para el uso del don de distinguir espíritus. ¿Podría ser una
enfermedad el resultado de influencia demoníaca? (Véanse Mateo
12:22; Mateo 9:32-34.) En esos casos la persona con ese don podía
reconocerla y el demonio podía ser expulsado. ¿Era un espíritu
maligno el causante de que se interrumpiera un culto de predicación,
enseñanza o adoración? (Véase Hechos 16:16-18.) Entonces la persona con este don podía reconocer el origen del problema. ¿Alguno
profetizaba por el poder de un espíritu maligno? (Véase 1 Juan 4:1-6.)
Allí podía la persona con este don denunciar el hecho. Como Pablo
menciona que los demonios intervenían en el culto pagano en Corinto (según 1 Corintios 10:20ss.), uno puede imaginarse una gran
cantidad de casos en que este don se consideraría de utilidad.

Pero si comprendemos de este modo 1 Corintios 12:10, luego no
es necesario restringir "los demás" de 1 Corintios 14:29 a aquellos
que poseen el don de distinguir entre espíritus, puesto que ese don
incluiría un campo de actividad mucho más amplio que simplemente
juzgar a los profetas.

Además, si Pablo hubiera querido limitar sus instrucciones en
1 Corintios 14:29 a los dotados de este don, no habría usado un
término tan general como "los demás" sin incluir una especificación
más amplia. Habría tenido que decir algo como "aquellos que tienen
el don de discriminar entre espíritus" si hubiera deseado trasmitir
ese significado a sus lectores.

* A. Bittlinger, *Gifts and Graces: A Commentary on 1 Corinthians 12-14*, trad. H.
   Klassen (Hodder & Stoughton, 1967), p. 46.
** A. Robertson y A. Plummer, *A Critical and Exegetical Commentary on the First Epistle
   of St. Paul to the corinthians*, International Critical Commentary (Clark, 1914), p. 267.

¿"Los demás" según 1 Corintios 14:29 son los profetas?

Una opinión más común acerca de 1 Corintios 14:29 es que cuando Pablo dijo: "Que los otros sopesen lo que se dice", lo que quiso decir era: "Que *los otros profetas* sopesen lo que se dice".

Los que sostienen este punto de vista generalmente apelan a 1 Corintios 12:10, donde queda claro que no todos los cristianos, sino sólo algunos, tenían el don de distinguir entre espíritus. Pero ocurre que los que sostienen esta opinión parten de dos suposiciones con poco respaldo:

(a) que el restringido grupo que posee el don de "discernimiento de espíritus" incluye casi exclusivamente a profetas; y

(b) que este don de "discernimiento de espíritus" se usa en la "evaluación" de las profecías en 1 Corintios 14:29.

El problema que acarrea esto es que en 1 Corintios 12:10 Pablo traza una clara diferencia entre aquel que tiene el don de profecía y aquel que tiene el don de distinguir entre espíritus ("a otro", según 1 Corintios 12:10). Ciertamente no dice que todos los profetas tenían el don de discernimiento de espíritus.

Y varias otras consideraciones hacen que resulte improbable que "los demás" de 1 Corintios 14:29 signifique "los demás profetas":

(a) en otros pasajes donde se consideran los discursos en la congregación, parecería que toda la congregación está involucrada. 1 Corintios 12:3 nos da una regla que cualquiera podía aplicar: ¿Algún orador maldice a Jesús? Luego no habla por el Espíritu Santo. ¿El orador hace una confesión verosímil de fe en el Señor Jesús? Luego habla por el Espíritu Santo.

En forma similar, 1 Tesalonicenses 5:20-21 se dirige a toda la iglesia: "No menospreciéis las profecías. Examinadlo todo; retened lo bueno". Evaluaciones semejantes por congregaciones en pleno se encuentran implícitas en 1 Juan 4:1-6 y Hechos 17:11.

Sin embargo, esto no significa que todos tomaran igual parte en la evaluación pública de lo dicho. Podemos suponer que hablarían más a menudo y con más autoridad los más maduros (véase Hechos 5:14), los sabios (véase 1 Corintios 6:5), quizás aquellos con el don de distinguir entre espíritus (1 Corintios 12:10). Pero no encontramos en ningún pasaje que el juicio se limitara a las personas con un solo cargo o don.

(b) Si Pablo hubiera querido decir: "Que los demás profetas sopesen lo que se dice", es probable que habría usado esas palabras antes que "los demás". En su comentario, Godet señala acertadamente que si ésta hubiera sido la intención de Pablo, más a propósito hubieran sido las palabras "los profetas restantes" (en griego *hoi loipoi*).*

(c) Si tomáramos las palabras "los demás" como indicación de un restringido grupo especial de profetas, encontraríamos mucha dificultad para imaginarnos lo que estaría haciendo el resto de la congregación durante la profecía y su juicio. ¿Permanecerían "neutrales", aguardando que la profecía finalice y sea juzgada antes de saber si creerla o no? A duras penas podría ser esto así. Más bien, de inmediato evaluarían para sí lo que se estaba diciendo.

Este proceso mental de evaluación estaría bien descrito por la expresión de Pablo "juzguen". Por eso es difícil excluir a alguien de lo que Pablo dice en 1 Corintios 14:29 sobre la evaluación de las profecías. Es particularmente difícil de aceptar la idea de que los maestros, administradores y otros líderes de la iglesia que *no* tenían dones especiales de profecía permanecerían sentados aguardando pasivamente el veredicto de un grupo elitista antes de decidir si aceptarían una profecía como genuina. Es muy preferible la opinión de que se figura a tales líderes como jugando un papel prominente en la evaluación de las profecías.

Conclusión: "los demas" alude a la congregación en pleno

Los postulados anteriormente expuestos han demostrado varias dificultades de peso al tratar de interpretar "los demás" como que se refiere a un grupo especial o restringido de cristianos. Estos argumentos dan pie suficiente a la suposición de que la frase se refiere a la iglesia entera.

Mientras un profeta hablaba, cada miembro de la congregación escuchaba atentamente, evaluando la profecía a la luz de las Escrituras y la enseñanza que cada uno conocía como la verdad. A corto plazo habría una oportunidad de dar una respuesta, sin duda con la más alta contribución de los sabios y maduros. Pero ningún miembro del cuerpo necesitaba sentirse inútil (véase 1 Corintios 12:22), pues cada miembro podía sopesar y evaluar, aunque fuera en silencio, lo que se decía.

---

* F. Godet, *Commentary on St. Paul's First Epistle to the Corinthians*, trad. A. Cusin, 2 tomos (Clark, 1898), tomo 2, p. 303.

¿Cómo se juzga la profecía?

La siguiente cuestión importante que debe decidirse en 1 Corintios 14:29 es qué clase de evaluación o juicio insinúa Pablo cuando dice: "los profetas hablen dos o tres, y los demás juzguen *lo que se dice*".

Un análisis de este versículo revelará que Pablo tenía en mente la clase de evaluación por la cual cada persona "juzgaría" en su propia mente lo dicho, aceptando parte de la profecía como buena y de ayuda, y rechazando otra parte como equivocada o tendiente a confundir. Esto es evidente tanto por el contexto general como el sentido inherente a la palabra griega que usa aquí Pablo, la palabra *diakrino*.

(a) *Argumento por el contexto.* De primera intención uno podría suponer que "los demás juzguen" significaba que los otros deberían juzgar si el que hablaba era un verdadero profeta o no. Esta interpretación sería compatible, por ejemplo, con el escrito llamado *Didaje* de la primera época del cristianismo (de autoría desconocida) donde se dan criterios por los cuales una congregación podía decidir si un profeta que apareciera era verdadero o falso (*Didaje* 11:3-12). Así también Mateo tiene una advertencia acerca de los falsos profetas "que vienen a vosotros con vestidos de ovejas, pero por dentro son como lobos rapaces... Por sus frutos los conoceréis" (Mateo 7:15-20; véanse 24:11, 24). 1 Juan 4:1-6 también contiene una advertencia acerca de los profetas falsos y una prueba para reconocerlos.

Sin embargo, de un análisis más minucioso resulta que 1 Corintios 14:29 es diferente de estos pasajes. Los pasajes mencionados anteriormente alertan de extraños que llegan a la iglesia *de afuera* (Mateo 7:15; 1 Juan 4:1, 3; nótese también *Didaje* 11:5, 6), y proveen criterios por los cuales podían ser puestos a prueba. En cambio, en 1 Corintios 14 Pablo se refiere a la reunión de aquellos ya aceptados en la comunión de la iglesia ("cuando os reunís" versículo 26; "procurad profetizar" versículo 39).

Cuando Pablo dice "los profetas hablen dos o tres", no es que se refiera a que en cada culto de la iglesia hubiera dos o tres profetas más, recién llegados a Corinto, esperando su turno para ser examinados y aprobados (según esperaban) por la congregación. El cuadro presentado es más bien el de varios profetas ya conocidos y aceptados por la congregación, cada uno hablando por turno. En ese caso sería poco probable que fueran "juzgados" y declarados "verdaderos" profetas vez tras vez, cada vez que hablaban, mes tras mes.

Como pasaje paralelo a 1 Corintios 14:29 hay uno mejor que Mateo 7, 1 Juan 4 o *Didaje* 11 y es el que se encuentra en otro párrafo paulino: 1 Tesalonicenses 5:19-21. Allí se evalúan o juzgan las *profecías* (versículo 20), no los profetas. Este fragmento paulino se acerca mucho más a 1 Corintios 14:29 que los antes citados de otros autores, los cuales pueden referirse a situaciones completamente diferentes. Concretamente, está ausente tanto en 1 Tesalonicenses 5:19-21 como en 1 Corintios 14:29ss. toda advertencia acerca de los falsos profetas; faltan criterios para juzgarlos y carecen de atisbos de extraños que llegan de afuera fingiendo ser profetas. Mientras que los otros pasajes hablan de pruebas que ponen de relieve a los falsos profetas, 1 Corintios 14:29 y 1 Tesalonicenses 5:19-21 tratan más bien de una evaluación de diferente clase: *la evaluación de las profecías mismas* de aquellos que ya han sido aceptados por la congregación.

Finalmente, digamos de que la idea de que un profeta sea juzgado "verdadero" o "falso" sencillamente no concuerda con el cuadro que Pablo pinta de una reunión congregacional. La única manera en que una congregación completa pudiera emitir juicio y formular la conclusión de "verdadero" o "falso" sería mendiante algún tipo de votación, un procedimiento verdaderamente complejo; sobre un asunto tan importante, sin duda muchos miembros querrían expresar su opinión. Siguiendo a Mateo 7 y *Didaje* 11, el juicio tomaría varios días para observar y evaluar a un profeta, o hasta un período más largo. Sin embargo, la frase de Pablo "los demás juzguen" parece indicar una actividad que se llevaba a cabo durante la reunión, mientras hablaban los profetas, o al acabar (véase 1 Corintios 14:27 acerca de lenguas e interpretaciones). De hecho, los profetas podían hablar en una sucesión tan seguida que era permisible que uno interrumpiera a otro (1 Corintios 14:30).

En conclusión, el *contexto* de 1 Corintios 14:29 indica que los miembros de la congregación escucharían el *discurso* del profeta y lo evaluarían de algún modo, pero no juzgarían si el profeta como *persona* fuera "verdadero" o "falso".

(b) *El significado de la palabra diakrino.* El uso que hace Pablo de la palabra *diakrino* nos ayuda a definir de manera más precisa el tipo de evaluación que podría llevarse a cabo. A pesar de que la palabra tiene una amplia gama de significados, muy frecuentemente conlleva el sentido de separar, distinguir o hacer una cuidadosa diferenciación entre cosas o ideas relacionadas entre sí.

Esta palabra se usa, por ejemplo, para referirse a zarandear el trigo (Filón, *Del cambio de nombres,* 249, *De José,* 113), de la discriminación de animales puros e impuros (Josefo, *Antigüedades judaicas,* 259), o de apartar del resto del grupo a personas que eran culpables de delitos (Josefo, *Guerras judaicas* 4:118, 543). Se aplica para distinguir el bien del mal (*Testamento de Aser* 1:5; compárese el sustantivo usado del mismo modo en Hebreos 5:14), y de separar palabras verdaderas de falsas (Filón, *Congr.,* 18; véase Job 12:11: "el oído distingue las palabras").

En el Nuevo Testamento, *diakrino* puede emplearse para hacer distinción entre creyentes, judíos y gentiles (Hechos 15:9; probablemente también Hechos 11:12). Pablo dice en 1 Corintios 4:7: "¿Quién te *distingue?*" (es decir, de otras personas y en consecuencia te considera más importante). Luego en 1 Corintios 11:31 leemos: "Si nosotros nos *autoevaluáramos* correctamente no seríamos juzgados."* La idea es la de sopesar conscientemente las actitudes y acciones propias, clasificándolas y evaluándolas cuidadosamente, determinando cuáles son correctas y cuáles no lo son.

Este sentido, "distinguir" o "evaluar cuidadosamente", constituiría *diakrino* en una palabra apropiada para 1 Corintios 14:29, es decir, que sería apropiada con tal de que Pablo hubiera tenido la intención de describir un proceso por el cual todo miembro de la congregación escuchara cuidadosamente cada declaración, diferenciando lo que personalmente le pareciera bueno de lo menos bueno, lo útil de lo menos útil, lo verdadero de lo falso según su precepción.

Prosiguiendo, si Pablo hubiera querido decir que los corintios debían juzgar si cada orador era un profeta verdadero o falso, es posible que habría usado alguna otra palabra, no *diakrino,* sino probablemente *krino.* Este es el término preferido por el Nuevo Testamento al hablar de juicios entre las posibilidades, tales como "culpable o no culpable", "correcto o incorrecto", "verdadero o falso" (véanse Mateo 7:1; 19:28; Juan 7:51; 18:31; Hechos 16:15; 25:10; Romanos 2:1; 14:3, 4, 10, 13; 1 Corintios 4:5; 5:3, 12; 6:1, 2, 3, 6; 10:15; 11:13; Colosenses 2:16; Hebreos 10:30; 13:4; Santiago 4:11; etc.). En realidad, en 1 Corintios 6:2-6 Pablo puede estar diferenciando conscientemente entre juicios legales formales ajenos a la iglesia (para lo cual usa *krino*) y decisiones más informales dentro de la iglesia (para lo cual usa

---

* Traducción directa del autor.

diakrino). Dentro de la iglesia misma, es menos probable que una facción sea declarada "culpable" y la otra "inocente"; es más probable que una evaluación cuidadosa encuentre algo de culpa en ambas partes.

El modo de sopesar o evaluar, si era completamente en silencio, o si algunos miembros de la congregación respondían oralmente, no se puede determinar a partir de la palabra *diakrino* solamente. Este verbo manifiesta un proceso deliberativo, no el resultado de la deliberación mental. Sin embargo, comentarios sobre las profecías dichos por los líderes de la congregación habrían sido oportunos, sin duda, al menos algunas veces, y habrían contribuido por cierto al proceso de "edificación" que Pablo propone como meta (1 Corintios 14:26) de la adoración congregacional.

Pero, ¿por cuáles normas podría dicha "evaluación" de las profecías llevarse a cabo? En otras partes del Nuevo Testamento el criterio para evaluar discursos públicos en las iglesias parece haber sido siempre concordancia con la Escritura o con la enseñanza recibida (Gálatas 1:8; 1 Corintios 14:37-38; 1 Juan 4:2-3, 6; Hechos 17:11), lo que nos permite suponer que sería la misma norma usada aquí.

Antes de dar por concluidas estas consideraciones acerca de la evaluación de las profecías, debe decirse una palabra acerca de los falsos profetas. Aun cuando Pablo habla en 1 Corintios 14:29 sobre la evaluación de los profetas verdaderos (genuinos creyentes en Jesucristo que hablan por influencia del Espíritu Santo), igualmente existía la posibilidad de que llegaran falsos profetas y hablaran por influencia de algún espíritu demoníaco (véanse 1 Juan 4:1, 3). Aunque Pablo no discutió esa posibilidad en forma explícita en 1 Corintios, es válida, a base de lo que efectivamente dice, la deducción de que, sin lugar a dudas, esperaba que aquellos que tenían la habilidad de discernir los espíritus detectaran a los falsos profetas (1 Corintios 12:10), y que sus mismas doctrinas flagrantemente aberrantes los delatarían (1 Corintios 12:3; 1 Juan 4:2-3).

(c) *Conclusión*. Tomando en consideración tanto el contexto de 1 Corintios 14:29 como el sentido generalmente atribuido al término griego *diakrino*, podemos arribar a la conclusión de que 1 Corintios 14:29 indica que la congregación entera escucharía y evaluaría lo dicho por el profeta, forjando sus opiniones al respecto, y discutiéndolo públicamente quizá algunos. Cada profecía podía contener elementos verdaderos y falsos, los cuales debían ser tamizados y evaluados según fueran. La versión Reina Valera revisada en 1960 sintetiza bien el procedimiento: "Los profetas hablen dos o tres, y los demás juzguen."

Es interesante comparar este procedimiento con la forma de juzgar a los profetas que encontramos en el Antiguo Testamento. Allí el falso profeta debía morir (Deuteronomio 18:20). La condición para ser considerado un falso profeta era solamente afirmar que uno hablaba de parte de Dios y decir algo que Dios no hubiera ordenado (Deuteronomio 18:20; véase Jeremías 23:16). En Deuteronomio 18:22, una predicción falsa significaría que el profeta había hablado "con presunción"; su palabra era algo que el Señor no había dicho. De ahí que había de morir por hablar falsamente en el nombre del Señor y ser un mal representante suyo.

Probablemente era porque el profeta del Antiguo Testamento tenía la misión de hablar con la absoluta autoridad de Dios, que el castigo era tan severo. El profeta tenía el deber de hablar las palabras de Dios ("Pondré mis palabras en su boca" Deuteronomio 18:18; "mis palabras que él hablare en mi nombre" Deuteronomio 18:19). Desobedecer las palabras de un verdadero profeta acarrearía el castigo de Dios (Deuteronomio 18:19). Dado que tal profeta seguramente ejercería tremenda autoridad, era importante que el oficio profético estuviera salvaguardada por rígidas penas contra los impostores.

No es tal el panorama en 1 Corintios. En su lugar, como ya hemos visto, la congregación simplemente evaluaría la profecía y se formaría sus opiniones sobre ella. Parte de la misma podría ser muy valiosa y parte no. Este procedimiento se comprende solamente si hay una diferencia en la clase de discurso que está contemplado en el Antiguo Testamento y la de 1 Corintios.

Si bien los profetas del Antiguo Testamento afirmaban estar hablando las palabras mismas de Dios, es inconcebible que Pablo o los corintios pensaran que fuera necesario evaluar las palabras de Dios para saber si eran o no verdaderas o útiles. De ahí que no parece que se consideraba que los profetas de Corinto hablaban con el respaldo de la autoridad divina a sus palabras exactas. Sus profecías eran sometidas a evaluación y a juicio punto por punto.

1 Corintios 14:30: Profecías que se dejaban a un lado intencionalmente

Luego de dar instrucciones de que podían hablar dos o tres profetas, Pablo se asegura de que se siga un esquema ordenado: "Si algo le fuere revelado a otro que estuviere sentado, calle el primero" (1 Corintios 14:30).

Este versículo describe una situación aproximadamente como sigue: mientras un profeta habla, de pronto se le "revela" algo a otra persona (*apokalupto*). Este segundo profeta de algún modo indica, tal vez poniéndose de pie, que tiene algo que decir. Entonces el primer profeta no acaba su profecía sino que de inmediato se sienta y guarda silencio, permitiendo hablar al segundo.

Profecías que podían perderse

Lo primero que notamos en este versículo es que Pablo parece totalmente despreocupado respecto del hecho de que la profecía pronunciada en primer término pudiera perderse para siempre y nunca ser escuchada por la iglesia. Esta actitud de Pablo parece encuadrarse dentro de la profecía del Nuevo Testamento tal como la vimos en 1 Corintios 14:29, pues si se hubiera considerado que los profetas hablaban las mismas palabras de Dios, esperaríamos que Pablo mostrara más interés por la preservación de dichas palabras y su difusión. Si Dios realmente hablara sus palabras por medio de un profeta a la iglesia, ¡sería importante para la iglesia escuchar esas palabras!

A modo de contraste con la mencionada actitud de Pablo, podemos recordar la situación que se presenta en Jeremías 36, cuando Joacim muestra una negligencia insensible por las palabras proféticas escritas para que él las leyera (Jeremías 36:23-25), y en consecuencia recibe la sentencia de un castigo mayor (Jeremías 36:30). Sin embargo, en 1 Corintios 14:30 Pablo se inclina por un sistema por el cual algunas de las palabras que el primer profeta iba a decir *nunca* serían oídas por la iglesia.

Ahora, si se considerara que los profetas del Nuevo Testamento hablaban con el respaldo de la autoridad divina en sus palabras, este versículo sería muy difícil de entender. ¿Cómo podría Pablo ordenar que se perdieran las palabras de Dios? En cambio, si se pensaba que los profetas neotestamentarios hablaban palabras meramente humanas para trasmitir algo que Dios había traído a sus mentes, entonces las instrucciones de Pablo resultarían muy razonables: muchos cristianos tenían cosas que aportar al culto de adoración (1 Corintios 14:26) y el tiempo era limitado. Por eso, tantos como fuera posible debían tener la oportunidad de participar, de modo que mediante la diversidad de contribuciones todos los presentes fueran edificados de alguna manera (1 Corintios 14:31).

Naturalmente, habría ocasiones en que alguno se haría presente con "un cántico, una enseñanza, una revelación, una lengua, una interpretacion"* (1 Corintios 14:26) — o bien una profecía — que no podía ser aprovechada por escasez de tiempo. Pero eso no importaba; lo importante era que todo se hiciera para edificación (1 Corintios 14:26).

A estas alturas se podría objetar que no por eso era necesario que se perdieran las palabras del profeta que hablaba en primer lugar: podría sencillamente guardar silencio hasta que el segundo profeta hubiera terminado, y luego reanudaría su discurso. Pero esta objeción no justifica adecuadamente las palabras de Pablo, pues si se suponía que el primer profeta retomaría la palabra, ¿por qué ordenaría Pablo que este *primer* profeta permaneciera en silencio? Si el primer profeta podía retener su revelación y volver a hablar más tarde, lo mismo podría hacer el segundo profeta. En este caso parecería más lógico que esperara el segundo profeta en vez de interrumpir groseramente al primer profeta, obligándolo a entregar su discurso en dos partes.

Para que se entiendan las instrucciones de Pablo, entonces, tenemos que suponer que él daba por sentado que el primer profeta *no* retomaría la palabra después de cesar el segundo profeta: el resto de la profecía del primer profeta se descuidaría intencionalmente, y probablemente nunca sería oído por la iglesia.

¿Para una "revelación" se sobreentiende autoridad divina?

El segundo punto de interés para nosotros en 1 Corintios 14:30 es el término traducido "revelar". En realidad, el término griego usado aquí es el verbo *apokalupto*, y el versículo en su traducción más literal sería: "Y si algo le fuere revelado a otro que estuviera sentado, calle el primero".

Como demostraré más adelante, en el capítulo 5, este término "revelar" (*apokalupto*), sumado a la evidencia en 1 Corintios 14:32-33, indica que es una actividad reveladora específica del Espíritu Santo, lo que da origen a toda profecía de un profeta neotestamentario.

---

*   Traducción directa del autor.

Pablo tiene en mente un proceso de algún tipo por el cual el profeta espontáneamente nota algo que siente que Dios mismo le motiva a pensar.

Pero es precisamente a estas alturas que surge un problema. Alguno podría presentar el argumento de que el hecho de que la profecía del Nuevo Testamento se base en una "revelación" de Dios *implica ineludiblemente* que el profeta hablaba con el respaldo de la autoridad divina a las palabras mismas.

En realidad, no necesita ser éste el caso. Varios ejemplos de los términos "revelar" (en griego *apokalupto*) y "revelación" (en griego *apokalupsis*) demuestran que el *informe* de una "revelación" puede a menudo tomarse como portador de la autoridad de palabras meramente humanas, de manera similar a la autoridad que uno reconocería en un sermón, o el consejo de un cristiano maduro, etc. Estos no deben ser dejados de lado, en modo alguno, pero tampoco se debe considerar que su autoridad para nuestra vida está a la altura de las Escrituras.

Por ejemplo, en Filipenses 3:15 Pablo anima a sus lectores a esforzarse hacia un crecimiento contínuo y un servicio eficaz para Cristo, y luego dice: "Y si otra cosa sentís, esto también os lo revelará (*apokalupto*) Dios." En otras palabras, si un filipense se desviaba de su alto llamamiento, Dios le haría conocer su error; se lo "revelaría".

Pero no por eso debemos suponer que cada vez que un filipense informaba a su prójimo de que Dios había "revelado" algún pecado en su vida, esa conversación (el *informe* de su "revelación") tuviera el respaldo de la absoluta autoridad divina para cada palabra hablada. Más bien la "revelación" se relataría en palabras simplemente humanas, propias del profeta, no las mismísimas palabras de Dios.

Así también en Romanos 1:18 Pablo escribe que "la ira de Dios se revela (*apokalupto*) desde el cielo contra toda impiedad e injusticia de los hombres". Esta revelación de la ira de Dios estaba a la vista de todos, pero cuando la gente analizaba lo que Dios les había revelado, Pablo no reclamaría para estos análisis la categoría de palabras exactas con autoridad divina.

También en Efesios 1:17 leemos un ruego a favor de los lectores para que Dios les dé "espíritu de sabiduría y de revelación (*apokalupsis*, un sustantivo cognado) en el conocimiento de él", para que llegaran a conocer más de los beneficios que serían suyos por ser cristianos. Una vez más, es imposible creer que cada vez que un creyente adquiría mayor percepción de sus privilegios como cristiano y se lo comentaba a un amigo, las palabras exactas de esa conversación pudieran considerarse como palabras mismas de Dios. Eso sería el *informe* de lo que Dios había "revelado" a ese cristiano, pero el informe de ello tomaría palabras puramente humanas.

Finalmente, en Mateo 11:27 Jesús dice que si alguno conoce al Padre, es porque el Hijo se lo ha "revelado" (*apokalupto*). Ahora bien, si alguno quisiera argumentar que la "revelación" siempre se expresa en palabras, que son las palabras mismas de Dios, esto nos obligaría a decir que *cualquier* creyente que relatara cómo llegó a conocer a Dios estaría hablando palabras exactas de absoluta autoridad divina; pero esta situación es evidentemente imposible de aceptar.

De manera que los términos "revelar" y "revelación" por sí mismos no indican de manera alguna que se considerara que los profetas en 1 Corintios 14 hablaran con autoridad divina en cada una de sus palabras. Específicamente, el término *apokalupto* en 1 Corintios 14:30 no exige que un profeta cristiano, al trasmitir algo que Dios le había revelado, estuviera pronunciando las palabras exactas de Dios.

Acertadamente comenta D. A. Carson:

> Cuando en 1 Corintios 14:30 Pablo da por sentado que el don de profecía depende de una revelación, no se nos da una forma de revelación con autoridad como para poner en peligro el canon como palabra final. Proponer esta interpretación es confundir la terminología de la teología sistemática protestante con la terminología de los escritores bíblicos.[*]

1 Corintios 14:36: Las palabras de Dios no provenían de los profetas corintios

Después de una breve sección acerca de las mujeres que hablan en la iglesia (1 Corintios 14:33b-35). Pablo dice: "¿Acaso ha salido de vosotros la palabra de Dios, o sólo a vosotros ha llegado?" (1 Corintios 14:36). En este versículo Pablo toma la ofensiva contra la iglesia de Corinto y niega que tengan derecho de imponer reglas para la adoración de la iglesia que sean contrarias a las que él acaba de establecer.

Pablo formula dos preguntas retóricas que sugieren una respuesta

---

[*]   D. A. Carson, *Showing the Spirit: A Theological Exposition of 1 Corinthians 12-14* (Baker, 1987), p. 120

negativa. Cuando Pablo dice: "¿Acaso ha salido de vosotros la palabra de Dios?", insinúa que la palabra de Dios *no* ha salido de ellos; en otras palabras, no han estado hablando palabras de absoluta autoridad divina, como las de Pablo. Por lo tanto, deben sujetarse a las directivas apostólicas de Pablo y no pensar que alguno de sus profetas pudiera dictar reglas de una autoridad igual. La palabra de Dios "ha salido" de los apóstoles, no de algún profeta en una iglesia local tal como Corinto.

Algunas versiones de la Biblia traducen este versículo como preguntando: "¿Se ha *originado* con ustedes la palabra de Dios?" En otras palabras, ¿fueron ustedes la fuente original del mensaje del evangelio? Por supuesto, no lo fueron. Por lo tanto, se desprende de esta interpretación que no podían dictar reglas que sobrepasaran los mandatos de Pablo.

Aun si este es el significado del versículo, es decir, "¿Se originó con ustedes el evangelio?", la deducción es clara: ninguno (y esto incluía a los profetas) en Corinto podía emitir reglas que compitieran en autoridad con las palabras de Pablo. Y esto implicaría que ningún profeta de Corinto podría hablar "palabras del Señor" al modo de los apóstoles.

A pesar de todo, hay razones para poner en duda que este versículo signifique "¿Se originó con ustedes el evangelio?" En primer lugar, el evangelio no se originó tampoco con Pablo (vino de Jesucristo, y luego primeramente a través de los apóstoles en Pentecostés, pero no de Pablo, de todos modos). Así que el hecho de decir que el evangelio no se originó con los corintios no sería una demostración de que ellos fueran inferiores a Pablo en autoridad.

Además de esto, la común palabra griega que Pablo usó (*exerjomai*) significa simplemente "salir", y no se impone necesariamente el sentido de "fuente original" ni "primer punto de origen" como inherente a la palabra. La misma palabra se usa por lo general en cuanto a la fama de Jesús que se extendía a partir de varias ciudades, pero en ningún caso es una de las ciudades la fuente original del mensaje acerca de Jesús (véanse Mateo 9:26; Marcos 1:28; Lucas:4:14; 7:17; Juan 21:23; compárese otro pasaje en Romanos 10:18 acerca de un mensaje que "ha salido").

Pablo podría haber dicho sencillamente "¿Ha salido la palabra de Dios (o el evangelio) de ustedes en *primer término*?", si hubiera querido decir esto, pero no es eso lo que dice. Solamente dice: "¿Acaso ha salido de ustedes la palabra de Dios?", insinuando que no, es decir, que no había salido de ellos en absoluto. Ninguno en la iglesia de Corinto emitía palabras de Dios.

Pero se implica algo más en esta pregunta. Supongamos por un momento que los profetas de Corinto *tenían* la capacidad de hablar palabras exactas de absoluta autoridad divina, quizás no para todo el mundo cristiano, sino sólo para la iglesia corintia. Si éste fuera el caso, llegaríamos por cierto a la conclusión de que ellos eran capaces de hablar esta clase de "palabra del Señor" acerca de un asunto tan secundario como lo es la dirección de un culto de adoración. Lógicamente esto era importante, pero apenas en la misma altura con la definición de las principales doctrinas del mundo cristiano entero, por ejemplo. No obstante, Pablo les deniega aun esta habilidad; no están capacitados para hacer lo que quieran en cuanto a la dirección de la adoración; deben obedecer a Pablo y a otros que pueden hablar con una autoridad mayor. Así que 1 Corintios 14:36 da la impresión de que era muy improbable que en Corinto, alguno, aun siendo profeta, estuviera capacitado para hablar con absoluta autoridad divina.

1 Corintios 14:37-38: Profetas de menos autoridad que un apóstol

En 1 Corintios 14:37-38, Pablo escribe a una comunidad en la cual varios profetas estaban activos, y aun así afirma su propia autoridad sobre la comunidad entera, hasta sobre los profetas. Estos versículos son, vistos así, la contraparte positiva del versículo 36. Pablo escribe:

"Si alguno piensa que es profeta o espiritual, reconozca que lo que os escribo es mandamiento del Señor. Pero si alguno no reconoce esto, él no es reconocido" (1 Corintios 14:37-38, Biblia de las Américas).

Pablo afirma aquí algo más que la corrección de su propia opinión. También aclara que aquel que lo desobedezca estará desobedeciendo un "mandamiento del Señor" y será castigado, no por Pablo, sino por Dios mismo.

Como hemos hecho notar en la discusión del tema sobre la autoridad apostólica, las declaraciones de Pablo parecen ser una afirmación de que lo que ha escrito a Corinto tiene la divina autoridad en sus mismas palabras, y esta autoridad se contrapone a la autoridad de todos los de Corinto, los profetas inclusive. Según Pablo las palabras de los profetas de Corinto no tenían ni podían tener tanta autoridad como para demostrar un error en Pablo. Si él se atribuía autoridad divina en sus mismas palabras, atribuía aparentemente entonces considerablemente menos autoridad a los profetas de Corinto.

1 Corintios 11:5: Profetisas que ni gobiernan ni enseñan

Antes de dejar atrás 1 Corintios, notaremos brevemente que Pablo da por sentado que las mujeres podían profetizar en la iglesia: "Toda mujer que profetiza con la cabeza descubierta, afrenta su cabeza" (1 Corintios 11:5). Sin embargo, en 1 Corintios 14:34 dice que a las mujeres "no les es permitido hablar, sino que estén sujetas".

Adelantándonos en lo que discutiremos en el capítulo 4, podemos decir brevemente que el tipo de discurso que está a la vista en 1 Corintios 14:34 no se refiere a toda forma de hablar, sino solamente al discurso que ejerce autoridad sobre los hombres de la congregación, un acto hablado que no está "subordinado". (Nótese "pero" [en griego *alla*], palabra que implica un fuerte contraste: la manera de "hablar" que Pablo no permite equivale a actuar en forma exactamente opuesta a la sujeción.)

Ahora bien, si esta interpretación es acertada, luego podemos conciliar sin dificultad el texto de 1 Corintios 14:34, siempre que el tipo de profecía ejercido por las mujeres de Corinto no incluyera enunciados autoritarios, esto es, discursos que se arrogaran el derecho de imponer obediencia o aceptación en fe. Claro está, un discurso que se dijera respaldado por la autoridad divina en sus mismas palabras podía arrogarse ese derecho, pero lo mismo no sería verdad en cuanto a un discurso que sólo trasmitiera en palabras humanas algo que Dios trajera a la mente. En consecuencia, parece que la profecía pronunciada por mujeres en Corinto no podía haber pretendido tener la altísima autoridad de un discurso que tuviera "autoridad divina en sus mismas palabras". De manera que 1 Corintios 11:5 es una indicación más de que los profetas de Corinto no eran considerados por Pablo como portadores de la autoridad divina en sus mismas palabras.

Conclusiones a base de 1 Corintios

Hasta aquí hemos analizado cinco versículos o párrafos cortos en la primera Epístola a los Corintios. En cada uno de ellos hay indicios de que, desde el punto de vista de Pablo, los profetas de Corinto no hablaban con autoridad divina de palabras exactas, ni tampoco lo consideraban así los demás.

Según 1 Corintios 14:29, parece que las palabras de los profetas podían ser puestas a prueba y cuestionadas, y que los profetas podían equivocarse a veces. Sin embargo, no se señala que un error en alguna ocasión constituía al profeta en "falso". En 1 Corintios 14:30 Pablo parece indiferente ante la posibilidad de que las palabras de un profeta puedan perderse para siempre y nunca sean oídas en la iglesia. En 1 Corintios 14:36 niega a los profetas todo derecho de emitir ordenanzas en cuanto a la adoración aparte de las que él mismo ha dado, y 1 Corintios 14:37-38 parece indicar que, en su opinión, ningún profeta corintio tenía autoridad divina de tipo alguno que se equiparara a la propia de Pablo. Finalmente en 1 Corintio 11:5 y en 1 Corintios 14:34-35 Pablo permite a las mujeres profetizar en tanto que les niega el derecho de imponer obediencia o acatamiento en fe a la congregación. Esto concuerda con la opinión de que los profetas hablaban con un respaldo algo inferior a la "absoluta" autoridad divina.

Así que estos cinco pasajes indican que Pablo consideraba la profecía en Corinto como algo completamente distinto de la profecía tal como la vemos, por ejemplo, en Apocalipsis o en muchas partes del Antiguo Testamento. Allí los profetas mismos o los que trasmitían sus mensajes aseguraban que las mismísimas palabras poseían autoridad divina. En cambio, la profecía que encontramos en 1 Corintios, si bien puede haber sido sugerida por una "revelación" de Dios, sólo tenía la autoridad de las palabras meramente humanas en que se pronunciaba. El profeta podía equivocarse, podía interpretar erróneamente, y por eso podía ser cuestionado o confrontado sobre cualquier punto.

Resta examinar brevemente lo que se relata de profecías en otros lugares del Nuevo Testamento, y comparar estos relatos con nuestras conclusiones acerca de 1 Corintios.

CAPITULO 4

PROFETAS EN EL RESTO DEL NUEVO TESTAMENTO

Palabras meramente humanas que trasmiten algo que Dios trae a la mente

Evidencia del libro de los Hechos
1. Hechos 11:28: Agabo, Escena I

Esta escena se desarrolla en Antioquía, en la iglesia que desde el capítulo 13 de Hechos hasta el final del libro desplazará a Jerusalén como centro misionero de la iglesia primitiva. Es la misma iglesia que algo más tarde enviaría a Pablo y a Bernabé en su primer viaje misionero. De hecho, Bernabé y Saulo (o sea Pablo) han estado enseñando por un año entero en esta iglesia (Hechos 11:25-26).

Luego de esto leemos:

En aquellos días unos profetas descendieron de Jerusalén a Antioquía. Y levantándose uno de ellos, llamado Agabo, daba a entender por el Espíritu,* que vendría una gran hambre en toda la tierra habitada; la cual sucedió en tiempo de Claudio. Entonces los discípulos, cada uno conforme a lo que tenía, determinaron enviar socorro a los hermanos que habitaban en Judea; lo cual en efecto hicieron, enviándolo a los ancianos por mano de Bernabé y Saulo (Hechos 11:27-30).

La pregunta es, ¿qué clase de autoridad acompaña a la profecía de Agabo?

---

* Literalmente "predijo" en la versión inglesa. Se acerca a esta traducción la NVI: "inspirado por el Espíritu Santo, predijo".

Cuando Lucas dice que Agabo predijo "por el Espíritu", emplea una frase (en griego *dia tou pneumatou*) que nunca se emplea en el Antiguo Testamento griego, llamado Septuaginta, con referencia a anuncios proféticos. La partícula *dia* ("a través de" o "por medio de") parece dar a entender "el que origina una acción",* así que esta construcción sería adecuada para expresar una relación bastante distendida entre el Espíritu Santo y el profeta, pues da lugar a una gran cuota de influencia personal del propio ser humano (nótese "somos más que vencedores *por medio de aquel que nos amó*" en Romanos 8:37; así también "guarda *por el Espíritu Santo* la buena tradición que te fue encomendada"** en 2 Timoteo 1:14; ambas usan la misma construcción.)

También percibimos en cierta medida algo de imprecisión en la palabra traducida en el texto español como "daba a entender" (del griego *semaino*, "significar, indicar"). Este mismo vocablo fue usado en literatura extrabíblica (tal como por el autor judío Josefo o el escritor secular Plutarco) para referirse al lenguaje profético "que simplemente provee una difusa indicación de lo que ha de suceder",*** y podemos dar por sentado que ni se requiere el respaldo de la autoridad divina ni tampoco se descarta.

Por tanto, aunque la evidencia procedente del párrafo en cuestión es demasiado endeble como para arribar a conclusiones indudables, el léxico de Lucas es perfectamente compatible con un tipo de profecía semejante a la de 1 Corintios, una profecía basada sobre una "revelación" pero no trasmitida en palabras de autoridad divina. En realidad, esa imprecisión que acompaña a las expresiones "dar a entender", "indicar" y "por el Espíritu" parece insinuar — pero sólo *insinuar* — una autoridad de categoría inferior.

2. Hechos 13:2: ¿Es esto verdaderamente profecía?

Nuevamente esta escena se ubica en Antioquía. En la iglesia que crecía allí se encontraban "profetas y maestros: Bernabé, Simón el que se llamaba Niger, Lucio de Cirene, Manaén el que se había criado junto con Herodes el tetrarca, y Saulo" (Hechos 13:1).

Seguidamente leemos en el versículo 2 que mientras los profetas y maestros (mencionados en Hechos 13:1) estaban adorando al Señor

---

*   Véase BAGD, p. 180, III.2.b.
**   Traducción directa del autor.
***   BAGD, p. 747.

y ayunando, el Espíritu Santo dijo: "Apartadme a Bernabé y a Saulo para la obra a que los he llamado" (Hechos 13:2).

¿Es esto la transcripción de una profecía? Se toma generalmente como tal, especialmente por ser mencionados los profetas en el versículo 1.

A pesar de eso, no es seguro que este pasaje sea una profecía. El hecho de que se menciona a profetas y maestros en el capítulo 1 se debe quizá solamente al hecho de que eran los dirigentes de la iglesia de Antioquía, a quienes sería apropiado que llegara dicha revelación, cualquiera hubiera sido su forma.

Más significativo aún es el hecho de que Lucas atribuya estas palabras no a un profeta, sino al "Espíritu Santo". Si analizamos varias frases similares en el libro de los Hechos, encontraremos que cuando se usa esta forma de expresión no se considera profecía *si no se menciona al portador humano*. Veamos:

Hechos 8:29: "Y *el Espíritu dijo* a Felipe: acércate a ese carro" (no fue profecía).

Hechos 10:19: "Y mientras Pedro pensaba en la visión, le *dijo el Espíritu*: He aquí tres hombres te buscan" (no fue profecía).

Hechos 18:9: "Entonces *el Señor dijo* a Pablo en visión de noche: No temas, sino habla, y no calles" (no fue profecía).

También podríamos comparar con los siguientes:

Hechos 15:28: "Porque *ha aparecido bien al Espíritu Santo* y a nosotros no imponeros ninguna carga más que estas cosas necesarias" (no hay indicio de que fuera resultado de una profecía).

Hechos 16:6-7: "Y atravesando Frigia y la provincia de Galacia, *les fue prohibido por el Espíritu Santo* hablar la palabra en Asia; y cuando llegaron a Misia, intentaron ir a Bitinia, pero *el Espíritu no se lo permitió*" (no hay indicio de que fuera resultado de una profecía).

Hechos 16:9: "Y *se le mostró a Pablo una visión* de noche: un varón macedonio estaba en pie, rogándole y diciendo: Pasa a Macedonia y ayúdanos" (no fue profecía).

Hechos 20:23 es ambiguo (habla Pablo): "*el Espíritu Santo* por todas las ciudades *me da testimonio*, diciendo que me esperan prisiones y tribulaciones" (es ambiguo; puede incluir profecía y variados tipos de comunicaciones del Espíritu Santo, como en los casos citados anteriormente).

Hechos 23:9: Unos fariseos, refiriéndose a Pablo, dijeron: ". . . que si *un espíritu le ha hablado, o un ángel*, no resistamos a Dios" (ni se menciona ni se insinúa que fue profecía).

Si el caso de Hechos 13:2 es similar a varios de estos ejemplos citados, se podría suponer que Lucas habla aquí de una fuerte sensación subjetiva de la dirección del Espíritu Santo (tal como en Hechos 15:28), la cual hizo sentir una clara convicción sobre el asunto a varios o tal vez a todos los que adoraban al Señor y ayunaban. Puede haber incluido una visión o quizá una voz audible que fuera "oída" mentalmente por uno o varios miembros del grupo, lo cual los condujo pronto a un acuerdo acerca de su dirección.

De todos modos, Lucas no atribuye las palabras a uno de los profetas; además su estilo en otros puntos es atribuir un discurso *no profético* al Espíritu Santo, así que es dudoso que se esté hablando de profecía aquí.

3. Hechos 19:6: Nuevos creyentes profetizan al convertirse en Efeso

Cuando Pablo llegó a Efeso, encontró a algunas personas que habían oído (directa o indirectamente) el mensaje que Juan el Bautista había predicado, y habían sido bautizados con el bautismo de arrepentimiento y preparación para el Mesías que Juan practicaba. Pero aparentemente estas personas no habían oído que Jesús era aquel para quien Juan preparaba el camino (Hechos 19:4-5), y ni siquiera habían oído "si hay Espíritu Santo" (Hechos 19:2).

Entonces Pablo les anunció las buenas nuevas sobre Jesús: que él era el que ellos esperaban. Entonces:

> Cuando oyeron esto, fueron bautizados en el nombre del Señor Jesús. Y habiéndoles impuesto Pablo las manos, vino sobre ellos el Espíritu Santo; y hablaban en lenguas, y profetizaban. Eran por todos unos doce hombres (Hechos 19:5-7).

Aquí el verbo "profetizar" describe un acto del habla que nos recuerda en parte los grupos de profetas del Antiguo Testamento. Como quiera que fuera, la profecía del presente caso no guarda semejanza con los discursos del tipo mensajero que se encuentran en el Antiguo Testamento y que se consideraban poseedores de absoluta autoridad divina en las mismísimas palabras pronunciadas. Y a la vez es también diferente por cierto de lo enunciado con autoridad por Pablo y los otros apóstoles.

Si el pasaje significa que todos hablaban en lenguas y profetizaban al mismo tiempo (un sentido sugerido por la combinación de tiempos verbales en el texto griego), no se oiría con claridad ninguna voz en particular.

Por otra parte, si esto sólo significa que esos nuevos cristianos perseveraban dentro del esquema de hablar en lenguas y de profetizar uno por uno (un sentido también posible a partir del texto griego), esto no podría ser un caso en que "profetas con autoridad divina" proveyeran "dirección carismática" en la iglesia y llenaran la necesidad de dirección en ausencia de los apóstoles hasta que las Escrituras fueran completadas, pues Pablo el apóstol estaba presente con ellos (y continuaría con ellos por más de dos años). De este modo no parece que la "profecía" aquí en Efeso fuera del tipo que poseía la absoluta autoridad de las palabras mismas de Dios.

4. *Hechos 21:4: Profecías desobedecidas por Pablo*

En el pasaje en cuestión, Pablo se encuentra cerca del fin de su tercer viaje misionero, y se va acercando a Jerusalén. Su barco atraca en la ciudad portuaria de Tiro (en Siria sobre la costa ligeramente al noroeste de Galilea). Pablo y sus compañeros tenían que esperar allí varios días hasta que el barco descargaba su mercadería, así que buscaron a los cristianos del lugar.

"Y hallados los discípulos, nos quedamos allí siete días; y ellos decían a Pablo por el Espíritu, que no subiese a Jerusalén. Cumplidos aquellos días, salimos" (Hechos 21:4-5).

Este versículo no menciona en forma directa la profecía, pero el paralelo con Hechos 11:28, donde el acto humano de hablar "por el Espíritu" se atribuye explícitamente al profeta Agabo, sugiere que estos discípulos de hecho profetizaban. (A diferencia de Hechos 13:2, aquí se atribuye la advertencia a voceros humanos.)

Pero si esto realmente constituye el relato de una profecía, como parece, luego es muy importante para entender la naturaleza de la autoridad profética en las congregaciones neotestamentarias normales. Es significativo por el hecho de que Pablo sencillamente desobedeció sus palabras, y no hubiera procedido así de haber pensado que le trasmitían palabras precisas de Dios.

Por otra parte, si los discípulos de Tiro tenían un don de profecía similar al que encontramos en Corinto, Efeso, y tal vez también Antioquía (véase más arriba), luego la desobediencia de Pablo a la profecía sería completamente comprensible.

En realidad, podemos deducir algo de cómo se produjo tal profecía. Supongamos que algunos de los cristianos en Tiro hayan tenido algún tipo de "revelación" o indicio de parte de Dios sobre los sufrimientos que Pablo iba a enfrentar en Jerusalén. Así sería muy natural y espontáneo de su parte acoplar su posterior profecía (o informe de dicha revelación) a su propia interpretación (errada), y en consecuencia advertir a Pablo que no fuera.

En resumen, este pasaje muestra un tipo de profecía que, según el concepto de Pablo, no poseía la absoluta autoridad divina en sus palabras exactas: los profetas de Tiro no estaban reproduciendo "palabras del Señor".

A pesar de que Richard Gaffin no está de acuerdo con el punto de vista que defiende el presente libro, es significativo el hecho de que él atribuye a este versículo el sentido de una respuesta humana poco fiable a lo revelado por el Espíritu Santo. Dice así:

> Lo que Lucas quiere presentar no es la validez discutible del anuncio de ellos ni su dudosa confiabilidad, en el cual, sin embargo, el Espíritu tuvo un papel instrumental, sino su reacción negativa hacía lo que el Espíritu les había revelado acerca del futuro de Pablo. No debe confundirse ni mezclarse esa revelación y la respuesta de ellos en el acto mismo del habla.[*]

Aquí el doctor Gaffin parece entender ese conocimiento de manera similar a lo que expresé en mi análisis anterior. Ocurre una revelación del Espíritu Santo a los discípulos en Tiro y, en respuesta a esa revelación, le dicen a Pablo que no viaje a Jerusalén. La diferencia en nuestros puntos de vista es que yo denominaría "profecía" a la repetición o informe de aquella revelación, pero el doctor Gaffin no lo expresa así. Pero cualquiera que sea el término empleado, es significativo que ambos digamos que es posible que se dé una "revelación" del Espíritu Santo a una persona, o personas, y que a la vez puede haber una reacción hablada a esa revelación que es de "validez discutible" o "dudosa confiabilidad".

Esa es realmente la esencia de lo que afirmo en este libro y lo que, a mi parecer, el Nuevo Testamento suele llamar "profecía". Pero si se acepta el *concepto*, aunque no se le llame "profecía" sino "un acto

---

[*]   Gaffin, *Perspectives*, p. 66.

de habla humana poco confiable como reacción a una revelación del Espíritu Santo", no parece variar mucho nuestra comprensión de este punto. Ni hay ninguna razón poderosa por la cual sostener que no pueda ocurrir en nuestros días ese tipo de "reacción humana poco fiable a una revelación del Espíritu Santo".

5. Hechos 21:9: Las hijas de Felipe como profetizas

Este breve pasaje viene a continuación de la narración antecedente situada en Tiro. Continuando su viaje hacia Jerusalén, Pablo llega a otra ciudad portuaria, Cesarea.

"Al otro día, saliendo Pablo y los que con él estábamos, fuimos a Cesarea, y entrando en casa de Felipe el evangelista, que era uno de los siete, posamos con él. Este tenía cuatro hijas doncellas que profetizaban" (Hechos 21:8-9).

No se da ningún indicio del contenido de sus profecía, pero el hecho de que aparecen advertencias proféticas a Pablo acerca de sus sufrimientos en Jerusalén inmediatamente antes (Hechos 21:4) e inmediatamente después (Hechos 21:11) de este pasaje nos hace pensar que tal vez advertencias semejantes a éstas se incluían en las profecías trasmitidas por las hijas de Felipe.

En todo caso, este pasaje nos da una breve confirmación a la discusión en el capítulo 3 acerca de 1 Corintios 11:5: si a las mujeres no se les permitía ejercer autoridad en las reuniones congregacionales de las iglesias del siglo I, luego no sería probable que estas mujeres hablaran con el mismo tipo de autoridad absoluta que los apóstoles. Es mucho más verosímil la posibilidad de que estuvieran "profeti-zando" sencillamente repitiendo en sus propias palabras lo que Dios trajera a las mentes, y que estas profecías no tuvieran la autoridad de las palabras del Señor.

6. Hechos 21:10-11: Agabo, Escena II: Una profecía con dos pequeños errores

A continuación del versículo que menciona a las hijas de Felipe, dos versículos más describen otro acontecimiento profético que en-frenta a Pablo, estando aún en Cesarea. Lucas describe:

Y permaneciendo nosotros allí algunos días, descendió de Judea un profeta llamado Agabo, quien viniendo a vernos, tomó el cinto de Pablo, y atándose los pies y las manos, dijo: Esto dice el Espíritu Santo: Así atarán los judíos en Jerusalén al varón de quien es este cinto, y le entregarán en manos de los gentiles" (Hechos 21:10-11).

Aparentemente hay dos factores en competencia en este pasaje. Por un lado, la frase introductoria: "Esto dice el Espíritu" hace suponer el intento de hablar como los profetas del Antiguo Testamento que decían: "Así ha dicho Jehová . . ."

Por otro lado, sin embargo, los hechos de la narración de por sí no coinciden con el tipo de exactitud que requiere el Antiguo Testamento de aquellos que hablan las palabras de Dios. En realidad, de acuerdo con lo establecido por el Antiguo Testamento, Agabo hubiera sido condenado como profeta falso, porque ninguna de sus profecías se cumplen en Hechos 21:27-35.

Primeramente, Agabo predijo que "los judíos en Jerusalén" atarían a Pablo (Hechos 21:11; aquí la palabra griega para "atar" es *deo*). Sin embargo, cuando Pablo es efectivamente tomado preso en Jerusalén más adelante en el mismo capítulo, Lucas nos dice dos veces que no fueron los judíos, sino los romanos los que *ataron* a Pablo: "Entonces llegando el tribuno le prendió y le mandó *atar* (*deo* en griego) con dos cadenas" (Hechos 21:33). Igualmente, al reflexionar sobre este hecho: "el tribuno, al saber que era ciudadano romano, también tuvo temor por haberle *atado* [*deo* en griego]" (Hechos 22:29).

El segundo "error" en la profecía de Agabo tiene que ver con el segundo detalle que predijo: el hecho de que los judíos "entregarían" a Pablo a los gentiles. Aquí la palabra griega es *paradidomi*, "entregar, poner en manos de otro". El sentido especial de esta palabra encierra la idea de "entregar, dejar a cargo de, poner en manos de" otra persona o entidad (es así en todos los demás casos en que se usa en el Nuevo Testamento, de los cuales hay 119).

Esta palabra *paradidomi* se usa por ejemplo, al "entregar" Judas a Jesús en manos de los principales judíos (Mateo 10:4; 26:16; etc.); luego al entregar los judíos a Jesús en manos de los gentiles, o romanos (Mateo 20:19); al echar* a Juan el Bautista en la cárcel (Marcos 6:17); de las costumbres dadas** por Moisés (Hechos 6:14); de "entregar" Pablo enseñanzas a la iglesia (1 Corintios 15:3). Ningún caso en que aparece la palabra en el Nuevo Testamento

---

*   En griego, literalmente "entregar".
**   En español, véase la Biblia de las Américas.

está desprovista del sentido de una acción llevada a cabo consciente e intencionalmente por aquel que "entrega".

En cambio, en el relato de Lucas que sigue a la profecía de Agabo, él muestra que los judíos no "entregan" a Pablo en manos de los gentiles. En lugar de "entregar" a Pablo intencionalmente en manos de los gentiles (como lo habían hecho con Jesús por ejemplo), los judíos trataron de matarlo ellos mismos (Hechos 21:31). Debió ser *rescatado de* los judíos por la fuerza por el tribuno y sus soldados (Hechos 21:32-33) y aun así "era llevado en peso por los soldados a causa de la violencia de la multitud" (Hechos 21:35).

Bien podría objetarse que no es la intención de Lucas demostrar que la profecía de Agabo es inexacta. En realidad, éstas son solamente diferencias en cuanto a detalle, podría uno decir.

Sin embargo, esta explicación no toma en cuenta cabalmente el hecho de que éstos son los *únicos* dos detalles que menciona Agabo; son, desde el punto de vista de contenido, el meollo de su profecía.

En realidad, estos detalles hacen que sea una predicción poco común. Probablemente cualquier persona que supiera cómo habían tratado los judíos en todo el Imperio a Pablo en diversas ciudades podría haber "predicho" sin revelación alguna del Espíritu Santo que Pablo encontraría violenta oposición de parte de los judíos en Jerusalén. Lo que tenía de particular la profecía de Agabo era su predicción acerca de "atar" y de "entregar en manos de los gentiles", y sobre estos dos puntos clave está en parte equivocado.

Ahora bien, es especialmente en el caso de enunciados proféticos que la precisión en los detalles era la marca esencial de legitimidad. Nótense los siguientes ejemplos:

1 Reyes 17:14: Elías predijo que la harina de la tinaja no escasearía, ni el aceite de la vasija disminuiría. En 1 Reyes 17:16 esta predicción se cumple.

Josué 6:26: Josué predijo acerca del hombre que reedificaría Jericó: "Sobre su primogénito eche los cimientos de ella, y sobre su hijo menor asiente sus puertas". En 1 Reyes 16:34 ambas predicciones se cumplen en Hiel de Bet-el.

1 Reyes 21:23: Elías predijo que los perros se comerían a Jezabel en el muro de Jezreel. En 2 Reyes 9:35-36 esta predicción se cumple.

1 Reyes 13:2: Un varón de Dios de Judá predijo que uno llamado Josías nacería en la casa de David y sacrificaría sobre el altar de Bet-el a los mismos sacerdotes desobedientes. En 2 Reyes 23:15-16, 20 esta

predicción se hace realidad.

2 Reyes 7:1: En la Samaria sitiada, azotada por el hambre, Eliseo predijo que un día después, aproximadamente a esa misma hora, una medida de buena harina se vendería por un siclo, y dos medidas de cebada por un siclo, a la puerta de Samaria. En 2 Reyes 23:16 esta predicción se hace realidad.

Se podrían añadir más ejemplos, pero el esquema queda claro. Acerca de los errores en cuanto a detalles en la profecía de Agabo, escribe D. A. Carson: "No conozco ningún profeta citado en el Antiguo Testamento cuyas profecías estén tan equivocadas en sus detalles."[*]

Además de los expuestos, Lucas tiene plena conciencia de que es legítimo dejar explícito el cumplimiento profético cuando tiene lugar:

Lucas 4:21: Jesús asegura que Isaías 61:1-2 se cumple en sí mismo (véase Lucas 24:44).

Hechos 1:16-20: Pedro asegura que las predicciones acerca de Judas en Salmos 69:25 y Salmos 109:8 fueron cumplidas.

Hechos 3:18: Las predicciones de "todos los profetas", de que el Mesías iba a padecer, fueron cumplidas.

Hechos 11:28: La predicción de Agabo, de que vendría un período de hambre sobre toda la tierra, se cumplió en los días del Emperador Claudio.

Hechos 13:27, 29: Las predicciones de los profetas del Antiguo Testamento fueron cumplidas cuando los jefes de los judíos condenaron a Jesucristo y lo hicieron crucificar.

Hechos 13:33-35: Las predicciones del Antiguo Testamento sobre la resurrección del Mesías vieron su cumplimiento (véase Hechos 2:25-31).

En cambio, en esta predicción hecha por Agabo, la cual contrasta con aquel otro anuncio general registrado en Hechos 11:28, es significativo el silencio de Lucas en cuanto a su cumplimiento. No solamente tenemos aquí una profecía no cumplida, sino que sus dos elementos — "atadura" y "entrega" por los judíos — se ven claramente desmentidos en el relato subsiguiente.

Esta interpretación recibe apoyo de dos consideraciones más. Primeramente de la naturaleza del error en sí. No se trata de que Agabo haya hablado de manera totalmente falsa o confusa: sólo los detalles

---

[*]   Carson, *Showing the Spirit*, p. 98.

constituyen la falla. Pues esta clase de pequeña inexactitud es justamente compatible con el tipo de profecía que encontramos anteriormente en 1 Corintios, en la cual el profeta recibe alguna revelación y luego la trasmite en sus propias palabras. Seguramente la idea general era correcta (Pablo sería apresado en Jerusalén), pero los detalles un tanto imprecisos.

En este caso, por ejemplo, el texto podría explicarse perfectamente bien si suponemos que Agabo hubiera tenido una visión de Pablo como prisionero de los romanos en Jerusalén rodeado por una turba de judíos enardecidos. Su propia interpretación de tal "visión" o "captación intuitiva" (del Espíritu Santo) sería que los judíos habían atado a Pablo y lo habían entregado a los romanos, y eso es lo que él profetizaría (desacertadamente).

Como segundo punto, la suposición antedicha es la solución que permite que el relato sobre Agabo se encuadre en el propósito mayor de Lucas dentro de la sección, el cual sin duda es destacar la certeza de Pablo en cuanto al conocimiento de la voluntad de Dios y su tenaz propósito de obedecer a pesar del riesgo personal (véanse Hechos 20:22-24; 21:13), en contraste con la incierta noción de la voluntad de Dios que poseían los profetas y otros discípulos con los que Pablo se encuentra (Hechos 21:4, 12-14), quienes tratan de disuadirlo de su viaje a Jerusalén. Es especialmente significativa la estrecha relación con las instrucciones descaminadas en Hechos 21:4; tanto las profecías de Tiro como la de Cesarea son casi acertadas pero no lo son completamente.

Por lo tanto, la mejor solución es aparentemente considerar que Agabo tuvo una "revelación" del Espíritu Santo acerca de lo que le sucedería a Pablo en Jerusalén, y comunicó una profecía que incluía su propia interpretación de esta revelación (y algunos errores, como consecuencia, en la precisión de los detalles). Luego Lucas registró la profecía de Agabo exactamente y registró los sucesos posteriores exactamente, incluyendo aun aquellos aspectos de los acontecimientos que evidenciaban que Agabo estaba ligeramente equivocado en algunos puntos.

Resta, sin embargo, una dificultad para la interpretación del texto; es la frase inicial por Agabo: "Esto dice el Espíritu Santo . . ." Para ello podríamos proponer tres soluciones:

(a) Agabo consideraba que su profecía contaba con la divina autoridad en sus exactas palabras y las pequeñas imprecisiones no son suficientes para anular esa suposición, puesto que estaba en lo correcto en su mayor parte.

Siendo así, tomaríamos a Agabo como ejemplo de un profeta que no se asemeja a los de 1 Corintios. Se asimila más al primer tipo de profeta, tal como Juan en Apocalipsis, que se dice portador de la absoluta autoridad divina.

Pero mi problema con esta interpretación es que encuentro difícil la reconciliación del esquema de cumplimiento exacto de las profecías en el Antiguo Testamento (y estrictamente hablando, Agabo predijo dos acontecimientos que no se cumplieron según Deuteronomio 18:22) con el hecho de que Lucas presenta tan claramente el no cumplimiento de dos de las partes de la profecía en la narración a continuación.

(b) "Esto dice el Espíritu Santo" aquí significa, no que las palabras mismas de la profecía eran del Espíritu Santo, sino solamente que el contenido general había sido revelado por el Espíritu; siendo así, Hechos 21:10-11 se encuadraría más en el esquema de profecía de 1 Corintios.

Un ejemplo similar de una "profecía" que posteriormente se resume (pero alterando notablemente el contenido) como algo dicho por el "Espíritu Santo", se encuentra en la *Epístola a los Filadelfianos* de Ignacio, 7:1-2, (de cerca del año 108 d.C.). La profecía en sí, dada por Ignacio, decía: "prestad atención al obispo, y al presbiterio y a los diáconos". Pero el resumen que trasmitió Ignacio, luego de afirmar que "no tenía información alguna de ningún ser humano" acerca de divisiones en la iglesia, fue este: "El Espíritu estaba predicando y diciendo esto: 'No hagáis nada sin el obispo, guardad vuestra carne como templo de Dios, amad la unidad, huid de las divisiones, sed imitadores de Jesucristo, como él también lo fue de su Padre.' " En este párrafo, la frase traducida "diciendo esto" es *legon tade*, las dos palabras usadas por Agabo en Hechos 21:11 (*tade legei*: "esto dice . . ."). Sin embargo, esta frase de ninguna manera introduce una cita directa; es más bien una interpretación muy ampliada. El Espíritu Santo estaba diciendo "aproximadamente esto" o "algo como esto".

Y también se encuentran ejemplos similares de esta frase griega (*tade legei*) como introducción a enunciados "del Señor" en la *Epístola de Bernabé* 6:8; 9:2 y 9:5; en cada caso encabezan paráfrasis libres en extremo con interpretación del Antiguo Testamento, excepto en 9:5, donde no parece siquiera tenerse en mente una cita del Antiguo Testamento. Por lo tanto, es claramente posible que la afirmación introductoria para Agabo sólo significaba: "Esto es en términos generales (o aproximados) lo que el Espíritu Santo nos comunica."

El problema de esta solución es que esta frase griega *tade legei* se usa repetidamente en la Septuaginta, la traducción al griego del Antiguo Testamento, como introducción a las palabras del Señor trasmitidas por los profetas veterotestamentarios ("así dice Jehová . . .") . Por otro lado, también se usa para presentar los mensajes de muchas otras personas, no siempre en forma de citas directas, de manera que quizá no siempre signifique que se repetían las palabras exactas de las personas a quienes se cita. Más aún, las palabras exactas utilizadas por Agabo: "Esto dice el Espíritu Santo", no se usan en ningún otro punto como introducción a una cita bíblica o a un anuncio profético que consistiera en las palabras mismas de Dios.

(c) Una tercera posibilidad es que Agabo, quizá en un intento de imitar a los profetas del Antiguo Testamento, o quizás no comprendiendo del todo la naturaleza de su don profético, utilizó en forma incorrecta una frase introductoria que, como profeta de menor autoridad, no era apropiada para él. Esa frase inicial podría haber dado la impresión de que él traía las mismísimas palabras de Dios, mientras que no era ése el caso. Siendo que sabemos tan poco acerca de Agabo, sería precipitado considerar imposible una confusión de funciones de ese tipo. Por su parte, Lucas casi parece destacar intencionalmente los errores que encerraba aquella profecía. En ese caso, la profecía sería como la de 1 Corintios.

El problema de esta posible solución es que es difícil imaginar que Agabo estuviera activo en la iglesia de Jerusalén durante varios años, en presencia de unos cuantos apóstoles, y aún no entendiera bien su don profético y la clara diferencia entre su actividad profética y las palabras de autoridad absoluta de los apóstoles.

Luego de considerar estas tres soluciones, me inclino a creer la segunda como más probable y con menos obstáculos. No obstante, algunos podrán encontrar más convincentes las otras dos opciones. En todo caso, este pasaje bíblico es uno de los más difíciles de clasificar dentro de una u otra categoría profética.

Evidencias de otros libros del Nuevo Testamento

1. Mateo 10:19-20

En este pasaje Jesús dice:

> Mas cuando os entreguen, no os preocupéis por cómo o qué hablaréis; porque en aquella hora os será dado lo que habéis de hablar. Porque no sois vosotros los que habláis, sino el Espíritu de vuestro Padre que habla en vosotros (Mateo 10:19-20).

Si este pasaje se interpreta como referente a la profecía neotestamentaria, luego se encuadra claramente dentro de la primera categoría: la de la profecía que se considera con autoridad divina en sus mismas palabras. El versículo 20 ("Porque no sois vosotros los que habéis de hablar, sino el Espíritu de vuestro Padre que habla en vosotros") deja esta suposición bien en claro. Lo mismo es cierto en pasajes paralelos a éste en Marcos 13:11 y Lucas 12:11-12.

Pero, ¿hablarán estos pasajes de la profecía neotestamentaria a la manera en que ocurría en las congregaciones locales? Más bien parecen decir algo acerca de los apóstoles en particular, pues en los tres casos estas palabras de Jesús se dirigen a los doce discípulos (que serían luego los "apóstoles").

Queda especialmente claro esto en el relato de Mateo. El inicia esta sección sobre la misión de los doce con las siguientes palabras:

> Entonces llamando a sus doce discípulos, les dio autoridad sobre los espíritus inmundos, para que los echasen fuera, y para sanar toda enfermedad y toda dolencia. Los nombres de *los doce apóstoles* son estos: . . . (Mateo 10:1-2).

Asimismo, en el caso de Marcos 13:11 estos enunciados se presentan en el contexto de una conversación privada con "Pedro, Jacobo, Juan y Andrés" (Marcos 13:3). En Lucas 12:11-12 los enunciados figuran dentro de cosas dichas "a sus discípulos primeramente" (Lucas 12:1). Así es que en ningún caso estas afirmaciones de que les serían dadas palabras a hablar por medio del Espíritu Santo parecen tener una aplicación, al menos en forma directa, a otras personas que los apóstoles.

2. Romanos 16:26

Cuando Pablo dice que el "misterio se ha mantenido oculto desde tiempos eternos . . . ha sido manifestado ahora . . . por las Escrituras de los profetas, . . . se ha dado a conocer a todas las gentes" (Romanos 16:25-26), algunos podrían sostener que habla de los escritos de los profetas del Nuevo Testamento.

Sin embargo, no parece ser ése el sentido del texto. Esta declaración aparece un versículo antes del final de la Epístola a los Romanos y el estilo de su vocabulario es muy similar a la afirmación de Pablo al comienzo mismo del libro, en Romanos 1:2 donde dice que Dios había prometido el evangelio con anticipación "por sus profetas en las Santas Escrituras". Pero allí se refiere claramente a los profetas del Antiguo Testamento.

Además de esto, Pablo siempre usa la palabra "Escritura" (en griego *grafe*) para referirse a las Escrituras del Antiguo Testamento (la confirman los trece ejemplos restantes). Y la predicación evangelística del "misterio de Cristo" en la época en que se escribió Romanos se llevaba a cabo en forma oral, no mediante profecías que circularan por escrito. Cuando Pablo dice que el misterio de Cristo se ha hecho manifiesto "por las Escrituras de los profetas" (Romanos 16:26), quiere decir que los apóstoles y otros usan las profecías del Antiguo Testamento en su predicación para demostrar que esas profecías hablan de Cristo (véanse Hechos 2:14-36; 8:32-35; 17:2-4; 18:28; 28:23; etc.)

Por lo tanto, el pasaje en cuestión no nos habla en absoluto acerca del don de profecía en el Nuevo Testamento.

3. 1 Tesalonicenses 5:19-21: Profecías que deben ser examinadas

Pablo escribe a los Tesalonicenses: "No apaguéis al Espíritu. No menospreciéis las profecías. Examinadlo todo; retened lo bueno. Absteneos de toda especie de mal" (1 Tesalonicenses 5:19-22).*

La estrecha conexión entre "no menospreciéis las profecías" (versículo 20) y "examinadlo todo" (versículo 21) da a entender que las profecías se encuentran naturalmente incluidas en la expresión "todo" del versículo 21. Las profecías (en especial) deben ser "examinadas" y de ese análisis procederán algunas cosas que sean "buenas". Esas son las cosas que deben "retener" los Tesalonicenses.

Entre los versículos 20 y 21 se destacaría el contraste claramente mediante un nexo como "sino" o "antes bien": "No apaguéis al

---

* Otras traducciones bíblicas utilizan una puntuación menos tajante que el punto en este pasaje.

Espíritu; no menospreciéis las profecías. *Antes bien* examinadlo todo cuidadosamente, retened lo bueno; absteneos de toda forma de mal" (1 Tesalonicenses 5:19-22, La Biblia de las Américas).

Debemos notar aquí que Pablo no dice: "Examinad a todas las personas", ni "examinad a todos los profétas"; más bien es "examinad todas las *cosas*". Además, el procedimiento que él ordena se diferencia de aquel del Antiguo Testamento en que todo *profeta* era examinado y considerado "verdadero" o "falso", pero no toda profecía de un verdadero profeta era examinada de esta manera. El mandato de Pablo coloca a esta clase de profecía en la misma categoría que las profecías de Corinto, donde se examinaba cada *profecía* pero no a cada profeta.

Este procedimiento de evaluar las profecías para separar lo bueno de lo malo es exactamente paralelo a lo que encontramos en 1 Corintios 14:29, y provee una nueva confirmación de que, en Tesalónica tanto como en Corinto, los profetas no eran vistos por Pablo como portadores de autoridad divina en sus palabras exactas.

Además, el hecho de que Pablo haya creído necesario advertir a la iglesia — una iglesia que tenía en alta estima la palabra de Dios (1 Tesalonicenses 2:13) — de no "menospreciar" las profecías, es un indicio de que los Tesalonicenses mismos estaban lejos de considerar las profecías como las palabras del Señor con una autoridad indiscutible.

4. 1 Pedro 4:11

Luego de decir a sus lectores que deben usar sus dones para ministrarse unos a otros "como buenos administradores de la multiforme gracia de Dios" (1 Pedro 4:10), Pedro procede a explicar: "Si alguno habla, hable conforme a las palabras de Dios" (1 Pedro 4:11). Pero lo que Pedro dice aquí no es que todo aquel que habla en un culto (enseñando, predicando, profetizando, compartiendo testimonios, etc.) está de por sí pronunciando las precisas palabras de Dios. Más bien está refiriéndose a la solemnidad de propósito y cuidado que requiere todo discurso emitido en la iglesia; se debería hablar con tanto tino como si estuvieran pronunciando textualmente "oráculos de Dios".

Una vez más, este pasaje no nos habla directamente acerca de la naturaleza del don de la profecía en el Nuevo Testamento, ni tampoco acerca de su autoridad concomitante.

5. Preparativos de los apóstoles para su ausencia

Como agregado a los versículos que hemos estudiado hasta aquí, hay otro tipo de evidencia que hace suponer que los profetas de las congregaciones neotestamentarias tenían menos autoridad en sus palabras que los apóstoles o las Sagradas Escrituras. El problema del reemplazo de los apóstoles se resuelve, no animando a los cristianos a que escuchen a sus profetas, sino recomendándoles las Escrituras.*

Así es que Pablo, al final de su vida, subraya "usa bien la palabra de verdad" (2 Timoteo 2:15), y el carácter de inspirada por Dios de la Escritura, "útil para enseñar, para redargüir, para corregir, para instruir en justicia" (2 Timoteo 3:16). Judas exhorta a sus lectores a que "contendáis ardientemente por la fe que ha sido una vez dada a los santos" (Judas 3). Pedro, hacia el final de su vida, anima a sus lectores a "estar atentos" a la Escritura, la cual es "como una antorcha que alumbra un lugar oscuro" (2 Pedro 1:19-21), y les recuerda las enseñanzas de Pablo "en todas sus epístolas" (2 Pedro 3:16). Juan encarga a sus lectores a guardar "las palabras de la profecía de este libro" (Apocalipsis 22:7). En ningún caso leemos exhortaciones tales como "estad atentos a los profetas de vuestras iglesias", ni siquiera algo como "obedeced las palabras del Señor por medio de vuestros profetas", etc. Aun así había profetas que profetizaban en muchas congregaciones locales después de la muerte de los apóstoles. No parece que hayan tenido una autoridad igual a la de los apóstoles, hecho que los autores de la Escritura conocían.

La profecía en la temprana historia de la iglesia

1. Didache 11

Luego de esta extensa investigación en torno de la autoridad del don de profecía en el Nuevo Testamento, queda todavía un pasaje, esta vez fuera del Nuevo Testamento, que indicaría, según piensan algunos, que el don de profecía capacitaba a aquellos que lo tenían para hablar con absoluta autoridad divina como los profetas del Antiguo Testamento y los apóstoles del Nuevo Testamento. Me refiero a un pasaje en *Didaje*, capítulo 11, que dice: "No examinéis ni juzguéis a ningún profeta que esté hablando en un espíritu (o: en el Espíritu), pues todo pecado será perdonado, mas este pecado no será perdonado" (*Didaje* 11:7).

---

* Este argumento se toma de Roy Clements, *Word and Spirit: The Bible and the Gift of Prophecy Today* (UCCF Booklets, 1986), p. 24 y de Carson, *Showing the Spirit*, p. 96.

Es muy difícil determinar cuándo fue escrito *Didaje* o cuán representativo sea de la vida de la iglesia primitiva. No hay acuerdo entre los eruditos al respecto, y la composición misma no contiene pruebas internas suficientes que permitan tomar una posición muy definida. En el pasaje en cuestión, la alusión al pecado contra el Espíritu Santo demuestra que a estos profetas se les consideraba como a quienes hablan con una autoridad divina que alcanzaba hasta sus mismísimas palabras. Aun el acto de *evaluar* (en griego *diakrino*) cualquier cosa dicha por ellos "en el Espíritu" era pecar contra el Espíritu Santo. El discurso de un profeta estaba, en ese caso, más allá de toda confrontación o duda (con la excepción de algunas cosas prohibidas en renglones siguientes, ¡tales como pedir dinero "en el Espíritu"!).

Pero este pasaje contradice casi directamente las instrucciones de Pablo en 1 Corintios 14:29. Pablo habla de *evaluar, sopesar* lo que los profetas dicen. Usando el mismo término griego (*diakrino*), dice *Didaje* que *no* se juzgue a los profetas cuando hablan en el Espíritu.

Este es sólo uno de los lugares donde *Didaje* dice cosas que contradicen o al menos añaden mayores restricciones a las enseñanzas o instrucciones asentadas en el Nuevo Testamento (véanse *Didaje* 1:6, donde se recomienda que la limosna quede sudando en la mano hasta saber a quién dar; 4:14, donde se exige la confesión de pecados en la congregación; 6:3, donde se prohíbe comer alimentos ofrecidos a los ídolos; 7:1-4, donde se ordena bautismo en agua corriente y ayuno antes del bautismo; 8:1, donde se ordena ayunar los miércoles y viernes y se prohíbe los lunes y jueves; 8:3, donde se requiere orar el Padre Nuestro tres veces al día; 9:1-5, donde se da como modelo un desconocido servicio de comunión; las personas aún no bautizadas quedaban excluidas de la comunión; 10:7, los servicios de comunión celebrados por profetas podían seguir su propio gusto; 11:5, en cuanto a los apóstoles, no podían permanecer en una ciudad más de dos días; 16:2 asevera que no hay salvación para los que no son hallados perfectos en el último tiempo).

Por lo visto, si bien *Didaje* en efecto contiene bastante material interesante y aun útil, claramente difiere del Nuevo Testamento en diversos puntos. Precisamente porque contiene tantas diferencias respecto de las enseñanzas del Nuevo Testamento, *Didaje* da la impresión de haber sido escrito por alguien que no tenía contacto con la fuente principal de la actividad y la enseñanza apostólica. No constituye una guía fidedigna en el sentido de las enseñanzas o la práctica de los apóstoles en la iglesia primitiva.

Con relación al don de la profecía, el autor parece incurrir en el mismo tipo de error en que otros han caído, el de considerar el don del Nuevo Testamento como una simple continuación de la profecía del Antiguo Testamento y de atribuirle una autoridad de tipo absoluto e inapelable.

Por lo tanto, habiendo interpretado la profecía de esa manera, le resultó muy lógico al autor de *Didaje* prohibir precisamente el tipo de examen de las profecías ordenado por Pablo, quien tenía un concepto mucho menos absoluto de la profecía del Nuevo Testamento.

2. Posterior historia de la iglesia primitiva: ¿Por qué paulatinamente menguó la profecía? ¿Se perdió por completo?

Nuestra investigación nos ha llevado a través de todos los pasajes del Nuevo Testamento pertinentes a la autoridad del don de profecía y su relación con los profetas del Antiguo Testamento y los apóstoles del Nuevo Testamento. No está dentro del alcance de nuestro propósito presente analizar todo el material sobre profecía existente a partir de la historia más temprana de la iglesia; sin embargo, es oportuno un comentario general.

Si por un momento aceptamos que este estudio es acertado en su visión de la autoridad de la profecía neotestamentaria como menguada, es decir, que no igualaba a la de los enunciados proféticos del Antiguo Testamento ni a los enunciados apostólicos del Nuevo Testamento, de todos modos admitamos que tal distinción en cuanto a tipos de autoridad es muy sutil y podría ser hecha borrosa u olvidada con facilidad. Paulatinamente sería bastante fácil para algunos profetas cristianos, con motivos buenos o malos, comenzar a afirmar que habían recibido una "revelación" de Dios o Cristo, y no sólo eso, sino también que hablaban las mismas palabras de Dios al entregar sus profecías.

En realidad, parece haber sucedido precisamente eso, como mínimo en el montanismo, y es probable que hubiera otros muchos casos más. Desde luego, si estos profetas comenzaban a promover ideas heréticas, la reacción del resto de la iglesia sería a la larga la de repulsión completa; si alguno afirmara estar pronunciando las mismas palabras de Dios, el resultado sería su aceptación o repudio; no podría ser sencillamente tolerado.

Pero justamente con este repudio de aquellos profetas que hubieran interpretado mal su posición, podría facilmente producirse un rechazo de toda profecía, de modo que una falta de parte de la iglesia misma de discernir esta autoridad disminuida en el don de profecía podría haber contribuido notablemente al rechazo completo de la profecía dentro de la iglesia. Luego a la par de ese factor podría haber también un decaimiento gradual de la creencia en lo sobrenatural en términos generales, una forma de mengua en la intensidad y vitalidad de la fe personal. Esta explicación es, por supuesto, sólo una hipótesis, pero concuerda aparentemente con otras investigaciones de la evidencia histórica procedente de la iglesia primitiva.

Ahora bien, si la profecía fuera rechazada por la mayor parte de la iglesia, podría dejar de funcionar; como profecía, por lo menos. Bruce Yocum observa que "la profecía y otros dones carismáticos se desarrollan en un clima de fe expectante".[*]

Aún otra cosa más puede suceder: experiencias semejantes a la profecía pueden ser otorgadas por el Espíritu Santo sin interrupción a través de los siglos, si bien no se las reconozca como profecía. Según la opinión de Roy Clements, fue eso lo que de hecho sucedió:

> Me parece que uno encuentra en todas las generaciones de cristianos que conocen la obra personal del Espíritu Santo en su vida testimonios de orientación, discernimiento, corazonadas, premoniciones, que resultan posiblemente idénticos al tipo de esclarecimiento cristiano que Lucas atribuye al Espíritu en el libro de Hechos. . . Y cuando tales indicaciones incluyen el elemento de la proclamación en público equivalen, creo, a lo que el Nuevo Testamento llama "profecía", aun cuando no designemos así a este fenómeno en la tradición de la iglesia de nuestros días.[**]

Resumen

La investigación de otros pasajes del Nuevo Testamento ha dado mayor comprensión del don de profecía neotestamentario, y más amplia evidencia para distiguir entre la actividad "profética" de los apóstoles y el funcionamiento corriente del don de profecía en las congregaciones locales.

---

[*]   Bruce Yocum, *Prophecy* (Word of Life, 1976), p. 24.
[**]   Clements, *Word and Spirit*, p. 26.

Por un lado, se encuentra la profecía "apostólica", imbuida de la absoluta autoridad divina en cada palabra empleada. Cualquier caso en que la profecía se ve acompañada de esta clase de absoluta autoridad divina parece, como regla general, estar vinculada a los apóstoles, tal como en Mateo 10:19-20 (y pasajes paralelos), Efesios 2:20 y 3:5, y Apocalipsis.

Por otro lado, aparece la "profecía congregacional corriente", para la cual no se indica autoridad divina con carácter absoluto. Cristianos que experimentan esta operación normal del don profético, hombres y mujeres, se encuentran en varias congregaciones neotestamentarias, lo cual incluye a los profetas en la iglesia de Corinto (1 Corintios 14:29, 30, 36, 37-38; 11:5), los discípulos en Tiro (Hechos 21:4), los profetas en la iglesia de Tesalónica (1 Tesalonisences 5:19-21), las cuatro hijas de Felipe (Hechos 21:9), los discípulos en Efeso (Hechos 19:6), y probablemente Agabo en Hechos 11:28 y 21:10-11. Si estos ejemplos representan lo que sería la profecía corriente dentro de la congregación, entonces esta categoría también incluiría aquellos casos en los que no hay suficiente evidencia para tomar decisiones en cuanto a casos específicos, tales como la profecía en la iglesia de Roma (Romanos 12:6), y, Pablo parece dar a entender, "en todas las iglesias de los santos" (1 Corintios 14:33).

¿Aquellos que se incluyen dentro del movimiento carismático en la actualidad, también interpretan que la profecía congregacional conlleva una autoridad menor que las Escrituras? Si bien algunos hablan de dichas profecías como la "palabra de Dios" para nuestros días, el testimonio es casi unánime de todos los sectores del movimiento carismático en el sentido de que las profecías no llegan ni perfectas ni intactas, sino que incluyen elementos en los que no se puede confiar y a los que no hay que hacer caso.

Dennis y Rita Bennett, lideres carismáticos anglicanos, escriben:

No se requiere aceptar cada una de las palabras trasmitidas por medio de dones parlantes . . . , sino que sólo hemos de recibir lo que mediante el Espíritu Santo cobra para nosotros significado y está en armonía con la Biblia. . . Una manifestación puede contener un 75% del mensaje de Dios, pero otro 25% puede provenir de los pensamientos de la persona misma. Debemos discernir entre ambos contenidos.[*]

---

* Dennis y Rita Bennett, *The Holy Spirit and You* (Kingsway, 1971), p. 146.

Donald Gee, líder pentecostal de las Asambleas de Dios, dice:

> Parece que a algunas personas les resulta difícil atribuir
> ningún enunciado profético a una fuente que no sea ni divina
> ni satánica. Se niegan a ver el importante papel del espíritu
> humano. Es un hecho que puede haber una amplia gama en
> el grado de inpiración, del muy alto al muy bajo. . . . La
> mayoria de las profecías que nos impelen a rechazarlas como
> tales, o a recibirlas con gran inseguridad, emanan del espíritu
> humano.*

Bruce Yocum, autor de un libro carismático sobre profecía de
amplia circulación, escribe:

> La profecía puede ser impura — nuestros propios pensa-
> mientos o ideas pueden mezclarse con el mensaje que recibi-
> mos — sea que recibamos directamente las palabras o sola-
> mente un indicio del mensaje. . . (Pablo dice que todos
> nuestros mensajes proféticos son imperfectos.)**

George Mallone igualmente dice:

> La profecía en nuestros días, si bien puede ser de mucha
> ayuda y abrumadoramente específica en algunas ocasiones,
> no está sin embargo en la misma categoría que la revelación
> que nos fue dada en las Sagradas Escrituras. . . Una persona
> puede oír la voz del Señor y sentirse impulsada a hablar, pero
> no hay garantía alguna de que esté libre de contaminación.
> Estarán en combinación carne y espíritu.***

Debemos reconocer que surge cierta confusión cuando los carismáticos usan la expresión "palabra del Señor" para la profecía, pero
luego dicen que no es estrictamente la palabra del Señor. Tal confusión proviene aparentemente de la falta de claridad al diferenciar
entre la profecía del Antiguo Testamento y la del Nuevo Testamento.
En realidad, ningún líder carismático responsable dice que la profecía
de nuestros días tiene una autoridad igual a la Escritura, ni que debe
ser considerada de esa manera.

Precisamente aquí se encuentra el punto de verdadera confusión

---

*   Donald Gee, *Spiritual Gifts in the Work of Ministry Today* (Gospel Publishing House, 1963), pp. 48-49.

**   Yocum, *Prophecy*, p. 79.

***   George Mallone, ed., *Those Controversial Gifts* (Inter-Varsity Press, 1983), pp. 39-40.

en las discusiones corrientes en torno de la profecía. Los que sostienen que la profecía ha cesado continúan insistiendo que cualquier profecía en tiempos neotestamentarios o actuales debe tener absoluta autoridad divina. Por ejemplo, alguien escribió: "Las palabras del profeta son palabras de Dios y deben ser recibidas y acatadas como tales."*

Por tanto, me parece muchas veces que aquellos que sostienen la posición "cesantista" (de que la profecía ha cesado y no es para nuestros días) están contendiendo contra un concepto de la profecía que no es sostenida por ningún carismático responsable. Y es un concepto profético que no parece concordar con muchos pasajes del Nuevo Testamento. Creo que ésa es la razón por la cual muchos carismáticos (y también evangélicos no carismáticos) no sienten en realidad la presión de los argumentos anticarismáticos. Sería más eficaz al parecer (si alguno quisiera dirigir una crítica responsable al movimiento carismático) argüir en contra de la continuación de una profecía de categoría *inferior*, la cual aseguran los más responsables de los voceros carismáticos que existe y está en funcionamiento. El escritor carismático Donald Bridge lo expresa bien:

> Si suponemos que la profecía es directamente inspirada por Dios, llena de autoridad infalible, luego es claro que no puede haber profecía hoy día. La Biblia está completa. . . Sin embargo, no es necesario tratar de incluir toda profecía en esa definición. . . ¿Cuál es la autoridad que respalda a la profecía? La misma autoridad que la que tiene cualquier otra actividad cristiana en la iglesia, tal como presidir, aconsejar, enseñar . . . Si es genuina, se demostrará su calidad de genuina. Los espirituales responderán animosamente a ella. Los dirigentes sabios y experimentados la aprobarán y la confirmarán. La conciencia iluminada la aceptará.**

Aplicación en la actualidad

Si nuestra comprensión de la autoridad de la profecía cristiana es correcta, luego la primordial aplicación actual debía ser la advertencia a nosotros mismos a no cometer el mismo error de los que en la iglesia primitiva exageraron el valor de la profecía, considerando

*   Gaffin, *Perspectives*, p. 72.
**   Donald Bridge, *Signs and Wonders Today* (Inter-Varsity Press, 1985), pp. 202-204.

esos mensajes como las palabras mismas de Dios. Porque si eso sucede (como ocasionalmente ocurre en nuestros días), la profecía será en consecuencia rechazada totalmente por algunos (los que la ven en competencia con la Escritura como fuente de las palabras de Dios para nosotros); y por otros será sobreestimada (los que la consideran las palabras mismas de Dios y no logran ejercer un discernimiento adecuado de ella puesto que a veces le dan más importancia a la profecía que a la Escritura en su vida práctica y otras veces aun se descarrían por las interpretaciones humanas erradas que derivan de la profecía).

A estas alturas será apropiado hacer un breve comentario acerca del movimiento carismático en la actualidad. Si bien la mayoría de los carismáticos coincidirían en la opinión de que la profecía no iguala en autoridad a la Escritura, debe decirse que en la práctica produce mucha confusión la costumbre de introducir cada profecía con la frase del Antiguo Testamento "Así dice el Señor" (aun cuando esta frase no aparece en el uso de los profetas congregacionales neotestamentarios). El uso moderno de esta frase es de lamentar, porque da la impresión de que las palabras que vendrán a continuación son textuales palabras de Dios, en tanto que el Nuevo Testamento no respalda esta posición. Por otra parte los portavoces más responsables del movimiento carismático, viéndose presionados a dar su palabra, tampoco querrían garantizar cada porción de sus profecías. De manera que según parece se ganaría mucho y no se perdería nada si se dejara de lado esa frase introductoria.

Mi sugerencia es semejante a la que otros dentro del movimiento carismático han hecho. Timothy Pain dice que las profecías no deberían "antecederse de las frases 'Así dice el Señor' ni 'Pueblo mío'. Es mucho mejor anteponer humildemente a la profecía las palabras: 'Creo que el Señor indica algo así . . .' "*

Dice Donald Gee, líder de las Asambleas de Dios: "Se oye hasta el agotamiento la frase: 'Yo el Senor os digo'. . . No es imprescindible. El mensaje puede ser trasmitido en un lenguaje menos elevado."**

El escritor carismático Donald Bridge en su libro reciente *Signs and Wonders Today* parece concordar:

Ni tampoco hay una razón bíblica para suponer que la pro-

---

*   Timothy Pain, *Prophecy*, Ashburnham Insights Series (Kingsway, 1986), p. 56.
**   Gee, *Spiritual Gifts*, p. 48.

fecía siempre traerá como prefacio: "Así dice el Señor", o que será entregada en la primera persona del singular como si Dios estuviése dirigiéndose directamente a los oyentes... En realidad, tal costumbre puede servir sólo para confundir la profecía "normal" con la profecía canónica inspirada de la Biblia, y para disuadir a los oyentes de aquel ejercicio de "sopesar" que Dios requiere de ellos.*

En conclusión, existe el peligro de sobreestimar la profecía y existe el peligro opuesto de rechazarla por completo. Para evitar ambos errores comunes debemos entender correctamente la autoridad de la profecía como lo que Dios puede usar para atraer nuestra atención hacia algo, pero que no obstante puede contener interpretaciones humanas y aun errores. Por lo tanto, debe subordinarse a la Escritura, y debe ser regulada y analizada según las instrucciones de Pablo en 1 Corintios 14.

Así que una aplicación moderna de este capítulo se resumirá precisamente en las palabras de Pablo a los Tesalonicenses: "No apaguéis el Espíritu; no menospreciéis las profecías. Antes bien examinadlo todo cuidadosamente; retened lo bueno" (1 Tesalonicenses 5:19-21, la Biblia de las Américas).

---

*   Bridge, *Signs and Wonders Today*, p. 203

CAPITULO 5

EL ORIGEN DE LAS PROFECIAS

Lo que Dios trae a la mente

En los capítulos anteriores nos ocupamos de las palabras de un profeta. ¿Eran realmente las palabras de Dios o eran tan sólo palabras del propio profeta? ¿Tenían absoluta autoridad divina o eran objeto de zarandeo y evaluación por la congregación?

En adelante nos volcaremos a un tema diferente: el *origen* del mensaje profético. ¿Cómo sabe un profeta lo que debe decir? ¿Qué piensa o siente antes de hablar y durante esos momentos? ¿Tiene completo dominio de sí mismo o por el contrario en algunos instantes está rayando en el éxtasis?

Debiéramos estar alertados, luego de ver en los capítulos 2 al 4 las importantes diferencias entre los profetas del Antiguo Testamento y del Nuevo Testamento, para no dar un paso precipitado de la descripción del estado sicológico de los profetas del Antiguo Testamento al de los profetas del Nuevo Testamento. Nuestra principal fuente de información será el Nuevo Testamento mismo.

1 Corintios 14:30: La profecía debe partir de una "revelación de Dios"

Cuando Pablo imparte instrucciones específicas que regulan el discurso profético en la congregación, comienza diciendo: "los profetas hablen dos o tres y los demás juzguen" (1 Corintios 14:29). Luego, para prevenir el desorden, continúa: "Y si algo le fuese revelado a otro que estuviere sentado, calle el primero. Porque podéis profetizar todos uno por uno . . ." (1 Corintios 14:30-31).

Parecería que Pablo se refiere a las ocasiones en que el primer profeta estaba de pie hablando (lo cual era una costumbre común: véanse Lucas 4:16; Hechos 1:15; 5:34; 11:28; 13:16) y los demás de la congregación lo escuchaban sentados (véanse Hechos 20:9; Santiago

2:3). De pronto algo podría serle "revelado" a alguno de los oyentes sentados. El o ella de algún modo haría notar el hecho al que hablaba, tal vez poniéndose de pie también, o indicándole con la mano. Entonces el primero en hablar guardaría silencio y permitiría al segundo pronunciar su profecía.

Este atisbo del procedimiento adoptado por los profetas en Corinto nos permite apuntar algunas observaciones acerca del estado sicológico del profeta y de la "revelación" que recibe según se nos dice.

La revelación llega en forma espontánea

La idea que se le ocurre al profeta le viene en modo *totalmente espontáneo*, según se lo describe, pues le llega durante la exposición del primer profeta. Por lo tanto, esta profecía no parece ser un sermón ni una lección que hubiera sido preparada de antemano; surge, por el contrario, dictado por el Espíritu Santo.

La revelación llega a una persona

Esta "revelación" se nos presenta como algo que le llega *a una sola persona* ("a otro que estuviere sentado"), y no a la congregación en pleno. De ahí que no nos parece que esta profecía sea simplemente el comentario de algún aspecto novedoso revelado por el primer profeta, sino que se origina en algo que capta en privado la mente del segundo profeta, sin que se dé cuenta de ello el resto de la congregación.

La revelación proviene de Dios

Pablo considera que esta "revelación" que recibe el profeta es de origen divino, no humano. La evidencia está, en primer lugar, en el hecho de que Pablo emplea para "revelación" un término griego (*apokalupto*) y su sustantivo derivado (*apokalupsis*), los cuales en suma aparecen cuarenta y cuatro veces en el Nuevo Testamento, y en ningún caso aluden a ninguna actividad o comunicación humana. En cambio, toda vez que habla de "revelación", indefectiblemente ésta proviene de la actividad de Dios (Mateo 11:25; 16:17; Gálatas 1:16; Filipenses 3:15), o de Cristo (Mateo 11:27; Gálatas 1:12) o del Espíritu Santo (1 Corintios 2:10; Efesios 3:5) o bien es el resultado de hechos provocados directamente por Dios (especialmente el regreso del Señor: Romanos 2:5; 8:19; 1 Corintios 1:7; 1 Pedro 1:7, etc.). Así que esta "revelación" es de origen divino.

En segundo lugar, el método argumentativo en 1 Corintios 14:29-33 también nos demuestra que Pablo tiene en mente una "revelación" que es de origen divino, específicamente proveniente del Espíritu Santo. Pero para poder demostrar esto nos será necesario primeramente determinar el significado de la expresión "los espíritus de los profetas están sujetos a los profetas" del versículo 32.

La interpretación más plausible es la que entiende que la palabra "espíritus" aquí es una referencia a las operaciones del Espíritu Santo en distintos profetas. Encontramos una referencia similar en 1 Corintios 14:12 (La Biblia de las Américas): "puesto que anheláis *dones* espirituales"; literalmente se leería: "puesto que anheláis *espíritus*" (en griego *pneumata*).

Otro ejemplo con cierta correspondencia se halla en 1 Juan 4:2: "En esto conoced *el Espíritu* de Dios: *Todo Espíritu* que confiesa que Jesucristo ha venido de carne es de Dios".

Y una expresión más que se relaciona con este uso se encuentra en Apocalipsis 3:1; 4:5; y 5:6, donde "los siete espíritus de Dios" aparentemente indica las diferentes manifestaciones u operaciones del Espíritu Santo (véase también en Apocalipsis 1:9 "los siete espíritus que están delante de su trono").

Hay además algunas razones en el contexto de 1 Corintios 14:32 que indican que la expresión "los espíritus de los profetas" significa "las operaciones del Espíritu Santo en diversos profetas".

(a) 1 Corintios 14:33: "Pues Dios no es Dios de confusión sino de paz." Pablo ofrece esta razón como sustento o base para los versículos 31 y 32. Ahora bien, este versículo (33) nos habla del carácter de Dios. Siendo así, se justifica si es que el versículo 32 describe las actividades del Espíritu Santo. Pablo podría usar el siguiente argumento: el Espíritu Santo permitirá que su inspiración se sujete a la forma en que el profeta quiera calcular su tiempo; por lo tanto, nunca obligará a un profeta a hablar fuera de turno, puesto que no coincide con la personalidad de Dios inspirar confusión; esto sería una contradicción en su carácter.

Por el contrario, si el versículo 32 se refiriera a espíritus humanos, sería difícil justificar la descripción del carácter de Dios en el versículo 33 como base del 32, pues un enunciado acerca del carácter de Dios no daría derecho a que Pablo derive sus conclusiones acerca del comportamiento concreto de los hombres.

(b) Es comprensible que Pablo use aquí "espíritus" en vez de "el Espíritu Santo". Se debe a que resultaría confuso si Pablo dijera "el

Espíritu Santo está sujeto a los profetas", pues esa declaración en términos generales no es verdad; lo es solamente al decidir la cuestión de cuándo debería hablar cada profeta. Se adecúa mejor al propósito de Pablo el empleo de "espíritus" pues se limita a referirse a las operaciones del Espíritu en particular.

(c) Hay dos posibles objeciones a esta regla que Pablo establece en el versículo 30; para ellas el versículo 32, interpretado como se ha visto, provee una respuesta eficaz. Primero, algún profeta podría alegar que era obligado a profetizar, que cuando el Espíritu Santo venía a él con una revelación, él simplemente no podía dominarse: debía hablar. La respuesta de Pablo es que el Espíritu Santo permanece sujeto a los profetas; nunca precipitará a un profeta a hablar. Segundo, podría objetar otra persona que no podía esperar turno para hablar porque si hiciera eso podía perder el mensaje sin remedio. A esto responde el versículo 32 que el Espíritu Santo no es tan impetuoso e incontrolable. Se sujeta a la oportunidad y sabia administración ejercida por los profetas.

No desentona con la enseñanza del Nuevo Testamento decir que el Espíritu Santo, al obrar en la vida del creyente, esté "sujeto" o "se sujete" al creyente. El mismo verbo griego (*hupotasso*) aparece a menudo dando a entender un sometimiento voluntario que no es necesariamente la consecuencia de una inferioridad de poder. Se usa en Lucas 2:51 al hablar de la sujeción de Jesús a sus padres y en 1 Corintios 15:28 al hablar de la sujeción del Hijo a Dios Padre. Del mismo modo en este pasaje, Pablo lo emplea mostrando que el Espíritu Santo no obliga al profeta a hablar, sino que permite al profeta decidir por sí mismo cuándo hablará. Es una sujeción voluntaria a esta función en particular para favorecer el orden; de ninguna manera implica una afirmación teológica acerca del profeta como superior en modo alguno al Espíritu Santo.

Luego, la solución que preferimos es la interpretación de "los espíritus de los profetas" como "las operaciones del Espíritu Santo en los profetas".

Ahora podemos parafrasear el fragmento de esta manera:

> Si se le hace una revelación a otro allí sentado, el primero permanezca en silencio, pues . . . el Espíritu Santo que opera en los profetas se sujeta a los profetas, porque Dios no es un Dios de confusión sino de paz.

De esta manera Pablo sostiene que el *primer* profeta debe quedar callado porque el Espíritu Santo no lo obligará a seguir hablando. Así también se da por sentado que la "revelación" que llega al profeta viene del Espíritu Santo, y es tan directa su manera de manifestarse que ésta refleja tanto el carácter de Dios ("Dios no es Dios de confusión, sino de paz", según 1 Corintios 14:33) como la voluntad personal del Espíritu Santo ("los espíritus de los profetas están sujetos a los profetas", según 1 Corintios 14:32).

La revelación arroja luz desde la perspectiva de Dios

El tipo de revelación que recibe un profeta no es un descubrimiento mágico o un discernimiento misterioso cualquiera, sino que coloca el asunto en la perspectiva celestial o divina. Prueban esto tanto el hecho de que es el *Espíritu Santo* quien "revela" como el uso de las voces "revelar-revelación" y sus derivados (en el empleo de esto en el Nuevo Testamento) restringido a las actividades del único Dios verdadero, mientras que se emplean otros términos para las prácticas paganas.

Lo que esto significa es que los profetas de quienes Pablo habla en 1 Corintios 14:30 no se ocupaban de una simple adivinación y predicción del futuro, como quien anuncia hechos sueltos u ocultos para satisfacer la curiosidad o la avaricia, a base de un conocimiento de cosas dentro de la perspectiva de este mundo. Por el contrario, las "revelaciones" que les eran otorgadas les permitían ver los hechos en su relación con los propósitos de Dios, y comunicar esa información de tal manera que la iglesia resultara edificada, alentada y reconfortada (1 Corintios 14:3).

Este es el punto importante para diferenciar la profecía neotestamentaria de la adivinación del futuro o los oráculos paganos, los cuales aprovechaban el conocimiento especial de datos ocultos para su beneficio personal o en aras de una religión falsa (véanse Hechos 8:6ss.; 16:16ss.).

Aplicando lo dicho, subrayemos que la profecía neotestamentaria no incluía nada por el estilo de la percepción extrasensorial, astrología u otras prácticas ocultas, por cuanto éstas aseguran informar sobre datos secretos o futuros, pero si lo hacen no colocan esos datos en la perspectiva correspondiente a un Dios vivo y verdadero, ni los utilizan en sujeción a él.

106 EL DON DE PROFECIA

La revelación es reconocible para el profeta

Una observación final atañe a *la fuerza con que venía la revelación al profeta*. Parece que Pablo considera esta revelación como una experiencia momentánea y perfectamente reconocible, puesto que ocurre espontáneamente y con tanta fuerza que justifica la interrupción hecha a un profeta en pleno uso de la palabra (1 Corintios 14:30). Efectivamente, a veces llegaba con tanta fuerza que los corintios corrían peligro de pensar que no les era posible resistir al Espíritu Santo; Pablo debió asegurarles que el Espíritu se sujeta en este caso (1 Corintios 14:32).

Pero, ¿cómo podría saber una persona si lo que venía a su mente era una "revelación" del Espíritu Santo? Pablo no escribió instrucciones precisas en este caso; aun así, es posible suponer que en la práctica tal decisión involucraba elementos tanto objetivos como subjetivos. Vista objetivamente, ¿la revelación concordaba con lo que el tal profeta conocía de las Escrituras del Antiguo Testamento y de las enseñanzas apostólicas? (Véanse 1 Corintios 12:3; 1 Juan 4:2-3; y en el Antiguo Tetamento, Deuteronomio 13:1-5.)

Además, sin duda intervenía el elemento subjetivo de la opinión personal: ¿"parecía" ser algo del Espíritu Santo aquella revelación, o se asemejaba a otras experiencias del Espíritu Santo que el profeta hubiera conocido anteriormente durante la adoración? (Véanse 1 Juan 4:5-6; Juan 10:1-5 y 27.) Aparte de lo dicho, es difícil especificar mucho más, excepto que se puede suponer la probabilidad de que con el correr del tiempo la congregación se tornaría más experta en evaluar las profecías; también los profetas individuales se beneficiarían merced a esas evaluaciones y se harían más expertos en reconocer las genuinas revelaciones del Espíritu Santo, diferenciándolas de sus propios pensamientos.

Por otra parte, debemos abstenernos de decir que esta experiencia fuera tan fuerte como para considerarla de algún modo un "éxtasis". Pablo da por sentado que el profeta sabe qué está sucediendo en torno a él, y que será capaz de dominarse (véase más adelante el desarrollo de este punto).

Aparentemente esta revelación llegaba en forma de palabras, pensamientos o imágenes interiores que Dios traía a la mente. No obstante, en los capítulos 3 y 4 precedentes hemos advertido al profeta en cuanto a afirmar la certidumbre de que sus palabras exactas son las palabras de Dios. (En realidad, *es posible* que Dios permita que vengan a la mente palabras sin que sean su voluntad que las tomemos por sus mismísimas palabras.)

¿Cuánto sabe un profeta?

Arribamos a otra pregunta: ¿Cuánto es lo que el profeta realmente sabe acerca del contenido de la "revelación"? ¿Su conocimiento es claro o borroso, amplio o estrecho? Para esto nos son de ayuda dos pasajes en 1 Corintios 13.

1 Corintios 13:8-13: Vemos por espejo, oscuramente

En 1 Corintios 13 Pablo intenta demostrar la superioridad del amor sobre los dones temporales tales como el de profecía o el de lenguas. Pero para poder destacar esto debe demostrar que el amor subsistirá en el tiempo, permaneciendo cuando ya hayan cesado las profecías, las lenguas y otros dones. Por esta razón expresa que la profecía se acabará (1 Corintios 13:8) *porque* es imperfecta (versículo 9). Y es imperfecta *porque* vemos por espejo, oscuramente (versículo 12).

El amor nunca deja de ser; pero las profecías se acabarán, y cesarán las lenguas, y la ciencia se acabará . . . Ahora vemos por espejo, oscuramente; mas entonces veremos cara a cara. Ahora conozco en parte; pero entonces conoceré como fui conocido (1 Corintios 13:8-10, 12).

La comparación con un espejo señala dos aspectos en cuanto al conocimiento procedente de esta revelación: el *indirecto* y el *incompleto* (no se pueden ver todas las cosas, sino solamente aquellas encuadradas dentro del marco del espejo). Pero esto no implica que la imagen resulte distorsionada; los espejos en la antigüedad podían llegar a un alto nivel de nitidez.

Si esto lo aplicáramos a la profecía, significaría que el profeta no ve a Dios cara a cara ni lo ve directamente, sino que sólo recibe de Dios una revelación de algún tipo (no definido aquí) de manera indirecta. También significa que lo que el profeta ve o discierne es sólo un vistazo de un aspecto de la realidad, pero no el panorama completo. La expresión "oscuramente, en forma desconcertante" indicaría que lo que el profeta ve o percibe, o las implicaciones de lo que es "revelado", son frecuentemente difíciles de entender (véanse Juan 11:50; 1 Pedro 1:11).

Que ésta es la interpretación correcta de la metáfora de Pablo se hace más evidente tras un análisis de 1 Corintios 13:9: "porque en parte conocemos, y en parte profetizamos". Aquí se tienen en cuenta precisamente las *limitaciones* de la profecía, y es el modo en que un espejo *limita* nuestra visión lo que Pablo enfatiza.

También la oración en el versículo 9, "Porque en parte conocemos, y en parte profetizamos", describe por sí misma un aspecto en que la profecía es imperfecta. La frase "en parte" se refiere primeramente a una imperfección cuantitativa en la profecía: da sólo un *conocimiento parcial* de los temas que toca. Agabo podría saber algo acerca del futuro (Hechos 11:28; 21:11), pero no podía ver la totalidad. Los profetas de Tiro reciben atisbos de los sufrimientos de Pablo (Hechos 21:4), pero no pueden anticipar todos los detalles. Los profetas de Corinto pueden haber recibido revelaciones de algunos de los secretos del corazón de un inconverso (1 Corintios 14:25), pero no conocerían el corazón de esa persona por completo.

Es por eso que "las profecías se acabarán" (1 Corintios 13:8) o que "se considerarán innecesarias"; solamente son un sustituto temporal y parcial de los medios completos y cabales para alcanzar el conocimiento que tendremos cuando regrese Cristo. Cuando lleguen esos medios perfectos de conocimiento, los imperfectos dejarán de ser (1 Corintios 13:10).

Resumiendo este pasaje: la profecía es imperfecta (i) porque sólo da un atisbo del asunto que trata ("en parte" según el versículo 9); (ii) porque el profeta mismo sólo recibe cierto tipo de revelación indirecta, la cual a pesar de todo es limitada ("vemos por espejo", según el versículo 12); y (iii) porque lo que el profeta realmente recibe es a menudo difícil de entender o interpretar ("oscuramente" según el versículo 12).

¿A qué conclusión podemos llegar después de esto? Según parece, que el profeta *no siempre podrá entender* con absoluta claridad exactamente qué le fue revelado y en algunas ocasiones *ni siquiera tendrá la seguridad* de haber recibido una revelación.

1 Corintios 13:2: *Entender misterios y conocimiento*

Así escribe Pablo: "Si tuviese profecía, y entendiese todos los misterios y toda la ciencia... y no tengo amor, nada soy" (1 Corintios 13:2).

Este versículo no parece decir que cada profeta tendrá comprensión de "todos los misterios y toda la ciencia", pues Pablo emplea superlativos hipotéticos para su demostración. Toma varios ejemplos de dones (profecía, fe, espíritu de sacrificio) y sostiene que aun si fueran desarrolladas en el más alto grado posible, no tendrían valor sin amor: "Si tengo *toda* la fe, como para sacar las montañas de su lugar, . . . Si divido todas mis posesiones en partículas, . . . Si entrego mi cuerpo para que me quemen . . ."* (el punto culminante del sacrificio de uno mismo).

De manera que Pablo sencillamente dice que el máximo resultado de la profecía, siendo desarrollada del modo más cabal posible, sería una comprensión de todos los misterios y todo conocimiento. Este no es el caso de ningún profeta viviente, de acuerdo con Pablo, puesto que "en parte profetizamos" (1 Corintios 13:9), así que sólo luego del retorno de Cristo conoceremos plenamente, "así como somos conocidos"** (1 Corintios 13:12).

Con todo, este pasaje implica con suficiente claridad que entender "misterios" y "conocimientos", aunque fuera sólo en parte, es un componente normal del don de profecía. De modo que el profeta deriva un beneficio como resultado de contar con el don de profecía: cuando recibe una revelación, en ese momento entiende y sabe más de lo que sabría en otras condiciones.

Lo que significa acá "misterios" es "los pensamientos, planes y dispensaciones de Dios que se ocultan de la razón humana . . . los cuales por lo tanto deben ser revelados a aquellos a quienes van dirigidos" (BAGD, p. 530). Siendo así, el versículo nos confirma aún más en nuestra primera interpretación de "revelación" como elemento esencial de la profecía. Pero el versículo no nos permite ir más allá de esto, como para definir con gran certidumbre el contenido preciso de la frase "misterios" y "conocimientos".

¿La profecía es "éxtasis"?

Toda esta indagación en torno a la revelación que le llega al profeta quedaría incompleta sin una investigación en cuanto al grado de control del profeta y de su conciencia de su entorno en el momento de recibir la revelación. ¿Entraría el profeta en algún tipo de trance? ¿Perdería en alguna medida el dominio de sí mismo, o quedaría momentáneamente inconsciente en cuanto a lo que le rodeaba? To-

---

*   Versión libre del autor.
**   Versión libre del autor.

dos estos asuntos se refieren a la cuestión del éxtasis profético.

El significado del "éxtasis"

La palabra "éxtasis" puede emplearse para significar varias cosas diferentes. A propósito de este estudio, conciernen cuatro aspectos específicos en el campo general de la experiencia extática:

(a) ¿El profeta se veía forzado a hablar contra su voluntad?

(b) ¿El profeta perdía todo dominio de sí mismo, y comenzaba a desvariar violentamente, produciéndose desórdenes o interrupciones?

(c) ¿El profeta hablaba cosas en las cuales él mismo no encontraba sentido?

(d) ¿El profeta perdía conciencia de lo que lo rodeaba por un tiempo?

Siguiendo el objetivo de este estudio, consideremos que el profeta se encuentra en estado *extático* si se cumplen en su caso cualquiera de las cuatro condiciones mencionadas. Todo lo contrario, el simple hecho de (i) profetizar en estado de excitación, o (ii) hablar influido por una fuerte emoción, o (iii) conservar un alto grado de concentración o conciencia del significado de sus palabras, o (iv) estar consciente en forma insólita de la presencia y operación de Dios en la propia mente, no son estados que se aparten de lo normal en grado suficiente como para justificar el uso del término "éxtasis".

1 Corintios 12:1-3: La profecía cristiana es diferente de la profecía pagana

Al comienzo de una larga exposición acerca de los dones espirituales en 1 Corintios 12 al 14, Pablo diferencia la experiencia *cristiana* con los dones espirituales de los tipos de influencias espirituales experimentadas por los *inconversos*. Escribe:

> No quiero, hermanos, que ignoréis acerca de los dones espirituales. Sabéis que cuando erais gentiles, se os extraviaba llevándoos, como se os llevaba, a los ídolos mudos. Por tanto, os hago saber que nadie que hable por el Espíritu de Dios llama anatema a Jesús; y nadie puede llamar a Jesús Señor, sino por el Espíritu Santo (1 Corintios 12:1-3).

Aquí Pablo toma en cuenta el trasfondo pagano de ellos, y justamente a causa de éste está convencido de que necesitan instrucción acerca de los dones espirituales, pues de otro modo permanecerían sin información o instrucción. Anteriormente ellos habían seguido tras "ídolos mudos" que no podían hablar palabras de enseñanza a sus seguidores ni por medio de sus seguidores.

Podrían los corintios haber experimentado cosas bastante extrañas en los cultos religiosos paganos (lo cual quizá incluyera gritos maldicientes durante el éxtasis religioso). Pero Pablo dice que esto no sucederá en la genuina profecía cristiana. Si alguien parece estar bajo una influencia espiritual y de pronto comienza a maldecir a Jesús, aquello sencillamente no proviene del Espíritu Santo. Eso no sucede cuando se trata de los dones del Espíritu Santo.

Para los fines de nuestro estudio, notemos que Pablo diferencia claramente las experiencias "espirituales" paganas de las cristianas. Por lo tanto, cualquier dato de la antigüedad que nos informa sobre el "éxtasis" profético de los *no cristianos* en verdad no nos aclara nada sobre el carácter de la profecía *cristiana*. En cambio, la evidencia que hace el estudio debe proceder del Nuevo Testamento mismo.

1 Corintios 14:29-33: Comportamiento ordenado y razonable

Dentro de este pasaje solo, encontramos varias consideraciones que evidencian que Pablo no consideraba que ni uno de los cuatro criterios de éxtasis estaba presente en los profetas de Corinto.

(a) Que el profeta no era impelido a hablar contra su voluntad lo demuestra el hecho de que él podía suspender su profecía para permitir que hablara otro (1 Corintios 14:30b), el hecho de que parece que el segundo profeta no rompía a hablar súbitamente sino que indicaba que estaba por profetizar y luego esperaba que se detuviera el primer profeta (v. 31), y el hecho de que el Espíritu Santo se sujetaba al profeta de tal manera que éste pudiera actuar decorosa y ordenadamente (v. 32).

(b) Que el profeta no perdía el dominio de sí mismo ni comenzaba violentamente a desvariar queda claro por el argumento de Pablo en 1 Corintios 14:33 cuando dice que el efecto de la operación del Espíritu Santo en un profeta no es "confusión" (o, "disturbio frenético", del griego *akatastasia*), sino paz (v. 33). Además, en el versículo 32 explica en forma explícita que el profeta conserva en sí mismo el dominio de la situación, porque el Espíritu Santo se sujeta a él.

(c) Si bien no se enuncia categóricamente el hecho de que el profeta entendiera lo que decía, queda claro que los oyentes sí entendían, puesto que les correspondía evaluar lo dicho (1 Corintios 14:29), de modo que todos aprenderían y serían alentados por las profecías (v. 31). Si los oyentes entendían y aprendían de la prefecía, luego el profeta mismo sin duda entendía lo que decía.

(d) Si partimos de que el primer profeta podía percatarse por alguna clara señal de que otra persona había recibido una revelación y estaba lista para profetizar (1 Corintios 14:30), entonces queda claro que Pablo daba por sentado la plena conciencia del profeta en cuanto a su entorno, y no lo consideraba en absoluto como despegado de la realidad. Esto era así no sólo mientras profetizaba, sino también mientras recibía una revelación, pues el segundo profeta tenía la prudencia de esperar su turno mientras hablaba otra persona, de manera que pudieran profetizar "uno por uno" (1 Corintios 14:30-31).

1 Corintios 14:3-4

Aquí encontramos más pruebas de que las palabras del profeta eran inteligibles, pues habla "a los hombres" y como resultado éstos son edificados, exhortados y consolados (v. 3). El contraste que se destaca aquí es el hablar en lenguas que nadie entiende (v. 2) por un lado, y por otro la profecía que los oyentes entienden.

1 Corintios 14:23-25

Aunque que un visitante incrédulo podría acusar a la congregación de locura si todos hablaran en lenguas (v. 23), esto no sería así en el caso de las profecías: aun si *todos* profetizaran (v. 24), situación que podía muy bien creerse oportuna para algunas manifestaciones de éxtasis, el resultado no sería confusión sino frases muy inteligibles que convencerían al visitante de su pecado (v. 25).

1 Corintios 14:40

Cuando ordena que todo (incluyendo la profecía, v. 39) "debe hacerse de una manera decorosa y ordenada" (Nueva Versión Internacional), Pablo da por sentado que los profetas se comportarán como personas que se encuentran, no en estado de éxtasis, sino en pleno control de sí mismas.

Objeción: Quizá Pablo trataba de corregir en realidad el éxtasis profético en Corinto

A pesar de toda la demostración precedente, alguno podría objetar que, aunque Pablo *quería* que los profetas actuaran en la forma en que hemos descrito, el hecho era que los profetas en Corinto se habían volcado a la práctica de éxtasis, desorden que Pablo trataba de corregir en esta epístola.

Sin embargo, antes de dar la instrucción en 1 Corintios 14:29-33, Pablo ya reconoce que la profecía en Corinto era por lo común aceptada como muy inteligible y bastante provechosa para los oyentes (1 Corintios 14:3-4, 23-25). Si intentáramos determinar el problema con aproximada seguridad, se reduciría tal vez a algo muy simple: que los profetas trataban de hablar más de uno a la vez (1 Corintios 14:30-31), y quizá que alguno alegara no poder refrenar su impulso de hablar (v. 32).

La respuesta de Pablo es que los Corintios pueden controlarse, puesto que ésta es la forma que el Espíritu Santo *siempre* actúa: crea paz, no confusión, y se sujeta al profeta (v.v. 32, 33). Así que, según Pablo, el argumento de que algunos profetas no podían ejercer dominio de sí mismos era sencillamente falso. Su respuesta a la vez corrige el desorden en Corinto y demuestra que la profecía cristiana no es de por sí de la naturaleza del éxtasis.

Otros versículos del Nuevo Testamento

Haremos notar aquí muy brevemente otros versículos del Nuevo Testamento que podrían relacionarse con la cuestión del éxtasis profético.

(a) *Hechos 19:6.* En este caso están estrechamente vinculados hablar en lenguas y profetizar, como si pudieran constituir una sola experiencia. Pero el texto no da de por sí indicio alguno de que se trate aquí de experiencias de éxtasis, y respecto de la única característica que precisamente permitiría aplicar el término "éxtasis" al hablar en lenguas (según mi criterio [b], el hecho de ser inteligibles), Pablo distingue claramente, en un análisis más cabal en 1 Corintios, las lenguas de la profecía (véase 1 Corintios 14). Así es que no hallamos evidencia en el Nuevo Testamento de que el hablar en lenguas implique un éxtasis que en ningún sentido tenga influencia sobre el asunto de la profecía.

(b) *2 Corintios 12:1-4.* Pablo dice que fue "arrebatado hasta el tercer cielo" y que experimentó "visiones y revelaciones del Señor" (vv. 2, 1). En su sentido esta experiencia fue un "éxtasis" (v. 4): durante un lapso de tiempo no tenía noción de lo que le rodeaba, al punto de no saber si estaba en el cuerpo o fuera del cuerpo (v. 2). ¿Podría tomarse esto como muestra del éxtasis profético en el Nuevo Testamento? Este pasaje no tiene realmente pertinencia para nuestra investigación del don de profecía neotestamentaria porque (a) las "revelaciones" recibidas por Pablo *no* le fueron dadas con el fin específico de que él profetizara (esto es, se las comunicara a otros): oyó cosas que no les son permitidas a los hombres expresar (v. 4), y sintió tanta reserva respecto de mencionar aun su experiencia que esperó catorce años (v. 2), y luego la refirió en tercera persona (vv. 2 - 5); aún más, (b) dicha experiencia le parece a Pablo ser algo desacostumbrado en extremo, no la experiencia normal de los profetas ni de otros cristianos, pues dice que las revelaciones eran de características extraordinarias (v. 7), y sólo relata esa experiencia como último recurso para demostrar su superioridad sobre los falsos apóstoles, y por lo tanto algo que le daría derecho de gloriarse (vv. 5, 6). De modo que esta experiencia no puede tomarse como algo característico de la profecía neotestamentaria.

Conclusiones acerca del éxtasis profético

Un examen de los datos aportados por 1 Corintios y otros pasajes más del Nuevo Testamento indica que los profetas no experimentaban un éxtasis al profetizar, con certeza en cuanto a Corinto y muy probablemente en otras iglesias neotestamentarias.

¿La profecía es un milagro?

Con relación a este análisis de la "revelación" del Espíritu Santo de la profecía, es apropiada la pregunta de si la profecía es realmente un don "milagroso". ¿O será quizá un don no milagroso, o sea, bastante normal? ¿El hecho de que la profecía está basada en una revelación del Espíritu Santo, la constituye en un milagro?

1 Corintios 12:8-11

En este punto será de ayuda ver el don de profecía como aparece en la lista de dones en 1 Corintios 12:8-11. Pablo escribe:

> Porque a éste es dada por el Espíritu palabra de sabiduría; a ótro, palabra de ciencia según el mismo Espíritu; a otro, fe por el mismo Espíritu; y a otro, dones de sanidades por el mismo Espíritu. A otro, el hacer milagros; a otro, profecía; a otro, discernimiento de espíritus; a otros diversos géneros de lenguas; y a otro, interpretación de lenguas. Pero todas estas cosas las hace uno y el mismo Espíritu, repartiendo a cada uno en particular como él quiere (1 Corintios 12:8-11).

En este párrafo, la profecía es una de las habilidades a las que el Espíritu Santo da poder (o "inspira"; v. 11). Pero también debemos observar que éste no es el caso exclusivo de la profecía, pues todos los dones que Pablo enumera están incluidos en la obra capacitadora del Espíritu Santo que se menciona en el versículo 11. El hecho de que la profecía se origina con el Espíritu Santo sólo la pone a la misma altura que los otros dones.

¿Qué queremos decir con el término "milagro"?

La pregunta de si la profecía constituye un "milagro" puede responderse de diferentes formas, según el sentido que se le otorgue al término "milagro":

(a) Si definimos "milagro" como algunos a veces lo entienden, es decir, como "una intervención directa de Dios en la historia", luego la respuesta debe ser que la profecía no puede diferenciarse en este caso de otros dones. Y sería así por dos razones:

(i) Pablo no discrimina las formas de obrar del Espíritu Santo (tales como "directa" o "indirecta") hablando de diversos dones; más bien, subraya que *todos* son producidos por la obra del Espíritu Santo (1 Corintios 12:11). Ahora lo que Pablo combate es el orgullo y los celos a causa de los dones espirituales que turbaban la iglesia corintia. Trata de demostrar que todos los dones son valiosos porque todos son del Espíritu Santo. La fuerza de su argumento quedaría destruida si se pudiera afirmar que algunos dones son "más directamente" del Espíritu Santo, o más fehacientemente el resultado de la actividad del Espíritu Santo.

(ii) Pablo mismo en varias oportunidades enumera los diversos dones y operaciones en modos diferentes, demostrando así no tener en mente ninguna discriminación de "milagroso" en contraposición a "no milagroso" en las categorias de dones: fe y palabras de sabiduría y conocimiento van en la lista al lado de dones de sanidades y operación de hechos poderosos (1 Corintios 12:8-10); "ayudar" y "administrar" se entremezclan con dones de sanidad y diversidad de lenguas (1 Corintios 12:28); canciones, enseñanzas, revelaciones, lenguas e interpretaciones se mencionan de un tirón (1 Corintios 14:26); revelación, conocimiento, profecía y enseñanza aparecen juntos (en 1 Corintios 14:6).

De modo que si alguno quisiera sostener que la profecía es un don "milagroso" por ser resultado de la actividad directa del Espíritu

Santo, luego debería sostener que *todos* los dones son "milagrosos" en ese sentido. Pero de esa manera el término "milagroso" perdería eficacia para distinguir una clase de actividad de otra.

(b) Sin embargo, hay otra definición posible de "milagro". Si definimos "milagro" como "aquello que *despierta pasmo o asombro* en las personas por su aparente contradicción con las leyes naturales del comportamiento humano o físico", luego consideramos un don milagroso a la profecía basándonos en 1 Corintios 14:22-25: la profecía es una "señal" para los creyentes (v. 22), una demostración evidente de que Dios obra en medio de ellos, y también un asombroso proceso que llama a admiración al incrédulo (v. 25). Por ser un medio menos común por el que Dios actúa en el mundo, se la reconoce con más claridad como señal de la operación divina.

Así que la profecía es un don "milagroso" desde el punto de vista de la respuesta que suscita, al menos a veces, en la gente, pero todo intento de clasificarla como "más directamente de Dios" que otros dones no es convincente si tomamos el texto bíblico por sí solo.

Resumen

El recibo de una "revelación" de Dios era la fuente de una profecía. El término paulino para tales revelaciones, y el contexto en el cual Pablo habla de ellos, nos permite decir que la revelación venía de forma totalmente espontánea (pero privada) a un individuo, que era de origen divino, que otorgaba una perspectiva divina, y probablemente se presentaba en palabras, pensamientos o imágenes que se grababan con fuerza súbitamente en la mente del profeta.

Sin embargo, la profecía, como otros dones, como fuente de conocimiento es sólo "parcial" o "limitada". Tanto la revelación recibida por un profeta como la profecía resultante proporcionarán una información sólo incompleta sobre el tema, y a veces será difícil de entender e interpretar.

Dado que según lo sugerido por 1 Corintios, el profeta no estaba obligado a hablar contra su voluntad, no perdía su dominio propio, ni desvariaba violentamente, no hablaba cosas que le parecían incoherentes, no perdía la noción del medio físico que lo rodeaba, luego el don de profecía no deberá considerarse "éxtasis", pues no era una actividad "extática".

La profecía no es de calidad más "milagrosa" que otros dones si definimos "milagro" como aquello que viene "directamente" de

Dios. Pero si "milagro" es aquello que despierta pasmo y asombro por ser un modo poco común en que Dios obra en el mundo, luego 1 Corintios 14:22-25 nos daría derecho a llamar "milagro" a la profecía.

Aplicación en la actualidad

Para ver el don de profecía en funcionamiento en nuestras iglesias actualmente, debemos como primera medida creer en la posibilidad de que Dios nos dé de cuando en cuando tales "revelaciones"; como segunda medida, debemos abrirnos a la recepción de tales influencias del Espíritu Santo, especialmente en períodos de oración y adoración.

Expresándolo en términos prácticos, significa conceder más tiempo a "escuchar" a Dios, o a "esperar en" él, entremezclando esto y añadiéndolo a nuestros habituales tiempos de leer la Biblia, clamar en intercesión y adorar verbalmente. Aparte de esto, en nuestro culto conjunto deberíamos dar cabida, en un espacio más informal, a períodos de silencio y receptividad a las indicaciones del Espíritu Santo. Si Dios en esos instantes trae algo a la mente, entonces la persona depositaria de la revelación debería comunicarle a la congregación de que se trata.

A pesar de esto, como hemos visto en los capítulos 3 y 4 precedentes, este informe no debe considerarse "palabras textuales de Dios", ni debe aquel que habla introducir sus palabras con frases que insinúen eso, tales como "asi dice el Señor" u "oye las palabras de tu Dios", etc. Esos enunciados deben reservarse para la Escritura, y la Escritura solamente. Mucho más apropiado y menos confuso sería decir algo como: "Creo que el Señor me ha mostrado algo . . .", o "Pienso que el Señor está guiando a que . . .", o bien: "Me parece que el Señor me ha dado una carga espiritual acerca de . . ."

Muchos de nosotros hemos tenido la experiencia de sucesos similares a estos o hemos tenido noticia de ello. Por ejemplo, una pedida no premeditada presentada con urgencia de orar por ciertos misioneros en Japón. Mucho después aquellos que han estado orando se enteran de que precisamente en aquel momento esos misioneros habían sufrido un espantoso accidente o atravesaban un intenso conflicto espiritual, por lo que habían sido necesarios aquellos intercesores. Pablo le llamaria "revelación" a la percepción o intuición de cosas como ésas, y "profecía" a la comunicación de la dirección de Dios a la congregación reunida. Pueden aparecer elementos de la comprensión o interpretación particular de quien hable; necesita por cierto de la evaluación y el juicio, pero aun así cumple en la iglesia una valiosa función.

Esto nos acerca al próximo punto: tales revelaciones de Dios son valiosas, pero a pesar de ello son limitadas. Nunca deben competir con la Escritura en nuestro reconocimiento de la autoridad o importancia relativa que tienen, y nunca se debe permitir que funcionen sin la constante evaluación hecha por la iglesia, especialmente por sus líderes. Todos deben reconocer que tal revelación es parcial, que puede no ser clara aun para la persona que haya profetizado, y que puede contener elementos de comprensión o interpretación erróneas debidas a la persona.

Dado que el acto de profetizar no involucra un éxtasis, se deben seguir las reglas para la conducta ordenada. Ninguno debe ser llevado a pensar que será forzado por el Espíritu Santo a profetizar, o que perderá el dominio de sí mismo o que perderá conciencia del medio que lo circunda. Puede ser que el hecho de profetizar conlleve una percepción aumentada de los propósitos de Dios, pero no por eso acarrea una disminución en la percepción de las situaciones en la vida cotidiana.

CAPITULO 6

PROFECIA Y ENSEÑANZA
¿En que difieren estos dones?

Nuestro estudio hasta este punto ha demostrado que el don de profecía neotestamentario tiene menos autoridad que la palabra profética del Antiguo Testamento (capítulos 3 y 4). También hemos concluido que la fuente de la profecía es una "revelación" de Dios, específicamente del Espíritu Santo.

Ahora surge una pregunta relacionada: ¿Cuál es la esencia de la profecía? En otras palabras, ¿qué es exactamente lo que constituye un acto del habla en profecía y no en otro tipo de cosa? Seamos más específicos:

(1) ¿Es *necesario* que haya "revelación" para que haya profecía?

(2) Una "revelación" de por sí constituye una profecía, o además es necesario que se la comunique de alguna manera?

Estas preguntas se responderán mejor a través de la investigación de otro don, el don de la enseñanza. Por lo tanto, este capítulo analizará primeramente lo esencial del carácter de la profecía, y luego, a modo de comparación, lo esencial en el carácter de la enseñanza.

Lo esencial en el carácter de la profecía

¿Qué hace falta para que se produzca una profecía? ¿Qué factores diferencian aquello que es profecía de lo que no lo es? El Nuevo Testamento parece destacar dos factores esenciales a la profecía:

(1) una revelación del Espíritu Santo (es decir, el origen mismo de la profecía);

(2) la comunicación pública de esa revelación (es decir, la profecía en sí). En esta sección discutiremos estos dos puntos uno a uno.

Para una profecía es necesaria una "revelación"

El hecho de que para producirse una profecía era imprescindible que tuviera lugar una "revelación" del Espíritu Santo, se desprende de las siguientes consideraciones:

(a) Como vimos en el capítulo anterior, Pablo en 1 Corintios

14:29-33 da por sentado que la persona que va a profetizar es aquella que ha recibido una "revelación" (v. 30). No se ofrece ninguna otra razón valedera para silenciar al primer profeta y permitir que hable el segundo. La deducción más probable es que nada daría derecho al segundo orador en calidad de profeta excepto una "revelación".

Luego también cuando Pablo afirma que el Espíritu Santo que opera en los profetas se sujeta a los mismos profetas (v. 32), tiene en mente específicamente la actividad del Espíritu Santo al impartir una "revelación" (v. 30). El versículo 32 es una afirmación general que se aplica a todos los profetas, así como también el versículo 31 expresamente incluye a todo aquel que profetiza. No cabe la posibilidad de que algún profeta en Corinto esquivara las instrucciones de Pablo alegando que los versículos 30-33 no le involucraban por la razón de que él profetizaba habitualmente *sin* recibir ninguna "revelación". Por el contrario, Pablo da por sentado que sus instrucciones se aplican a todos los profetas, de modo que todos profetizan basándose sobre "revelaciones" impartidas por el Espíritu Santo.

(b) Un indicio semejante se encuentra en 1 Corintios 14:24-25. Allí Pablo describió la siguiente situación en la congregación:

> Pero si todos profetizan, y entra algún incrédulo o indocto, por todos es convencido, por todos es juzgado; lo oculto de su corazón se hace manifiesto; y así, postrándose sobre el rostro, adorará a Dios, declarando que verdaderamente Dios está entre vosotros (1 Corintios 14:24-25).

En este caso, los que profetizan descubren públicamente los secretos del corazón del visitante (v. 25a). El visitante responde de un modo que indica que, al menos a su modo de ver, sólo Dios podía haber dado a conocer aquellas cosas a los profetas (v. 25b). Y parece que *todos los que profetizan* contribuyen al hecho de dar convicción y juicio ("por todos es convencido", v. 24). Luego Pablo toma por sentado una vez más que todos los que profetizan han recibido una "revelación".

(c) En el resto del Nuevo Testamento, todos aquellos ejemplos de profecía cristiana de los que tenemos información suficiente como para arribar a una decisión también implican la recepción anterior de alguna forma de "revelación". En Hechos 11:28 y nuevamente en Hechos 21:10-11, las predicciones de Agabo son descripciones de acontecimientos futuros, y por lo tanto se basaban sobre algo que le había sido revelado.

Es probable, aunque no seguro, que lo mismo pueda decirse de los discípulos efesios mencionados en Hechos 19:6, quienes comenzaron a hablar en lenguas y a profetizar tan pronto como Pablo impuso las manos sobre ellos y vino a ellos el Espíritu Santo. La forma espontánea del acontecimiento y la ignorancia de ellos aun acerca de los rudimientos de la doctrina cristiana (Hechos 19:2) demuestran que su profecía (cualquiera que haya sido su forma) no consistía en una inteligente predicación cristiana, sino más bien fue el resultado de una operación extraordinaria del Espíritu Santo, luego probablemente el resultado de una "revelación".

Por último, al mencionar Efesios 3:5 la profecía apostólica, se mantiene el mismo requisito: se dice específicamente que les fue dado a los apóstoles y profetas una revelación del Espíritu Santo respecto a la incorporación de los gentiles.

En otras partes el Nuevo Testamento menciona también profecías anteriores a Pentecostés. Estos datos deben ser manejados con más cautela porque pueden no ser en todos sus aspectos iguales a la profecía *cristiana* en la iglesia después de Pentecostés, pero a pesar de ello nos dan una idea acerca de las clases de capacidades que se creía que caracterizaban a aquellos que podían denominarse "profetas". En varios de los casos, la característica distintiva de un profeta es poseer información que sólo podría recibirse mediante "revelación".

Por ejemplo, en Lucas 7:39, el fariseo del relato supone que un profeta podía conocer la vida de una persona, a la que acababa de ver por primera vez, evidentemente recibiendo una "revelación". Luego en Juan 4:19, cuando asombra a la mujer junto al pozo por el conocimiento de su vida pasada, ella dice: "Señor, me parece que tú eres profeta." En Lucas 22:63ss. los que custodiaban a Jesús le vendan lo ojos, lo golpean y cruelmente le exigen: "Profetiza, ¿quién es el que te golpeó?" Parece que se valían del criterio popular de profeta, como una persona que sabe las cosas mediante "revelaciones" y no tiene necesidad de valerse de los medios comunes de obtener información. En Hechos 2:30s., donde se dice que David había visto la resurrección con anticipación y por tanto había hablado del suceso, se le señala específicamente como profeta. En Juan 11:51 se dice que Caifás predijo tanto el hecho como el significado de la muerte de Jesús, y se agrega este comentario: "Esto no lo dijo por sí mismo, sino que . . .

profetizó." Aquí, pues, se contrasta explícitamente la profecía con el acto de hablar "por sí mismo", o a base de los conocimientos propios.

Además de estos ejemplos, existe la consideración negativa de que no hallamos en el Nuevo Testamento ejemplo alguno de un profeta que hable simplemente a base de sus propios conocimientos o ideas, en vez de a base de algún tipo de "revelación".

Sin embargo, alguno podría presentar en este punto la objeción de que el hecho de que las personas "aprendan" de la profecía (1 Corintios 14:31) la hace igual a la enseñanza, o a la "enseñanza bíblica". Pero esta conclusión es desacertada, pues las personas pueden aprender de muchas cosas: la oración de una persona, el comportamiento bondadoso de otra, o aun la sonrisa alentadora de otra persona. Se puede llamar "enseñanza" a estas actividades en algún sentido muy amplio, pero no constituyen la "enseñanza" en el sentido en que Pablo emplea la palabra en el Nuevo Testamento para referirse a la explicación y aplicación de pasajes bíblicos a la iglesia.

(d) Aunque el capítulo anterior demostró que uno no siempre puede depender de los fenómenos proféticos en el Antiguo Testamento para proveer paralelos a la profecía neotestamentaria, hay cierta similitud en este punto: en el Antiguo Testamento lo que diferenciaba a una profecía legítima de una falsa era la recepción de una revelación de Dios. Un falso profeta era aquel que hablaba cuando el Señor no le había dado nada para decir (Deuteronomio 18:20), o que hablaba del producto de su imaginación (Ezequiel 13:3; Jeremías 23:16ss.), o que hablaba con espíritu de mentira (1 Reyes 22:23). Un profeta verdadero, en cambio, era aquel a quien Dios revelaba su secreto (Amós 3:7).

Con relación a esto, es interesante notar de qué manera se distinguen los profetas verdaderos de los falsos en 1 Juan 4:1-6. El falso profeta (v. 1) es el que habla por el espíritu del anticristo (v. 3). Así que resulta que aun el falso profeta habla por "revelación" de algún tipo, pero proviene de un espíritu maligno, no del "Espíritu de Dios" (v. 2).

Por lo tanto, la respuesta a nuestra primera pregunta debe ser evidentemente afirmativa: para una profecía genuina se necesita una "revelación" del Espíritu Santo. Si no ocurre tal revelación, no hay profecía.

Para una profecía se necesita la comunicación de la revelación

¿Qué decir si alguno recibe una revelación del Espíritu Santo, pero no la comunica esa revelación a ninguna otra persona? ¿La mera recepción de una revelación es suficiente para considerarla profecía? La respuesta a esa pregunta debe ser negativa.

Hay muchos casos en el Nuevo Testamento en que se da una "revelación" para beneficio particular del individuo depositario, y éste no procede a comunicarlo en un acto de proclamación pública. Cuando Jesús dijo que sus enseñanzas habían sido escondidas "de los sabios y entendidos" pero habían sido revelados a "los niños" (Mateo 11:25), no quiso decir que todo aquel que comprendía la doctrina de Jesús era un profeta. Si Dios revelara a uno de los creyentes filipenses alguna falta de madurez cristiana en su vida (Filipenses 3:15), eso no constituía en profeta a cada uno de esos creyentes. Cuando los creyentes en Efeso y ciudades vecinas recibieron "espíritu . . . de revelación en el conocimiento" de Jesucristo (Efesios 1:17), no se convirtieron automáticamente en profetas. (Véanse Juan 12:38; Romanos 1:17 y 18; Gálatas 2:2; Efesios 1:17.)

Más aún, podrían citarse otros ejemplos en que algunos recibieron alguna clase de revelación especial, pero no por eso se dice que sean profetas ni que profeticen. Las "revelaciones" pueden manifestarse como sueños (Mateo 1:20; 2:12-13, 19, 22; 27:19), visiones (Mateo 17:9; Lucas 1:22; Hechos 7:31; 9:10, 12; 10:3, 17, 19; 16:9; 26:19; 2 Corintios 12:1), o éxtasis (Hechos 10:10; 22:17).

Todo esto indica que la recepción de una "revelación" por sí sola no convierte a una persona en profeta. Sólo se dice que tiene lugar una profecía cuando la revelación se comunica como en 1 Corintios 14:29-33, o en el ejemplo de Agabo, o en el caso de los profetas de Tiro. El hecho real es que se llama "profecía" a la trasmisión de la revelación.

Lo esencial en el carácter de la enseñanza

¿Qué es, pues, el don de la enseñanza? ¿Es siempre diferente de la profecía, o podrían llamarse algunas profecías a la vez "enseñanza"? ¿Podría un acto hablado que informe acerca de una "revelación" espontánea y personal denominarse "enseñanza", no profecía?

Una investigación de los datos proporcionados por el Nuevo Testamento acerca de la "enseñanza" nos mostrará con claridad que a diferencia de la profecía, la "enseñanza" no se basa sobre una "revelación" sino sobre la Escritura, y es el resultado generalmente de reflexión y preparación conscientes.

La enseñanza se basa en la Escritura, no en una revelación espontánea

Contrariamente al caso del don de profecía, no se declara jamás que ningún acto del habla humano al que se llame "enseñanza" (*didaskalia* o *didaje* en griego), o que sea realizado por un "maestro" (*didaskalos*), o que se describa por el verbo "enseñar" (*didasko*) en el Nuevo Testamento, tenga por base una "revelación". Más bien el acto de "enseñar" es a menudo una explicación o aplicación de la Escritura.

Esto es evidente en Hechos 15:35 donde se dice que Pablo, Bernabé y otros muchos "continuaron en Antioquía enseñando *la palabra del Señor*". Y en Corinto, Pablo permaneció un año y medio "enseñándoles *la palabra de Dios*" (Hechos 18:11). Los lectores de la epístola a los Hebreos, aunque deberían ya ser maestros, necesitaban más bien que se les enseñara nuevamente "los primeros rudimentos de *las palabras de Dios*" (Hebreos 5:12). A los romanos dice Pablo que las palabras de las *Escrituras* del Antiguo Testamento fueron escritas "para nuestra enseñanza" (*didaskalia* en griego; Romanos 15:4), y a Timoteo le escribe que "toda la Escritura es . . . útil para enseñar (*didaskalia*, 2 Timoteo 3:16).

Naturalmente, si la "enseñanza" en la iglesia primitiva se basaba tan frecuentemente en la Escritura, no es sorprendente que también pudiera partir de algo de igual autoridad que la Escritura, esto es, un bloque de instrucciones apostólicas. Por eso, Timoteo debía tomar la enseñanza que había recibido de Pablo y debía encargarla a hombres fieles que fueran capaces de "enseñar" también a otros (2 Timoteo 2:2). También los Tesalonicenses debían "conservar las doctrinas que os fueron *enseñadas*" por Pablo (2 Tesalonicenses 2:15, La Biblia de las Américas).

Esta clase de "enseñanza", lejos de estar basada sobre una revelación espontánea recibida durante el culto de adoración de la iglesia (como ocurría con la profecía), consistía en la repetición y explicación de la autentica enseñanza apostólica. Enseñar algo contrario a las instrucciones de Pablo implicaba "enseñar" doctrinas diferentes o heréticas (en griego *heterodidaskalo*) y apartarse de "las sanas palabras de nuestro Señor Jesucristo", y de la *enseñanza* que concuerda con la piedad (1 Timoteo 6:3). Pablo dijo a Timoteo que, realmente, debía recordar a los corintios del proceder de Pablo, "de la manera que *enseño* en todas partes y en todas las iglesias" (1 Corintios 4:17). Así también a Timoteo se le encarga "esto manda y enseña" (1 Timoteo 4:11) y "enseña y exhorta" (1 Timoteo 6:2) las instrucciones de Pablo a la iglesia efesia.

La diferencia entre enseñanza y profecía resulta clara aquí: Timoteo no debía *profetizar* las instrucciones de Pablo, sino que debía *enseñarlas*. Pablo no *profetizaba* su modo de proceder en cada iglesia; él lo *enseñaba*. A los tesalonicenses no se les manda a retener la doctrina que habían recibido por "profecía", sino por enseñanza.

Por lo tanto, no fue la profecía sino la *enseñanza* la que en primera instancia (de los apóstoles) proveyó inicialmente las normas doctrinales y éticas por las cuales la iglesia se regía. Y, como aquellos que aprendieron de los apostóles mismos a su vez enseñaron, su *enseñanza* guió y dirigió las iglesias locales.

Es decir que entre los ancianos estaban "los que trabajaban en predicar y *enseñar*" (1 Timoteo 5:17), y un anciano debía ser "apto para enseñar" (1 Timoteo 3:2; véase Tito 1:9), pero nunca se mencionan ancianos cuyo trabajo consistiera en profetizar, ni se dice jamás que sea un requisito ser "apto para profetizar", ni que los ancianos conserven "las sanas profecías". En su función de líder, Timoteo debía tener cuidado de sí mismo "y de la enseñanza" (1 Timoteo 4:16, La Biblia de las Américas), pero no se le dice que cuide de la profecía. Santiago advirtió a los que *enseñan*, no a los que profetizan, que recibirán un juicio más severo (Santiago 3:1, La Biblia de las Américas).

Siempre se menciona por separado el don de enseñanza y el de profecía

Una observación más dirige también nuestra atención hacia la diferencia entre enseñanza y profecía: se las enumera por separado, como dones distintos, cada vez que el Nuevo Testamento menciona los diferentes tipos de dones espirituales (Efesios 4:11; Romanos 12:6; 1 Corintios 12:28). Ello nos hace sospechar que cualquier definición que los contemple como una misma actividad no ha entendido plenamente el sentido que tienen en el Nuevo Testamento.

La diferencia entre profecía y enseñanza

En conclusión, en términos de las epístolas del Nuevo Testamento, *enseñar* consistía en repetir y explicar las palabras de las Escrituras (o, equivalente en autoridad, las enseñanzas de Jesús y de los apóstoles) y en aplicárselas a los oyentes. En las epístolas del Nuevo Testamento, "enseñar" es algo semejante a lo que describe nuestra moderna frase "enseñanza bíblica".

En cambio, ninguna profecía en las iglesias neotestamentarias se describe jamás como la interpretación y aplicación de los textos de la Escritura neotestamentaria. Si bien en nuestros días algunos han *sostenido* que los profetas en las iglesias neotestamentarias daban interpretaciones de las Escrituras del Antiguo Testamento mediante "inspiración carismática", esa postura no ha resultado convincente, principalmente porque es difícil encontrar en el Nuevo Testamento ejemplos convincentes en que se emplee la palabra "profeta" o sus derivados con referencia a alguno que realice este tipo de actividad.

Más bien, una profecía debe ser el informe de una revelación espontánea del Espíritu Santo. Por lo tanto, la diferencia es bien clara: si un mensaje es el resultado de una consciente reflexión sobre un texto bíblico incluyendo la interpretación del texto y la aplicación a la vida, entonces es *enseñanza* (en términos del Nuevo Testamento). Pero si el mensaje es el informe de algo que Dios puso súbitamente en la mente, entonces es *profecía*. Obviamente, aun una enseñanza preparada puede verse interrumpida por una nueva idea, no incluida en el plan, que el maestro de la Biblia de pronto sienta que Dios le trae a la mente; en ese caso, resultaría ser "enseñanza" con elementos de profecía combinados.

La diferencia entre profecía y predicación

En términos modernos, generalmente empleamos la palabra "predicar" con el mismo sentido en que el Nuevo Testamento emplea "enseñar". Por consiguiente, este tema no necesita tratarse por separado, puesto que todo lo dicho en la sección anterior respecto de "enseñar" se aplica igualmente a "predicar".

No obstante, en este punto puede resultar de utilidad mencionar a a dos líderes carismáticos que consideran que la diferencia entre profecía y enseñanza (o "predicación") es muy similar a lo que encontramos en el Nuevo Testamento.

Escribe Michael Harper, anglicano carismático de origen británico:

Un predicador por lo general prepara, platica y expone un tema de la palabra de Dios. En cambio, un profeta habla directamente bajo la unción del Espíritu Santo. Ambos tienen una función que cumplir en la edificación de la iglesia, pero no deben ser confundidos.*

Dicen Dennis y Rita Bennett, episcopales carismáticos estadounidenses:

La profecía no es una "predicación inspirada" . . . En la predicación intervienen el intelecto, la capacitación, la habilidad, la experiencia, la preparación académica: todos estas cosas con la inspiración del Espíritu Santo. El sermón puede ser apuntado con anticipación, o improvisado en el acto, pero proviene del intelecto inspirado. La profecía, en cambio, significa que una persona entrega las palabras que el Señor le da directamente; proviene del espíritu, no del intelecto.**

¿Por qué Pablo permite a las mujeres profetizar, pero no enseñar?

Diferencia entre profecía y enseñanza en cuanto a autoridad en la congregación

Una vez que hemos entendido los términos "profecía" y "enseñanza", no conforme a definiciones del idioma del siglo veinte, sino de acuerdo con el uso del Nuevo Testamento mismo, es posible comprender como completamente coherente el hecho de que Pablo permitiera a la mujer profetizar (1 Corintios 11:5) pero no enseñar (1 Timoteo 2:12) en las asambleas públicas de las iglesias neotestamentarias.

La enseñanza proveía a la iglesia de la orientación normativa doctrinal y ética. Los que enseñaban públicamente en las iglesias no hablaban con una autoridad equivalente a la de la Escritura misma, pero sí con la autoridad que brindaba, en términos prácticos, la esencia de la enseñanza bíblica en lo doctrinal y en lo ético, y la aplicación práctica de la Escritura por la cual la iglesia se regía. La autoridad final era la Escritura, pero los maestros (más que los

---

* Michael Harper, *Prophecy: A Gift for the Body of Christ* (Logos, 1964), p. 8.
** Bennett y Bennett, *The Holy Spirit and You*, pp. 108-109.

profetas, los evangelistas o los que tenían cualquier otro don) eran los que tenían la responsabilidad de mostrar en forma regular cómo debía interpretarse y aplicarse en cada congregación local la Escritura, la autoridad absoluta para la iglesia. Enseñar en la iglesia significaba ejercer, al menos de hecho, un liderazgo y una autoridad (con frecuencia reconocidos y respetados) que tenían una fuerte influencia sobre las convicciones doctrinales y éticas de la iglesia.

Si los maestros eran en su mayoría a la vez ancianos, o si todos ellos lo eran, es difícil de aseverar con certeza. Pero lo que es claro es que existía una conexión muy estrecha entre la función de anciano y la de maestro, una conexión adecuada por el liderazgo que los maestros ejercían de hecho en la congregación.

Sin embargo, la profecía en la iglesia neotestamentaria no tenía semejante autoridad. Los que profetizaban no decían a la iglesia cómo interpretar y aplicar la Escritura a la vida. No proclamaban las normas doctrinales y éticas por las cuales se guiaría la iglesia, ni ejercían tampoco una autoridad gubernativa sobre la iglesia. (Este punto se tratará más adelante en el capítulo 9.)

Los profetas en las iglesias neotestamentarias más bien comunicaban en sus propias palabras lo que, según su parecer, Dios había impreso con fuerza en sus mentes. Por eso la *enseñanza* basada en la palabra escrita de Dios tenía una autoridad mucho mayor que aquellas profecías esporádicas que su portador *creía* provenir de Dios. Las profecías se subordinaban a la *enseñanza* con autoridad bíblica, y para ser aceptadas por la iglesia habrían tenido que concordar con la *enseñanza* recibida de la iglesia. En cambio, no era verdad lo contrario: las enseñanzas no necesitaban adecuarse a una colección o síntesis de profecías que hubieran sido pronunciadas en la iglesia.

¿Por qué los profetas preceden a los maestros en 1 Corintios 12:28?

Podría presentarse la objeción en este punto de que en 1 Corintios 12:28 indica que los profetas tenían mayor autoridad que los maestros en la iglesia según el orden en que aparecen los dones: "primeramente apóstoles, luego profetas, lo tercero maestros" (véase Efesios 4:11). Sin embargo, la lista en 1 Corintios 12:28 no está ordenada de acuerdo con la autoridad; notemos más adelante en la lista que "los que administran" aparecen en penúltimo lugar, precedidos por "los que ayudan".

Como señalamos en el análisis del capítulo 3 anterior (pp. 56-57), el ordenamiento en este pasaje no obedece a una escala de autoridad. Más bien, Pablo procede a aclarar el significado de "primeramente . . . luego . . . lo tercero . . . luego . . . después . . . " en los versículos siguientes. Al final de la lista, él exhorta a los corintios a "desear ardientemente los mejores dones" (1 Corintios 12:31, La Biblia de las Américas). Luego de explicar la crucial importancia del amor en el capítulo 13, vuelve a la idea de "los mayores" dones en 1 Corintios 14:1-5, demostrando que la profecía es "mayor" (*meizon* en griego, la misma palabra usada en 1 Corintios 12:31) que el hablar en lenguas sin interpretación (1 Corintios 14:5) porque en la profecía la iglesia se "edifica". Por lo visto, en este contexto "mayor" se entiende con el significado de que "contribuye más a la edificación de la iglesia", y la lista en 1 Corintios 12:28 debe considerarse como enumeración de acuerdo con el valor relativo a la edificación de la iglesia (por lo menos en los cuatro primeros tipos de personas mencionadas). Esta interpretación es coherente con la inquietud de Pablo expresada en 1 Corintios 12 al 14: "Hágase todo para edificación" (1 Corintios 14:26).

¿La enseñanza de Pablo es coherente consigo misma?

En la actualidad entre los cristianos hay puntos de vista diferentes en cuanto a las funciones apropiadas para las mujeres dentro de las actividades de la iglesia. Cualquiera que sea la opinión personal acerca de esta cuestión aplicada a nuestra situación contemporánea, de todos modos aún debe encontrarse coherencia, no contradicción, en las instrucciones de Pablo. 1 Timoteo, capítulo 2, revela que Pablo tiene interés por preservar en la iglesia, como cabeza gubernativa, el liderazgo o la autoridad masculina. Por eso prohíbe a las mujeres enseñar o ejercer autoridad sobre los hombres.* En cambio, orar o profetizar en la iglesia no compromete al responsable, sea hombre o mujer, a asumir la función de líder ni a ejercer autoridad como quien gobierna. Por lo tanto, no hay razón para apartar a las mujeres de esta actividad; más bien, debe fomentarse su participación.

---

* En el capítulo 11, se sostiene que también se entiende 1 Corintios 14:33b-35 mejor como cuadrando con este esquema, pues da por sentado que las mujeres participarán en la adoración pero prohíbe que ejerzan control o autoridad doctrinal en la congregación. Por lo tanto, es coherente con lo que encontramos en los demás escritos de Pablo.

Resumen

La profecía, no sólo en 1 Corintios sino en todo el Nuevo Testamento, tiene dos facetas distintivas. En primer término debe basarse sobre una "revelación": si no hay "revelación" no hay profecía. En segundo término, debe incluir su proclamación pública. La mera recepción de una revelación no constituye profecía mientras no sea trasmitida públicamente.

La enseñanza, por otro lado, siempre tiene por fundamento la explicación y aplicación de la Escritura o de la doctrina recibida de los apóstoles; nunca se dice que parta de una revelación. Por eso la enseñanza tiene mucha más autoridad en el gobierno congregacional. Esto aclara por qué Pablo estaba totalmente conforme si profetizaban en la reunión de la congregación tanto mujeres como hombres, mientras que la función de enseñanza, por su autoridad concomitante la restringía exclusivamente a los hombres.

Aplicación en la actualidad

Si aceptamos como correcta la comprensión del don de profecía que se ha propuesto en este estudio, esto podría a contribuir a superar el problema del "cristianismo espectador" en las iglesias contemporáneas. Dicho problema resulta de circunscribir a una persona, o a unos pocos líderes espirituales reconocidos, por lo general, la autoridad de la enseñanza bíblica en la congregación. Así la participación en el culto de adoración la determina primeramente el ser apto para enseñar la Escritura a la congregación reunida, y mientras se limite a eso, la participación de las mujeres, los niños y la mayoría de los hombres (todos los que no enseñan) será muy restringida.

Pero el don de profecía es muy diferente; no es un ejercicio tan excluyente. Por el contrario, a *todos los creyentes* se les permite profetizar en la iglesia si Dios los impulsa a ello (véase 1 Corintios 14:31). Si se diera la oportunidad para tal actividad profética, la consecuencia sería que nuestros cultos incluirían una participación mucho más amplia *tanto de mujeres como de hombres,* "para que *todos* aprendan, y *todos* sean exhortados" (1 Corintios 14:31).

Para concluir, una nota alentadora. La falta de profecías en muchas iglesias actualmente tal vez no se deba principalmente a la falta de revelaciones del Espíritu Santo, sino más probablemente a la dificultad de los creyentes para reconocer esas revelaciones cuando llegan y para comprender que son dadas para beneficio de toda la congregación. ¡No cumplen su objetivo hasta que no se las comuniquen a otros! Quizá los líderes congregacionales podrían contribuir más para animar a los creyentes de hoy a que mencionen esa inspiración del Señor cuando les ocurra; indudablemente al principio se hará de forma titubeante e insegura, pero de todos modos con la intención de ayudar y edificar a la congregación con ello, si eso fuera lo que quiere el Espíritu Santo.

A algunos les puede despertar desconfianza esta propuesta. ¿Quién sabe lo que podría suceder?, dirán. Pero no se hará ningún daño si están presentes en la congregación líderes maduros, de sana doctrina, y si están dispuestos a evaluar públicamente una profecía cuando sientan que sea necesario hacerlo. En realidad, pueden comenzar a ver ocasiones en que el Espíritu Santo asombrosamente confirma su operación revelando en forma simultánea a varias personas diferentes en la congregación el mismo tema o idea. En otras ocasiones pueden venir profecías que en pocas palabras atraviesan corazones endurecidos y arrancan lágrimas de arrepentimiento, o sentidos cánticos de esperanza y adoración. En síntesis, el resultado general será muy posiblemente un gran aumento en la percepción de la presencia viva del Señor en medio de su pueblo, un profundo entusiasmo nuevo al tomar conciencia cada uno de los presentes, adorando "a Dios, declarando que verdaderamente Dios está entre vosotros" (1 Corintios 14:25).

CAPITULO 7

EL CONTENIDO DE LAS PROFECIAS

¿Qué decían las profecías?

El Nuevo Testamento contiene mucho material acerca del don de profecía, pero concretamente son pocas las profecías que han quedado registradas. Entonces, ¿hay alguna forma en que podemos descubrir el contenido de estas profecías? ¿Qué decían en realidad? ¿Qué clase de enunciados presentaban? ¿Qué temas trataban?

En realidad, hay un camino mejor que analizar la reproducción textual de una profecía para averiguar el contenido de las profecías congregacionales, y es el examen de las afirmaciones que se encuentran en el Nuevo Testamento acerca del propósito y de la función del don de profecía en general; es decir, ¿qué finalidad debe cumplir, y cuál es la que realmente alcanza? Estas afirmaciones generales acerca del don seguramente nos proporcionarán un panorama más preciso del contenido de las profecías que observar unos pocos ejemplos, siendo que no tenemos modo de saber si estos mismos ejemplos eran representativos del uso del don en general.

Por lo tanto, nuestro propósito inicial en este capítulo será el de descubrir la función y el propósito de la profecía. ¿Qué concepto tiene el Nuevo Testamento acerca del beneficio que proporciona el don a la iglesia? Una vez más estudiaremos los pasajes pertinentes en 1 Corintios primeramente, y luego pasaremos a examinar porciones relacionadas en otras partes del Nuevo Testamento.

1 Corintios 14:3: Para edificación, exhortación y consolación

El texto central será 1 Corintios 14:3: "Pero el que profetiza habla para edificación, exhortación y consolación." En este contexto lo que Pablo argumenta es que los corintios, al procurar los dones espirituales, deberían procurar específicamente profetizar (1 Corintios 14:1).

Para apoyar este punto, en los versículos 2 al 5 contrapone lenguas a profecía: nadie entiende al que habla en lenguas, o sea que no habla a los hombres, sino a Dios (v. 2). En cambio, el que profetiza habla a los hombres para que puedan entender, y los oyentes reciben, mediante las palabras de un profeta, edificación, exhortación y consolación (v. 3). Mientras que el que habla en lenguas se edifica a sí mismo, el profeta edifica a la iglesia (v. 4). He aquí la razón por la cual la profecía es superior a las lenguas: trae más beneficio a la iglesia (v. 5).

Este contexto indica que la profecía debía servir a los demás

Este contexto nos muestra que Pablo considera la profecía como un don esencialmente público. No hay indicios de que un profeta profetizara en privado para su único beneficio personal. Si fuera así, su profecía quedaría al mismo nivel que las lenguas en 1 Corintios 14:4 ("El que habla en lengua extraña, a sí mismo se edifica"), pero no sería el tipo de profecía que los corintios deberían procurar en forma especial (v. 1). Así que, a menos que la profecía funcione en las reuniones de la iglesia congregada (o, en algún caso, en una reunión menor de una parte de la congregación), pierde su preeminencia sobre los dones.

Si bien el contexto de 1 Corintios 14:3 demuestra la necesidad de que la profecía funcione en público, los tres términos específicos empleados por Pablo en este versículo determinan con más precisión el amplio alcance que le reconocía a la profecía. Pablo dice: "Pero el que profetiza habla a los hombres para *edificación, exhortación y consolación* (1 Corintios 14:3).

Los términos empleados presentan una amplia gama de las funciones de "edificación"

Se dice que la "edificación" (o "construcción", en griego *oikodome*) es el resultado de muchas actividades humanas diferentes, no sólo de la profecía: la disciplina aplicada a la iglesia produce edificación (2 Corintios 10:8; 13:9); no dar a otros motivos de ofensa por las cosas que comemos produce edificación (Romanos 14:19); negarse a sí mismo para beneficio del prójimo produce edificación (Romanos 15:2); los actos de amor edifican a los demás, o contribuyen a su desarrollo (1 Corintios 8:1).

Cuando la iglesia se reúne, cualquier acto legítimo del habla puede producir edificación: un himno, una enseñanza, una revelación, una lengua extraña, una interpretación de lengua: todo es para "edificación" (1 Corintios 14:26). En realidad, todo el lenguaje cristiano, aun la conversación común, debería tener el efecto de edificar de esa manera, si nos guiamos según Efesios 4:29: "Ninguna palabra corrompida salga de vuestra boca, sino la que sea buena para la necesaria *edificación*." Este es un término general que se refiere a todo tipo de contribución al crecimiento en la madurez cristiana, y la profecía es una de esas actividades que contribuye a la edificación de los creyentes en la iglesia.

La segunda palabra del texto, *exhortación* (*paraklesis* en griego), puede significar "consuelo" (en la aflicción Lucas 2:25; 6:24; 2 Corintios 1:3-7), o "aliento" (para los que se encuentran desanimados: Romanos 15:4, 5; 2 Corintios 7:4, 13); o bien "exhortación" (es decir la insistencia a alguien para que haga algo: 2 Corintios 8:17; 1 Tesalonicenses 2:3; Hebreos 12:5; 13:22). Sin embargo, tiene menos fuerza que un "mandato", pues Pablo contrapone este verbo en sentido de "exhortar", con el verbo que significa "ordenar", en Filemón 8 y 9: "aunque tengo mucha libertad en Cristo para *mandarte* ... más bien te *ruego*".

Es probable que la gama de significados "consuelo-aliento-exhortación" no estuviera tan finamente delineada en la mente de los lectores de Pablo, de manera que cualquier uso en el Nuevo Testamento (como éste en 1 Corintios 14:3, que no se ve estrictamente definido por el contexto) podía tomarse como una variedad de actos del habla posibles que incluyeran alguno de los elementos descritos, o todos ellos. Esta segunda palabra analizada no es, entonces, muy restringida en su sentido, y así permite incluir dentro de profecía una variedad de tipos de habla que traiga a los oyentes a veces "consuelo", a veces "aliento" y a veces "exhortación".

Respecto de la última palabra del texto, "consolación" (en griego *paramuthia*), resulta difícil encontrarle diferencia de sentido con la segunda, que tradujimos "aliento". Opina G. Stälin que "es difícil hallar un criterio satisfactorio para trazar una exacta línea demarcadora. Ambos vocablos se caracterizan por la ambivalencia entre advertencia y consuelo."[*]

Los tres términos tomados juntos indican que la profecía no puede distinguirse de otros actos de habla simplemente mediante las funciones cumplidas, porque no hay una función que por sí sola

---

[*]   G. Stälin, TDNT 5, p. 821.

sirva como característica determinante. Cada una de las funciones de la profecía (edificación, aliento, exhortación, consolación) es también función de otras actividades, tales como enseñanza, predicación, cantar "salmos, himnos y cánticos espirituales" (Colosenses 3:16) y tomar parte en la simple conversación cristiana (Efesios 4:29).

Es interesante notar que la definición a la que nos lleva Pablo no da cabida alguna al concepto común de que el profeta es aquel que predice el futuro. No es que las predicciones estuvieran excluidas de la profecía, como veremos más adelante, sino más bien se debe a que la predicción no es un fin en sí mismo; era de valor solamente al servir los objetivos señalados en 1 Corintios 14:3 "edificación, exhortación y consolación".

Entonces, ¿por qué es la profecía un don tan importante?

¿Cómo es, entonces, que la profecía en la iglesia neotestamentaria es un don tan diferente de otras actividades parlantes? ¿Qué hacía que la profecía fuera un don tan valioso como para que Pablo recomendara que se procurara ejercerla más que cualquier otro don? La respuesta se encuentra, no en la función de la profecía, sino en el origen divino de la "revelación" que la sustenta (véase el capítulo 5).

Gracias a esta revelación, el profeta podría hablar de acuerdo con las necesidades específicas del momento al congregarse la iglesia. Mientras que el maestro o predicador sólo podría obtener información acerca de las preocupaciones espirituales de la gente a través de la observación o la conversación, el profeta tendría además la habilidad de conocer las necesidades específicas mediante "revelación". En muchos casos los secretos de los corazones se incluirían entre las cosas reveladas (véase 1 Corintios 14:25), sus aflicciones o temores (todo lo cual requiere palabras apropiadas de consuelo y aliento), o su rechazo de la voluntad de Dios o indecisión en hacerla (lo cual requiere palabras apropiadas de exhortación).

Algunas veces al profeta le sería revelada solamente la necesidad, y otras veces sólo la palabra de exhortación o consuelo, pues Pablo no delimita con tanta exactitud el contenido de la revelación, y ambas posibilidades cumplirían los objetivos indicados en 1 Corintios 14:3. Tampoco podemos saber si el profeta tendría conocimiento siempre respecto de a qué persona en la congregación se aplicaban sus palabras. Alguna vez le puede haber sido revelado, mientras que en otras ocasiones, como le sucede al predicador, el profeta o profetisa no sabría quién era la persona de la congregación ayudada por la palabra profética específica, sea de exhortación o aliento. Sin duda, muchas veces la palabras proféticas edificarían quizás a varias personas a la vez, o quizás a todos los presentes.

Por lo tanto, la profecía es superior a los otros dones por cuanto la revelación de la cual depende le permite adecuarse a las necesidades específicas del momento, necesidades que pueden ser conocidas sólo por Dios (véanse 1 Corintios 14:25; Romanos 8:26-27). De esta manera, la profecía reúne en grado máximo las condiciones de una actividad hablada oportuna "para la necesaria edificación, a fin de dar gracia a los oyentes" (Efesios 4:29).

1 Corintios 14:31: ¿Incluiría enseñanza la profecía, siendo que todos podrían "aprender" de ella?

Pablo dice que si algo le fuera revelado a otro que está sentado en la congregación, el primer profeta deberá callarse, "porque podéis profetizar todos uno por uno, para que todos *aprendan* y todos sean exhortados" (1 Corintios 14:31).

¿La palabra "aprendan" usada aquí, implica que la profecía también tenía la función de enseñar, aun quizás la función de traer instrucción doctrinal de tipo más bien corriente?

No es necesariamente así, puesto que la gente puede "aprender" de muchas cosas aparte de la enseñanza formal de la Biblia o de la instrucción doctrinal. El término "aprender" (*manthano* en griego) en muchos casos puede significar "aprender cómo actuar, adquirir un conocimiento que afecta al propio modo de vida" (Mateo 11:29; Romanos 16:17; 1 Corintios 16:17; 1 Corintios 4:6; Efesios 4:20; Filipenses 4:9, 11; 1 Timoteo 5:4; Tito 3:14; Hebreos 5:8).

Así que el empleo de "aprendan" por Pablo en 1 Corintios 14:31 es enteramente apropiado para cualquier profecía en la cual los oyentes son edificados, alentados, exhortados o consolados. En todo caso los oyentes "aprenderían", y aunque este proceso puede haber incluido el recibir elementos doctrinales, siempre resultarían en crecimiento espiritual, o "edificación". El énfasis de la profecía se relacionaría con una inmediata aplicación práctica a la vida de los oyentes. En conclusión, 1 Corintios 14:31 no significa que el profeta desempeñe la misma clase de función que el maestro, sino sólo que la gente "aprendería" de ambas actividades.

1 Corintios 13:2: Una diferencia crucial: profetizar con amor o sin él

Pablo advierte a los corintios que, aun teniendo asombrosos dones y altamente desarrollados, no serían "nada", si ellos no usaban estos dones en amor. Respecto de la profecía específicamente, dice: "Y si tuviese toda profecía, entendiese todos los misterios y toda la ciencia, y si tuviese toda la fe de tal manera que trasladase los montes, y no tengo amor, nada soy" (1 Corintios 13:2).

Ser "nada" cuando uno profetiza sin amor puede referirse al beneficio para los demás, o bien al beneficio para uno mismo. Si se refiriera al beneficio para los demás, lo que Pablo estaría insinuando sería que un profeta sin amor no da buenos resultados (así como un gong ruidoso o unos platillos estridentes que según 1 Corintios 13:1 son sin sentido y discordantes. Esto probablemente ocurriría si el profeta o la profetisa, aun al profetizar algo que el Espíritu Santo le hubiera dado mediante una "revelación", no tomara cuidado de que las palabras fueran dichas con benignidad (1 Corintios 13:4), sin arrogancia ni desorden (1 Corintios 13:5)

Este es un indicio más del alto grado de libertad de que gozaban los profetas neotestamentarios: por lo visto su propia elección de palabras, de tono, y de actitud podían determinar la eficacia de sus profecías. La profecía sería el resultado de la combinación de la "revelación" recibida por el profeta y de las palabras que el profeta escogía para trasmitirla.

Pero, si ser "nada" cuando uno profetiza sin amor significa que no se producirán beneficios para uno mismo, luego lo que Pablo está diciendo es que una profecía sin amor no dará al profeta buen concepto a los ojos de Dios, aun cuando sea de algún provecho para otros (similar al caso de repartir los bienes, en 1 Corintios 13:3).

El contexto no parece proveer suficiente información como para elegir entre las dos interpretaciones contempladas (quizá no sea necesario en realidad, siendo que pueden haber sido propuestas ambas a la vez: ¡"nada" de provecho para el profeta mismo ni para los demás tampoco!). Queda claro el punto principal: es imprescindible el amor al profetizar.

A estas alturas de nuestro estudio será conveniente unir esta parte de 1 Corintios 13 a la muy práctica aplicación que Pablo realiza de ella en 1 Corintios 14. Pablo presenta el principal resultado como éste:

el profeta que obra en amor pondrá esmero en que sus palabras siempre edifiquen a sus oyentes. Por ese motivo el que profetiza en amor:

(a) espera su turno (1 Corintios 14:31: "Por que podéis profetizar todos uno por uno". Compárese "no se porta indecorosamente" en 1 Corintios 13:5, La Biblia de las Américas);

(b) habla a otros para su beneficio y procura el bien de ellos (1 Corintios 14:3: "habla a los hombres para edificación, exhortación y consolación". Compárese "no busca lo suyo" en 1 Corintios 13:5);

(c) permite que su profecía sea sometida a la evaluación y al escrutinio de otros (1 Corintios 14:29: "Los demás juzguen". Compárese "no es jactancioso" en 1 Corintios 13:4);

(d) gustosamente cede su turno y deja profetizar a otro en su lugar (1 Corintios 14:30: "Calle el primero". Compárese "no tiene envidia, . . . no busca lo suyo" en 1 Corintios 13:4 y 5);

(e) aun cuando habla de los pecados de otros se entiende que no lo hace con una actitud arrogante, de superioridad, que lleva al visitante a sentirse extraño y retirarse, sino más bien con esa compasión que despierte adoración a Dios (1 Corintios 14:24: "por todos es llamado al arrepentimiento, por todos es llamado a rendir cuentas, los secretos de su corazón quedarán a la luz". Compárese "no se irrita, . . . no se goza de la injusticia" en 1 Corintios 13:5-6).

En síntesis, al profetizar en amor el profeta procura constantemente usar su don para beneficiar a otros, no a sí mismo. Esto no se produce en forma mecánica, sino que debe resultar de una actitud interior de amor a otros en la congregación. Sólo así la profecía será de máximo beneficio para la iglesia siguiendo el "camino aun más excelente".

Funciones de la profecía mencionadas fuera de 1 Corintios

Hechos 15:32: Judas y Silas como profetas

Después de la decisión tomada por el concilio de Jerusalén en Hechos 15, fueron enviados dos miembros de la iglesia de Jerusalén, Judas y Silas, "varones principales entre los hermanos" (Hechos 15:22), junto con Pablo y Bernabé, para comunicar los resultados de la deliberación a la iglesia en Antioquía. Luego de haber entregado la carta escrita en Jerusalén, Judas y Silas permanecieron un tiempo más con la iglesia. Lucas nos relata: "Y Judas y Silas, como ellos también eran profetas, consolaron y confirmaron a los hermanos con abundancia de palabras" (Hechos 15:32).

Este versículo corrobora, pero no agrega, a lo que averiguamos acerca de la función de la profecía neotestamentaria en 1 Corintios 14:3-5, pues el término griego empleado, *parakaleo*, traducido aquí como "consolaron", es el mismo que deriva en *paraklesis* en 1 Corintios 14:3, y puede traducirse como "exhortación, ánimo, aliento". La segunda palabra empleada, "confirmaron", es un término general que sólo aparece en Hechos, pero en su sentido es muy similar al sustantivo "edificación" (griego *oikodome*), en 1 Corintios 14:3.

Hechos 11:27-30 y 21:11: Las dos profecías de Agabo

En estos dos casos Lucas presenta a Agabo pronosticando un acontecimiento futuro. Este es un indicio de que la predicación del futuro era una de las funciones de la profecía. Sin embargo, los otros textos que hemos analizado, tanto en 1 Corintios como en Hechos, nos muestran que las predicciones no deben considerarse la única función de la profecía, por cierto ni siquiera la principal.

En estos dos casos en Hechos, Lucas conscientemente subraya cómo las predicciones sirvieron para animar, exhortar y fortalecer la iglesia. En Hechos 11, la profecía evidentemente condujo a hacer preparativos y tal vez aun a realizar una pequeña colecta antes del comienzo del período de escasez (v. 29), y así la iglesia en Antioquía, gracias a la profecía, estuvo en condiciones de ser de mayor utilidad de lo que podría haber sido sin esta porción especial de "información anticipada". En Hechos 21, la profecía permitió a los de la iglesia de Antioquía saber a grandes rasgos qué le sucedería a Pablo, y como consecuencia tuvieron la oportunidad de ver la fuerza de la resolución de éste de seguir voluntariamente las huellas de Jesucristo aun cuando eso implicara sufrimiento y muerte tal vez. Al notar esto, sin duda la iglesia se vería animada y fortalecida a imitar el valor y la obediencia de Pablo.

En cada uno de los casos, el don profético fue necesario para un propósito en particular. Ningún otro don hubiera sido suficiente, pues lo que se necesitaba en cada caso era específicamente el conocimiento de un acontecimiento futuro, y solamente la profecía, basada como sabemos en una revelación del Espíritu Santo (véanse los capítulos 5 y 6 de esta obra), podía proporcionar ese conocimiento.

Sin embargo, en ninguno de los casos la predicción constituía un fin en sí mismo. El Nuevo Testamento siempre presenta la predicción profética simplemente como una de las varias clases de recursos para alcanzar un propósito mayor: la consolación y edificación de la iglesia.

1 Timoteo 1:18: Profecías que indican los dones de Timoteo y las áreas de un ministerio eficaz

Este versículo dice: "Este mandamiento, hijo Timoteo, te encargo, para que conforme a las profecías que se hicieron antes en cuanto a ti, milites por ellas la buena milicia."

Así se le da a Timoteo un mandato que en cierta forma se relaciona con profecías previas acerca de él. Pablo le ordena "conforme a las profecías que se hicieron antes". Pero Pablo no especifica la manera precisa en que las profecías se relacionan con la orden.

El mandato o "encargo" que Pablo hace a Timoteo en esta oportunidad es de quedarse en Efeso para que ordenara "a algunos que no enseñen diferente doctrina" (1 Timoteo 1:3), pero probablemente también se incluyen las directivas para el funcionamiento de la iglesia que se encuentran en 1 Timoteo 2:1 en adelante. En síntesis, Pablo manda a Timoteo que continúe en su liderazgo como "asistente apostólico" de Pablo enseñando y administrando a la iglesia.

Este cargo de gobierno y enseñanza involucraba sin duda tareas que "requerían precisamente las clases de dones que habían mencionado las profecías referentes a Timoteo; por ejemplo: dones de criterios equilibrados, de comprensión madura de las Escrituras, de captación extraordinaria de las habilidades y motivaciones de las personas, de eficacia en la oración, etc. Recordar esto le fortalecería para que "conforme a las profecías" (es decir tomando aliento de ellas) pueda "pelear la buena batalla de la fe".

Entonces parecería que en este caso la profecía brindaba un conocimiento de un futuro tipo de ministerio, o el conocimiento de las habilidades que Timoteo y otros podrían haber no discernido (lo cual es muy parecido). De esta manera las profecías animaron a Timoteo a esforzarse diligentemente hacia la meta señalada, o quizá traían a su consideración aquellos dones de los cuales anteriormente no había tomado conciencia, o de los cuales se había considerado indigno a causa de su juventud o inexperiencia. Luego las profecías lo capacitarían de esta manera para desarrollar y ejercer dones que de otro modo permanecerían inactivos.

Por lo tanto, una vez más encontramos la profecía como caso exclusivo en cuanto a su dependencia de "revelaciones" (ya sea de hechos desconocidos o de acontecimientos futuros), y su propósito como el de fortalecer el ministerio de la iglesia de un modo específico.

1 Timoteo 4:14: Un don espiritual conferido mediante profecía

En medio de una sucesión de instrucciones personales para Timoteo (en 1 Timoteo 4:6-5:2), le escribe Pablo: "No descuides el don que tienes, que te fue dado mediante profecía, cuando el grupo de ancianos te impuso las manos" (1 Timoteo 4:14).*

En el contexto no hallamos suficiente evidencia para determinar con certeza cuál era ese don; el vocablo traducido como "don" (en griego *jarisma*,) tiene además una amplia gama de acepciones en el Nuevo Testamento. Sin embargo, la frase "mediante profecía" indica que este versículo habla de la misma circunstancia a la que se refiere 1 Timoteo 1:18 "las profecías que se hicieron antes en cuanto a ti". En ese caso, es posible que el don mencionado aquí sea una capacidad especial para la administración y el gobierno de la iglesia, para la enseñanza sólida, o para resolver discordancia en la congregación y silenciar a los falsos maestros; en otras palabras, un don que pondría a Timoteo en condiciones para la obra que se perfila en esta epístola.

La frase "mediante profecía" aquí indica el medio o instrumento por el cual el don le fue entregado. No contradice la idea de que los dones son dados por Dios, porque la construcción gramatical griega (*dia* + genitivo) repetidamente se aplica para presentar la causa humana o "natural" de un don que a la vez se nos dice fue dado por Dios (nótese que en Hechos 7:25 Dios daría libertad "por mano" de Moisés; en Hechos 8:18 "por la imposición de las manos de los apostóles se daba el Espíritu Santo"). Y de hecho, la misma construcción la usa Pablo en 2 Timoteo 1:6 mencionando un don que había recibido Timoteo "por la imposición de mis manos".

Así que este versículo no es indicio de que las palabras proféticas tuvieran en sí mismas tal poder que crearon un don dentro de Timoteo ni que le otorgaran una habilidad de alguna manera las meras palabras pronunciadas; como tampoco implica Hechos 8:18 que hubiera un poder mágico en las manos de los apóstoles que les permitiera conferir el Espíritu Santo (como lo pensó erróneamente el

---

* Traducción directa del autor. Compárese Nueva Versión Internacional.

Simón de Hechos 8:19). Lo que este versículo indica es más bien una conexión más libre; quizá da a entender que las profecías se pronunciaron en el mismo momento en que el don se le otorgaba a Timoteo, y que ellos mencionaban la clase de don que Dios le daba.

Siendo así, las profecías tendrían la función de dar a conocer a todos los presentes, a Timoteo inclusive, lo que de otro modo hubiera permanecido totalmente ignorado hasta que los dones pudieran percibirse en la práctica. Funcionando de esta manera, la profecía podría beneficiar obviamente a la iglesia, pues animaría a Timoteo a comenzar a usar y desarrollar sus nuevas capacidades, y animaría a los demás oyentes también a brindarle oportunidades para su ejercicio.

Apocalipsis: ¿Indica este libro algo acerca del contenido de las profecías congregacionales corrientes?

Todo el libro asegura contener revelaciones de "las cosas que deben suceder pronto" (Apocalipsis 1:1; 4:1; 22:6); por lo tanto, deben estar basadas sobre un conocimiento que no puede obtenerse por medios comunes. Aun en las cartas a las siete iglesias, donde no se tiene en consideración una revelación acerca del futuro, Juan posee una información sobrenatural acerca del estado espiritual interior de las iglesias (Apocalipsis 2:4, 23; 3:1, 9, 17), o por lo menos un juicio sobre las iglesias con el paso de una autoridad que dependía de la revelación divina. Sin embargo, tal como sucede con otras profecías neotestamentarias, la obtención de este conocimiento especial de hechos futuros u ocultos no es un fin en sí mismo. Constituye el punto de partida para *exhortaciones* directas a los lectores en repetidas oportunidades (Apocalipsis 2:5, 10, 16, 25; 3:2-5, 11, 18; 13:10; 14:7, 12; véase 1:3; 22:7).

El libro además aprovecha frecuentemente la oportunidad para *consolar* a los creyentes que sufren tribulación o persecución, proclamándoles el gobierno soberano de Dios en la historia, la certidumbre de su triunfo final sobre el mal, la protección del pueblo de Dios y la victoria definitiva con él (Apocalipsis 1:5; 2:26-27; 5:10; 6:10,15-17; 11:15-18; 14:13; 17:14; 19:20-21; 20:6, 9-14; y los capítulos 20 al 22). Por lo tanto, la función de esta profecía es la de animar, consolar y exhortar a aquellos que la leen, es decir, igual a la función de la profecía que hallamos en otros puntos, si bien en este caso posee la exclusiva autoridad de la "profecía apostólica".

Otras funciones posibles

Podrían contemplarse otras funciones posibles de la profecía, pero para cada uno contamos con tan escaso apoyo que sólo son posibles conclusiones tentativas.

(a) *¿Proveían las profecías interpretaciones inspiradas de las Escrituras del Antiguo Testamento?* Como ya mencionamos en el capítulo 6, el punto de vista de E. Earle Ellis es que la exposición y la interpretación de las Escrituras era una de las funciones de los profetas cristianos según el libro de Hechos. No obstante, él no puede demostrar mediante ejemplos que aquel que exponía la Escritura lo hacía en función específica de profeta, y no de maestro, apóstol o evangelista. Todos los que aparecen en el libro de Hechos haciendo una exposición de la Escritura cumplen una de esas otras funciones. Por eso es que ese argumento no resulta realmente convincente.

Damos por supuesto que esta conclusión negativa no significa que las profecías nunca incorporaran citas bíblicas y sus aplicaciones. Estas cosas pueden haber sido parte de las profecías sin ningún inconveniente, y quizá aun bastante frecuentes. Pero lo que es importante destacar es que en los casos en que tales explicaciones resultaban de la preparación y la reflexión, en vez de ser fruto de una revelación espontánea, no serían denominadas profecías por los autores del Nuevo Testamento, sino "enseñanza".

(b) *¿Se incluían oraciones y alabanzas en las profecías?* El estudio antecedente concluyó que podemos considerar las profecías generalmente como una comunicación de Dios al hombre, siendo que debían basarse en una revelación de Dios. Pero podríamos preguntarnos si alguna vez la profecía incluía las actividades del hombre dirigidas hacia Dios, como lo son la oración y la alabanza.

El único apoyo directo posible a esta suposición la encontraríamos en Lucas 1:67 cuando Zacarías "profetizó" su himno de alabanza. Aunque esta profecía pre-pentecostal se encuentra mejor dentro del modelo de la profecía del Antiguo Testamento, no obstante contiene muchos elementos de adoración, la esencia de los cuales le había sido revelada a Zacarías al ser "lleno del Espíritu Santo" (Lucas 1:67).

Desde una perspectiva contemporánea, Bruce Yocum, en su interesante análisis de "las formas de la profecía", incluye no solamente aquellos que adoptan la forma de la oración, sino que también menciona "la profecía en cántico".*

Por su parte, John Macarthur, a pesar de no aceptar la posibilidad

---

*   Yocum, *Prophecy*, pp. 88-102.

de la continuación de la profecía en nuestros días, sugiere que algunas canciones, tales como "The King is Coming" de Bill y Gloria Gaither, o "O Love That Will Not Let Me Go" de George Matheson, se han escrito como resultado de lo que los autores percibieron como una influencia insólita del Espíritu Santo que trajo las palabras súbitamente a su conciencia.[*]

El mayor obstáculo a la idea de que la oración y la alabanza puedan figurar dentro de las funciones proféticas se encuentra en 1 Corintios 14:3: "El que profetiza habla a los hombres..." En una interpretación estricta esto daría a entender que "el que profetiza habla *solamente* a los hombres". Sin embargo, probablemente fuera el interés de Pablo mediante esta frase simplemente subrayar que la profecía puede ser entendida por los hombres, o que la principal intención es un beneficio. En ese caso, si la oración y la alabanza fueran dictadas por revelación, y si sirvieran también para edificar a los oyentes (los que participaran en ella silenciosamente; véase 1 Corintios 14:16), luego no habría ninguna razón por la cual no considerarla "profecía", tal vez llamándola "alabanza profética" u "oración profética". Serían los elementos esenciales: tener como base una "revelación", ser pronunciada en público y producir un resultado edificante.

(c) *¿Estos profetas agregarían nuevas "palabras de Jesús" a los evangelios?* Entre los eruditos del Nuevo Testamento de este siglo se popularizó la idea de que bajo la influencia del Espíritu Santo los profetas neotestamentarios pronunciaban en la congregación palabras textuales recibidas del Señor Jesús resucitado. Estas palabras se recordaban o quizás aun se registraban por escrito como dichos de Jesús con plena autoridad, y con el correr del tiempo, algunos de ellos se acoplaron a los relatos de los evangelios acerca de la vida *terrenal* de Jesús que circulaban por doquier.

De acuerdo con este punto de vista, algunos de esos dichos traídos por boca de los profetas a la iglesia primitiva llegaron a ser presentados en los evangelios escritos como palabras pronunciadas por Jesús estando en la tierra, y no como lo que eran realmente: palabras traídas por profecía. Aquellos que mantienen esta posición dicen que incluir aquellos nuevos "dichos de Jesús" en los evangelios no fue en realidad un error grave porque *eran* de todos modos palabras de

---

[*] John F. Macarthur, Jr., *The Charismatics: A Doctrinal Perspective* (Zondervan, 1978), pp. 15, 19.

Jesús, aunque no las hubiera pronunciado Jesús durante su vida terrenal.

Esta teoría ha sido atacada fuertemente por la crítica, por supuesto pues muchos eruditos del Nuevo Testamento no la encuentran convincente. Algunas de las objeciones más considerables son las siguientes:

(i) Para ser considerados "dichos de Jesús" como tales, debían carecer de un nombre de autor; en cambio, las profecías de la Biblia nunca aparecen en forma anónima. Por el contrario, las profecías bíblicas se le atribuyen siempre al profeta mediante el cual se pronunciaron.

(ii) Si las palabras sólo llegaron a ser parte de la tradición histórica muy gradualmente, al principio entonces la iglesia *distinguía* muy claramente entre los más recientes dichos "carismáticos" de los profetas y las "auténticas" palabras históricas pronunciadas verdaderamente por Jesús estando aún en la tierra. Si, pues, al comienzo se mantenía esta distinción, no hay razón alguna para que no se mantuviera a través de los primeros años de la iglesia hasta que los evangelios arribaran a su forma definitiva.

(iii) Si los dichos del Señor resucitado entregados a través de los profetas se consideraran tan valiosos como las palabras históricas de Jesús, luego no habría razón para retrotraerlos en el tiempo con el fin de ubicarlos en el contexto de la vida terrenal de Jesús.

(iv) Esta teoría deja de lado la preocupación de la iglesia primitiva, especialmente de los apóstoles, de salvaguardar las tradiciones acerca de Jesús y evitar la inaceptable adulteración de las mismas (véanse 1 Corintios 7:10, 12, 25).

(v) La evidencia esgrimida para demostrar que los profetas suplieran tal función en la iglesia primitiva es debil y poco persuasiva. La teoría es *propuesta* por algunos investigadores y *supuesta* por varios otros, pero nunca se llega a probar realmente.

En cuanto al libro de Apocalipsis, en el cual aparecen registradas palabras del Cristo resucitado, es importante notar que Juan no es por cierto un típico profeta neotestamentario (véase el capítulo 4), y también que cada dicho profético ha sido perservado meticulosamente dentro del contexto que deja en claro que las palabras vienen del Señor resucitado y por medio de un profeta especial que se da a conocer claramente. En suma, una prueba primaria que sustente claramente la teoría propuesta sencillamente no ha sido hallada. No hay ningún caso probado en que un dicho profético haya llegado a convertirse en parte de una narración histórica.

Además de estas otras objeciones, es aquí posible ofrecer otra observación basada en nuestro análisis del don de profecía en la iglesia del Nuevo Testamento. Hemos descubierto que no era tarea de los profetas en las congregaciones locales de Corinto u otros puntos la de recrear textualmente "palabras del Señor resucitado". Lejos de ser equivalentes a las palabras históricas de Jesús, a las cuales la comunidad se sometía, estas profecías eran por su parte sometidas a la comunidad (1 Corintios 14:29; 1 Tesalonicenses 5:20-21). Así que esta opinión en cuanto a los añadidos proféticos a los evangelios interpreta fundamentalmente mal el carácter del don de profecía tal como funcionaba en las congregaciones cristianas primitivas.

Por lo tanto, es apropiada la conclusión de que la teoría de las contribuciones proféticas a la tradición de los evangelios carece de suficiente evidencia contundente y a ello se suma su incompatibilidad con mucho de lo que sabemos acerca de lo primeros profetas cristianos y de las iglesias en que vivían.

La "forma" de las profecías: ¿Contenían palabras y frases típicas, o moldes lingüísticos característicos?

Algunas personas piensan que los dichos proféticos adoptaban ciertas "fórmulas" o moldes lingüísticos; por ejemplo, frecuentemente comenzar o terminar con las mismas palabras, o ser pronunciadas en un estilo poético, o contener advertencias del juicio divino, etc.

Pero en cambio, la tremenda variedad en temática que hemos encontrado en las profecías del Nuevo Testamento sumada al hecho de que el profeta o la profetisa exponen su profecía en sus propias palabras, hacen improbable que un elemento, o un estilo de expresión se repita con anormal frecuencia en las profecías de las iglesias.

No obstante, hay una cosa que podemos decir acerca de la forma de expresión que adoptarían las profecías. Se hablarían en el lenguaje que los oyentes pudieran entender; de otra manera, no cumplirían su función de "edificar" o "consolidar" a la iglesia.

Además de esto, las palabras y el lenguaje serían escogidos por el que hablara, lo cual armoniza con lo que poseemos en el Nuevo Testamento como demostración de que el *informe* de la revelación se trasmite en palabras meramente humanas. El autor Bruce Yocum menciona una congregación pentecostal bilingüe en la que nadie pareció incomodarse ante el pedido de los líderes del grupo de que todo aquel que profetice lo haga en la lengua oficial del país.* Yocum escribe:

El idioma que empleamos al profetizar está bajo nuestro control. La profecía viene a través de un ser humano *en particular*, y es en el lenguaje de esa persona que será expresada... Nosotros somos los responsables del lenguaje que usamos en profecía.**

Antes de leer 1 Corintios 14 uno podría pensar que aun la oración que la congregación no entendiera, tal como la oración en lenguas a Dios, podría "edificar" o "fortalecer" la iglesia, especialmente si fuera una oración en favor de la iglesia. Sin embargo, Pablo piensa de otro modo: "El que habla en lengua extraña, a sí mismo se edifica" (1 Corintios 14:4). El contraste se produce con el que "profetiza" y de ese modo "edifica a la iglesia". Para que la iglesia sea edificada en la asamblea pública, es necesario que los miembros oigan y *entiendan* lo que se habla.

Nuevamente en 1 Corintios 14:16-17, Pablo escribe que si una persona "no sabe" lo que se dice en una oración, no es edificada por esa oración (v. 17). Así que la profecía no beneficia a la iglesia en modo misterioso o indescifrable. Más bien, la gente se beneficia especialmente por las profecías al adquirir una nueva comprensión y estímulo a través de lo que dice el profeta.

Por lo visto, la profecía neotestamentaria en Corinto quedaba de esta manera muy distante de los balbuceos ininteligibles y frenéticos de los "mensajes inspirados" de la religión pagana griega, tales como los de la pitonisa (la mensajera "inspirada") en el Oráculo de Delfos, por ejemplo. Más aún, la profecía neotestamentaria no aparecía revestida de una fraseología marcadamente ambigua como la de los "profetas" que "interpretaban" las respuestas de la pitonisa de Delfos. Según Pablo, un lenguaje incomprensible sencillamente no edifica.

Resumen

Pablo define muy ampliamente las funciones de la profecía en 1 Corintios 14:3. Sus funciones comprendían "edificación, exhortación y consolación", resultados que podían alcanzarse no sólo me-

---

*   Yocum, *Prophecy*, p. 82.

**   Yocum, *Prophecy*, p. 83.

diante la profecía, sino también por una gran variedad de otras actividades del habla. Para alcanzar estos objetivos, la profecía no debía funcionar en forma privada sino para beneficio de otros. La gran importancia de la profecía derivaba del hecho de basarse en algo revelado por el Espíritu Santo, y esto le permitía con frecuencia dirigirse poderosamente hacia las necesidades del momento dentro de la congregación.

Las profecías podían incluir predicciones acerca del futuro, aun cuando esto no fuera un componente esencial de la profecía, ni siquiera muy frecuente. También podían las profecías señalar dones espirituales de una persona o áreas en que desarrollaría un ministerio eficaz, y esto podía acontecer simultáneamente al ser otorgado el don mencionado en la profecía. Si bien generalmente se consideraba las profecías como mensajes de Dios para el hombre, no hay motivo para negar que las profecías incluyeran también ocasionalmente elementos de "alabanza profética" y "oración profética", es decir, alabanzas y oración cuyo contenido se basaba sobre algo espontáneamente revelado por el Espíritu Santo.

Aunque fuera posible "aprender" de la profecía, normalmente su contenido no consistía en lo que el Nuevo Testamento llamaría "enseñanza" (o exposición bíblica), ni era tampoco función de la profecía tener "interpretaciones inspiradas" del Antiguo Testamento. Algunos estudiosos suponen que los profetas neotestamentarios recibían nuevos mensajes del Cristo resucitado que con el tiempo se hicieron parte de los evangelios y se registraron en ellos como "palabras de Jesús" estando en la tierra, pero esta teoría carece de evidencia histórica convincente que la apoye y se contradice con lo que hemos demostrado acerca del carácter del don de profecía en las congregaciones cristianas primitivas.

Esencial al correcto funcionamiento de la profecía era una actitud de amor a otros, lo cual puede verse subyacente en muchas de las indicaciones de Pablo acerca de cómo debiera ejercerse la profecía.

El Nuevo Testamento no nos conduce a esperar una fórmula determinada en el estilo lingüístico de la profecía, pero sí exige que las profecías se pronuncien de modo inteligible, no como un parloteo incoherente o misterioso que sólo logre desconcertar, no edificar, a los oyentes.

Aplicación en la actualidad: ¿Qué tipos de contenido pueden hallarse en la profecía?

Hasta aquí hemos alcanzado un punto en nuestro estudio en el que estamos en condiciones de dar una descripción algo amplia, pero aun así útil si se guía por las pautas que brinda el Nuevo Testamento, del contenido de la profecía. También podemos dar algunos ejemplos más de las clases de cosas que podría mencionar un profeta. Tomaremos los datos de las conclusiones de los capítulos 3 al 7 anteriores para varias partes de esta descripción.

Sin afirmaciones de ser palabras de Dios

Esta limitación deriva del análisis seguido en los capítulos 3 y 4 donde vimos que las evidencias en el Nuevo Testamento indican que la profecía consistía en hablar palabras meramente humanas que trasmitían aquello que Dios ponía en la mente.

En términos prácticos, esto significa que aun cuando una profecía contenga palabras con instrucciones en cuanto a la conducta ("No debes viajar a Londres", o "Debes dejar tu empleo y dedicar todo el tiempo a la predicación" o "Debes casarte con Felipe"), estas indicaciones no deben considerarse como imposiciones divinas (y esto implica que descartarlas no debe considerarse equivalentes a desobedecer a Dios), sino que deben verse como el informe aproximadamente exacto (pero no infalible) de algo que el profeta cree (aunque no con certeza absoluta) que le ha sido revelado por Dios. La persona o las personas a quienes la profecía fuera dirigida deberían responder en manera semejante a la que responderían a una predicación o a un consejo personal (puesto que tanto los sermones como los consejos a menudo provienen de personas que piensan que sus palabras reflejan por lo general la voluntad de Dios también). En los tres casos, los oyentes deberían juzgar (véase 1 Corintios 14:29) la profecía, el sermón o el consejo a la luz de la Escritura, de la doctrina aceptada y de hechos que saben que son verdaderos.

Por no hablar con las mismísimas palabras de Dios, las profecías neotestamentarias no deben introducirse con prefacios como: "Así dice el Señor", los cuales desorientan a los oyentes y los hace pensar que la profecía en cuestión tiene o se atribuye una autoridad equivalente a las palabras textuales de Dios en la Escritura. Por cierto, algunas palabras dentro de una profecía *pueden* ser exactas, reveladas por Dios, pero sería imprudente y desconcertante que un profeta en la actualidad aseverara la certeza de ser así. Y aun si Dios trajera algunas palabras específicas a la mente, el Nuevo Testamento no nos respalda en la afirmación de que Dios quiere que oigamos esas palabras como suyas propias, portadoras de su autoridad absoluta. Si la profecía es de Dios, él hará que "dé en el blanco" en el corazón de los oyentes.

Material recibido mediante revelación

Por lo general, el material revelado consistirá en hechos que no podrían conocerse por medios humanos. Puede incluir: predecir el futuro (Hechos 11:27-30; 21:11), destapar los pecados secretos, o conflictos o problemas ocultos en el corazón de una persona (1 Corintios 14:24-25) o poner al descubierto ciertos dones para el ministerio que alguno en la congregación tiene (1 Timoteo 1:18; 4:14). Pero también la profecía con frecuencia simplemente recuerda un hecho conocido o cita un texto de la Escritura.

Por ejemplo, alguien podría decir así: "Dios ha traído a mi mente un versículo de la Escritura y siento que debo citarlo: 'Honra a tu padre y a tu madre.'" Otra persona podría luego reconocer que esa profecía llamó su atención a un principio bíblico que lo impulsó a tomar cierta decisión concerniente a su vida privada.

Otro ejemplo: Alguien podría decir: "El Señor ha puesto en mí tremenda ansiedad por los creyentes en las islas Filipinas. Creo que debemos orar por ellos ahora." Podría más tarde llegar la noticia de que precisamente aquel día hubiera comenzado un nuevo brote de persecución de los creyentes en alguna zona de las Filipinas.

En estos dos ejemplos, la información brindada por la profecía no era tan encubierta como para ser conocida sólo mediante revelación. Los miembros de la congregación estarían de acuerdo con la necesidad de honrar al padre y a la madre y de orar por los cristianos en otros lugares. En estos casos la revelación al profeta fue indispensable para lograr que esos detalles específicos (más que otros) se centraran en el foco de atención de la congregación en los momentos precisos (más que otros momentos). El hecho de que esos pensamientos llegaran a la mente del profeta en forma espontánea y contundente le hizo pensar que procedieron de Dios y no fueron el resultado de su propia evaluación de la situación circundante (en cuyo caso se hubiera traducido en "enseñanza" o tal vez simplemente en "exhortación").

Contenido que edifique a otros

Aquí estoy empleando el verbo "edificar" en un sentido muy amplio para incluir todo aquello que contribuye al crecimiento espiritual de cualquiera de los presentes, o todo lo involucrado en "edificación, exhortación y consolación" según 1 Corintios 14:3. Esto significa que la profecía no comprenderá discursos de doctrina recóndita que los oyentes no hallen aplicables a su propia vida, ni porciones de información "reveladas" (aun siendo veraces, 1 Corintios 8:1) las cuales no sean de utilidad para la vida de los creyentes. Por el contrario, la profecía debe afectar en forma positiva la vida de los oyentes. Si la finalidad es ser edificante, debe suplir las necesidades del momento.

Así que una profecía podría consistir simplemente en recordar algo, tal como "El Señor se deleita en la alabanza" o "El Señor Jesucristo está presente aquí con nosotros" o "Dios ha enviado a sus ángeles para protegernos"; o podría incluir una exhortación, tal como: "Debemos permanecer quietos en la presencia del Señor por unos momentos", o bien "¿Estamos colocando las prioridades del Señor en el lugar correspondiente al administrar nuestro tiempo?" o "Me parece que puede haber alguien aquí que esté dejando de lado a su familia a causa de una aspiración a ascender en su trabajo", o algo como "¿Habrá alguien aquí que necesite oración para aumentar su ánimo, pero que no se decida a pedir?" Estas frases tal vez no sean extraordinarias o profundas; sin embargo, son la clase de cosas que el Espíritu Santo puede usar para traer a los miembros de la iglesia mucha bendición que estén necesitando.

Cierta vez conversaba yo con un hombre a quien había conocido un poco antes. Yo era mucho menor que él, pero intuí que algo lo perturbaba bastante. Me había mencionado problemas en su familia, pero me sentí inclinado por el Espíritu Santo a cambiar de tema, y sin saber realmente por qué, pregunté: "¿Cómo andan las cosas en su trabajo?" Evidentemente el Espíritu Santo habló a su vida con esta simple pregunta por que comenzó a llorar inmediatamente, exclamando: "Ese es mi problema, ése es el verdadero problema . . ." Entonces tuvimos la posibilidad de orar por una solución para la verdadera causa del problema.

A lo mejor, la mayoría de los cristianos han tenido una experiencia semejante a esta alguna que otra vez. El Señor les ha traído algo a la mente y cuando le fue dicho a otra persona produjo una reacción inmediata de asentimiento sorprendido, o consolación, o arrepentimiento o aliento. Los escritores del Nuevo Testamento a ese mensaje le llamarían "profecía". Si somos receptivos a tales inspiraciones, y si el Señor tiene a bien dárnoslas, sin duda se abrirá una puerta a muchas oportunidades más de un ministerio eficaz, trayendo edificación, exhortación, consolación y ánimo al pueblo de Dios. Dentro de las limitaciones mencionadas antes, la profecía podría referirse a cualquier tema y contener cualquier clase de material que contribuya a su objetivo.

CAPITULO 8

LA PROFECIA COMO SEÑAL DE LA BENDICION DE DIOS

(1 Corintios 14:20-25)

Introducción

En medio de sus instrucciones acerca del uso de la profecía y las lenguas en la iglesia, Pablo inserta una amonestación a los corintios a lo largo de seis versículos (1 Corintios 14:20-25); les dice allí que no deben pensar de modo infantil, sino ser maduros. Luego concluye diciéndoles que deben procurar profetizar, porque los incrédulos serán ahuyentados por las lenguas (sin su interpretación), mientras que la profecía los convencerá. El párrafo es claro hasta allí.

A mitad del párrafo aparece el problema, donde Pablo cita un pasaje del Antiguo Testamento (Isaías 28:11-12) y luego dice que las lenguas son una "señal" para los incrédulos mientras que la profecía es (una "señal") para los creyentes. Pero entonces, ¿por qué procede a decir que deben usar la profecía, no las lenguas, cuando hay incrédulos presentes? (véase 1 Corintios 14:23-25).

El párrafo comienza así:

Hermanos, no seáis niños en el modo de pensar, sino sed niños en la malicia, pero maduros en el modo de pensar. En la ley está escrito: En otras lenguas y con otros labios hablaré a este pueblo; y ni aun así me oirán, dice el Señor. Así que las lenguas son por señal, no a los creyentes, sino a los incrédulos; pero la profecía [es por señal], no a los incrédulos, sino a los creyentes (1 Corintios 14:20-22).

El significado de la cita del Antiguo Testamento (Isaías 28:11-12)

La cita de Pablo de Isaías 28:11-12 está tomada de un contexto en que se pronuncia juicio sobre los incrédulos en Israel. El Señor había advertido repetidamente a su pueblo, pero ellos se habían negado a escuchar. Por tanto, les advertía que les enviaría invasores extranjeros (los asirios), cuya lengua no entenderían:

Porque en lengua de tartamudos, y en extraña lengua hablará a este pueblo, a los cuales él dijo: Este es el reposo; dad reposo al cansado; y este es el refrigerio; mas no quisieron oír.

En el pasado el Señor había hablado palabras claras y reconfortantes al pueblo; pero habían rechazado obstinadamente su palabra. Entonces como resultado Isaías dice que en el futuro el Señor hablará palabras ininteligibles con labios tartamudos y en otros idiomas, como castigo por la dureza de su corazón. Esa lengua llamada "de tartamudos" y "extraña" es una referencia al idioma de los invasores extranjeros (asirios) que no sería comprendido por el pueblo atacado.

Isaías 28:11-12 en la aplicación de Pablo

La cita de Pablo de estos versículos es ciertamente libre, pero no ajeno al contexto. "En otras lenguas y con otros labios hablaré a este pueblo; y ni aun así me oirán, dice el Señor".

Pablo entiende muy bien que cuando Dios habla al pueblo en un idioma que no puede comprender, ésa es una manera de castigar su incredulidad. Una lengua incomprensible no serviría para guiar sino para confundir y llevar a la destrucción. Y es una de las últimas en una serie de reprensiones divinas, ninguna de las cuales produjeron el arrepentimiento y la obediencia deseadas ("mas no quisieron oír"). Por esta razón dice Derek Kidner al comentar Isaías 28 que "al citar Pablo el versículo 11 [de Isaías 28] en 1 Corintios 14:21, está recordándoles, apropiadamente en este contexto, que las lenguas desconocidas no son el saludo de Dios a una congregación de creyentes, sino una amonestación a los incrédulos."*

---

* Sin referencia bibliográfica en la obra original.

¿Se les llama "señales" tanto a las profecías como a las lenguas?

¿Cuál es la conclusión que Pablo extrae de la cita de Isaías? Dice: "Así que las lenguas son por señal, no a los creyentes, sino a los incrédulos..." (1 Corintios 14:22). Algunas tradiciones sencillamente interpretan mal la construcción gramatical que se usa aquí. El griego *eis* + acusativo con el verbo "ser" puede tomar el lugar a veces del predicado nominal sin que esto necesariamente implique un cambio de significado. Lo que Pablo dice es sencillamente: "Las lenguas *son* una señal."

Luego, ¿qué dice acerca de la profecía? Traduciendo literalmente, palabra por palabra se leería: "Pero profecía no para incrédulos sino para creyentes." Al no haber verbo en esta segunda parte de la oración, el lector debe completarla con su propia interpretación.

En varias traducciones leemos: "Pero la profecía no *es* para los incrédulos sino para los creyentes."

Esta es una posibilidad gramatical por cierto legítima, pues la oración griega frecuentemente prescinde del verbo "ser" y deja que sea sobreentendido por el lector. Pero supliendo el verbo "ser" en esta oración, se hace variar ligeramente el enfoque de la intención de Pablo en esta primera mitad del versículo. De esa manera la segunda parte de la oración parece centrarse en el beneficio, como si dijera: la profecía trae beneficio a los creyentes.

Pero no es así; en la primera parte del versículo Pablo no está hablando acerca del beneficio, sino de qué es una "señal". Será mucho más conveniente retener el mismo tema en la segunda mitad de la oración, si el contexto lo permite. Esto producirá el contraste necesario y no introducirá una idea nueva (la de quién ha de beneficiarse con la profecía). Si conservamos la idea de "señal" en la segunda mitad, la oración de Pablo significa: "Así que las lenguas son una señal, no para creyentes sino para incrédulos ... pero la profecía *es una señal*, no para incrédulos sino para creyentes."

Sumada al hecho de que esta traducción permite continuar con el mismo tema hasta el final de la oración, hay otra razón por la cual este sentido parece ser más aceptable. Si tomamos el sentido de que la profecía está destinada a los creyentes pero no a los incrédulos, no encontramos otra explicación adecuada para la partícula "pues" (o "por lo tanto") con que Pablo introduce los versículos 23 al 25. En esos versículos, Pablo específicamente argumenta que la profecía *tiene* una función positiva en cuanto a los incrédulos. Pero tomando la traducción que dice que la profecía no es para los incrédulos, debemos seguir este extraño razonamiento:

(a) La profecía está destinada, *no a los incrédulos*, sino a los creyentes,

(b) por lo tanto, debemos profetizar *a los incrédulos*.

Este modo de razonar es incoherente; se hace necesaria una solución mejor.

Nuestra conclusión es que, si pudiera encontrarse un sentido más apropiado para la traducción, consideramos mejor traducir el versículo 22 así: "Así que, las lenguas son una señal, no para creyentes sino para incrédulos . . . pero la profecía *es una señal*, no para incrédulos sino para creyentes."

La clave para interpretar este pasaje: Las "señales" pueden ser positivas o negativas

Mucha de la confusión acerca de este pasaje deriva de la suposición de que una "señal" en la Escritura siempre funciona del mismo modo, es decir, de un modo positivo, como indicación de la aprobación o la bendición de Dios. Siendo esto así, resulta difícil comprender por qué las lenguas son una "señal" para los incrédulos, pero los ahuyentará, según Pablo dice luego.

Este problema se soluciona, sin embargo, al darnos cuenta de que las señales de la Escritura pueden ser tanto positivas como negativas, y ambas cosas en algunas ocasiones. Si seguimos el curso del término usado en griego para significar "señal" (*semeion*) hasta la traducción del Antiguo Testamento al griego (conocida como la Septuaginta) encontraremos muchos ejemplos que corroboran esto.

En la Septuaginta la palabra "señal" (*semeion* en griego) a menudo puede tener el sentido de "una indicación" de la actitud de Dios. Estas indicaciones pueden ser positivas o negativas: positivas para los que creen y obedecen a Dios, pero negativas para los que no le creen ni obedecen. Muchas señales son totalmente favorables:

— el arco iris (Génesis 9:12-14)

— la sangre en los dinteles (Exodo 12:13)

— la invitación de los filisteos a Jonatán (1 Samuel 14:10)

— la señal en la frente (Ezequiel 9:4, 6)

— o cualquier otra señal anhelada por personas que se sientan desamparadas por Dios (Salmos 74:9; 86:17)

Otras señales son totalmente desfavorables, pues muestran la desaprobación de Dios y advierten un juicio a menos que el arrepentimiento se produzca en un breve lapso:
— Coré, Datán y Abiram (Números 26:10)*
— sus incensarios de bronce (Números 16:38 y véase 40)
— la vara de Aarón (Números 17:10)
— las maldiciones cumplidas (Deuteronomio 28:46)
— la derrota de Faraón Hofra (Jeremías 44:29)
— el muro de hierro de Ezequiel (Ezequiel 4:3; véanse también Salmos 65:8; Isaías 20:3; 2 Macabeos 15:35)

Pero ocasionalmente el término puede usarse de señales que son positivas y negativas a la vez, indicando la aprobación de Dios y su bendición sobre su pueblo, y su desaprobación y advertencia de juicio hacia aquellos que le desobedecen. Esto es cierto especialmente en el caso de los acontecimientos del Exodo: cuando Dios envió una plaga de moscas sobre los egipcios pero las mantuvo alejadas de la tierra de Gosén. Eso fue una *señal* de la bendición de Israel pero de desaprobación y advertencia a los egipcios (Exodo 8:23). Los mismos prodigios pueden ser señales negativas para Faraón (Exodo 10:1-2; 11:9-10; Deuteronomio 6:22, 11:3; Nehemías 9:10) pero señales positivas para Israel (Deuteronomio 4:34-35; 6:22; 7:19; 26:8).

En conclusión, el término "señal" usado con el significado de "una indicación de la actitud de Dios" puede tomar un sentido positivo (indicando la aprobación y bendición de Dios) o un sentido negativo (indicando la desaprobación de Dios y su juicio inminente).

En el Nuevo Testamento también, "señal" (*semeion*) puede significar "una indicación de la aprobación y bendición de Dios" (Hechos 2:22, 43; 4:30; 5:12; 6:8; 15:12; Lucas 2:34; Juan 2:11; 4:54; 9:16; también se usa esta palabra en esa forma fuera del Nuevo Testamento: véanse *Epístola de Bernabé* 4:14; *1 Clemente* 51:5). También puede significar "una indicación de la desaprobación de Dios y una advertencia de juicio" (Lucas 11:30; 21:11, 25; Hechos 2:19; quizá Mateo 12:39 [a la luz de 12:41]; 16:4; compárese el uso de *1 Clemente* 11:2, en el año 95 de nuestra era).

---

*   Léase "señal" en lugar de "escarmiento" en Reina Valera Revisada.

Resumen de lo que Pablo quiso decir

La información precedente indica que cuando Pablo dice que "las lenguas son por señal, no a los creyentes sino a los incrédulos" (1 Corintios 14:22) está aplicando "señal" en un sentido conocido y ya bien arraigado. Para aquellos que no creen, las señales como indicaciones de la actitud de Dios en el Antiguo Testamento son siempre desfavorables. Indican la desaprobación de Dios y son portadores de una advertencia de juicio. Esta era precisamente la función de la "extraña lengua" en Isaías 28:11, y Pablo aplica a ella con toda naturalidad el término "señal".

Pero a la vez las "señales" son generalmente favorables en el Antiguo Testamento para los que obedecen y creen en Dios. Indican su presencia y poder entre su pueblo con el propósito de bendecirlos. Por eso Pablo puede aplicar fácilmente el término a la profecía en su sentido favorable. La profecía es una señal de la aprobación y la bendición de Dios sobre la congregación al mostrar que Dios está activamente presente en la iglesia congregada.

Esto significa que la palabra que introduce el versículo 23 de 1 Corintios 14, "pues", funcionaría muy naturalmente como un nexo lógico tal como "así que" o "por lo tanto". Podemos parafrasear el pensamiento de Pablo como sigue:

> Cuando Dios habla a los hombres en una lengua que no pueden entender, esto indica su ira y da como resultado que se alejen de él. *Por lo tanto* (en el v. 23), si extraños o incrédulos entran y ustedes hablan en lenguas que ellos no puedan entender, ustedes simplemente los ahuyentan: esto es el resultado inevitable de un idioma ininteligible. Además, su manera infantil de actuar (v. 20) será una "señal" completamente inapropiada para los incrédulos, porque la dureza de corazón de ellos no ha llegado al punto de merecer esa severa indicación de juicio. Así que cuando ustedes se reúnan (v. 26), si alguno habla en lenguas, asegúrense de que alguien interprete (v. 27); si no es así, el que habla en lenguas debe permanecer en silencio en la iglesia (v. 29).

Del mismo con la profecía, los versículos 24 y 25 derivan muy fácilmente de la aseveración en el versículo 22 de que la profecía es una señal a los creyentes. Una vez más parafraseamos el pensamiento de Pablo:

La profecía es una indicación de la presencia de Dios en medio de la congregación para bendecirla (v. 22). Así que (v. 23) si llega un extraño y todos profetizan (v. 24), ustedes hablarán acerca de los secretos del corazón del extraño, los cuales él pensaba que nadie conocería. Se percatará de que esas profecías habrán sido el resultado de la operación de Dios, y se postrará sobre su rostro declarando: "Dios está realmente entre ustedes" (v. 25). De esta forma la profecía será una señal segura de que Dios verdaderamente actúa en medio de ustedes.

Otras inferencias en torno al don de hablar en lenguas

Con relación este pasaje debe notarse que la reacción de Pablo al reconocer así la función de las lenguas no es la de prohibir el habla en lenguas en el culto público, sino la de regular el uso de las lenguas de modo que siempre que se hablen en público sean interpretadas (1 Corintios 14:27-28). Esta resolución parece ser muy apropiada, porque sólo las lenguas *ininteligibles* son las que tienen esta función negativa hacia los incrédulos, tanto en Isaías 28:11 como en 1 Corintios 14:23. Pero cuando un mensaje en lenguas es interpretado, ya no es incomprensible y no conserva entonces la función de ser una señal desfavorable.

Por lo tanto, es importante comprender que en 1 Corintios 14:20-23 Pablo no habla de la función de las lenguas en general, sino sólo sobre el resultado negativo de un abuso particular de las lenguas, es decir, el abuso de hablar en público sin intérprete y probablemente el abuso de hablar más de uno a la vez (véase 1 Corintios 14:23, 27), de manera que todo se trasformara en una escena de confusión no edificante.

En cuanto a la correcta función pública del uso de lenguas con interpretación, o de la correcta función privada de hablar en lenguas, Pablo se muestra muy positivo en otros pasajes (1 Corintios 12:10-11, 21-22; 14:4, 5, 18, 26-28, 39). De modo que utilizar el argumento de Pablo en torno al *abuso* de las lenguas en 14:20-23 como base para una polémica general contra todo otro uso (aceptable) de las lenguas está en total contradicción con el contexto completo de 1 Corintios 12 al 14.

Este punto crucial, esencial para la comprensión del significado de Pablo, lo pasan por alto por completo algunos comentaristas reformados o dispensacionales de este pasaje. Por ejemplo, el hecho de que Pablo esté refiriéndose no a las lenguas con interpretación sino

162 EL DON DE PROFECIA

a las *no interpretadas* (que *no podían ser entendidas* por los oyentes) no es tomada en cuenta por O. Palmer Robertson,[*] ni por Zane Hodges.[**] Ninguno de estos dos autores toma en cuenta adecuadamente el hecho de que en Corinto, cualquier incrédulo que entrara, fuera judío o gentil, no entendería lo que se hablara en lenguas. Pablo reiteradamente dice que las lenguas que no se interpretaban no podían ser entendidas por los oyentes corintios (véanse 1 Corintios 14:2, 9, 11, 14, 16, 19, 23, 28). En realidad, el principal interés de Pablo en 1 Corintios 14 es contraponer las palabras inteligibles con las ininteligibles.

Respecto de esto, Robertson argumenta que la lengua era la "señal" de la transición entre el trato de Dios con Israel y su trato con todas las naciones. Eso podría considerarse acertado en algunos contextos (tales como Hechos 22), pero en el contexto de 1 Corintios 12 al 14 es completamente ajeno, pues allí Pablo no hace mención alguna de la inclusión de los gentiles ni del juicio de los judíos; no contrapone a "judíos" y "gentiles", sino a "creyentes" e "incrédulos". Y como no especifica que los incrédulos sean *judíos* — aunque por cierto había judíos inconversos que visitarían la iglesia de Corinto también—, debemos entender que la palabras "incrédulos" empleada aquí se refiere a incrédulos en general (*tanto* judíos inconversos como gentiles). Isaías 28:11-12 no es aplicado por Pablo como predicción acerca de la incredulidad de los judíos, sino como ejemplo o ilustración (refiriéndose a los incrédulos en general). Tomando esta interpretación, Carson tiene razón al concluir que Pablo no puede referirse aquí a las lenguas como la señal de una maldición prometida sobre los judíos incrédulos mediante un pacto.[***]

Más aún, ni Robertson, ni Gaffin ni Macarthur (todos ellos esgrimiendo esta interpretación de una "maldición mediante un pacto" para mantener su posición contra las lenguas en la actualidad), toman en cuenta con suficiente seriedad el hecho de que la solución de Pablo en este pasaje *no* es impedir por completo el uso de las lenguas, sino ordenar que las lenguas se usen juntamente con la interpretación (1 Corintios 14:27-28). Como Pablo aprueba las lenguas *con* interpretación, éstas no pueden considerarse una señal de juicio sobre los judíos incrédulos.

---

[*]   O. Palmer Robertson, "Tongues: Sign of Covenantal Curse and Blessing", *Westminster Theological Journal* 38 (1975-76), pp. 43-53.
[**] Zane Hodges, "The Purpose of Tongues", *Bibliotheca Sacra* 120 (1963), pp. 226-233.
[***] Carson, *Showing the Spirit*, p. 111, respondiendo a Robertson y Gaffin.

Conclusión: ¿En qué sentido la profecía resulta ser una señal de la bendición de Dios?

Retornando al análisis de la profecía, ahora estamos en condiciones de entender 1 Corintios 14:24-25 con mayor claridad. En el versículo 24, "si todos profetizan" puede tomarse como una situación hipotética que ni siquiera Pablo pudo haberla considerado como un acontecimiento probable (nótese 1 Corintios 12:29: "No todos son profetas, ¿verdad?"*).

No obstante, si varios son los que profetizan, el visitante será "convencido" de pecado y "juzgado" por diferentes personas (1 Corintios 14:24), probablemente de diferentes maneras o con respecto a diferentes asuntos. De este modo los pecados ocultos de su corazón se hacen "manifiestos" (1 Corintios 14:25).

Pero, ¿significa este pasaje que los pecados *específicos* de un individuo *específico* se mencionan en las profecías? ¿No podría significar más bien que hay una predicación sobre el pecado en términos generales, y que el Espíritu Santo le da la aplicación específica al corazón de un individuo, haciéndolo sentir convicción de pecado?

Si bien el versículo 24 podría querer decir sencillamente que el visitante oye una profecía o predicación general y recibe una convicción interior acerca de su pecado, en cuanto al versículo 25 esto no puede ser cierto. El versículo debe significar la mención específica de uno o más de sus pecados particulares, individuales, hechos mediante las profecías.

Esto es verdad por dos razones: el significado de la palabra usada y el contexto. En cuanto a la expresión traducida "descubrir" o "hacer manifiesto", el término original es en griego *phaneros*. Tanto esta palabra (usada dieciocho veces en el Nuevo Testamento) como el verbo relacionado *phaneroo* (usada cuarenta y nueve veces en el Nuevo Testamento), se refieren siempre a una manifestación pública, exteriorizada, y nunca se usan para la comunicación o operación secretas de Dios en la mente o el corazón de una persona.

Respecto del contexto, la reacción del visitante — "postrándose sobre el rostro, adorará a Dios, declarando que verdaderamente Dios está entre vosotros" — no es la reacción normal aun a la mejor predicación, pero Pablo parece muy seguro de que sucederá. Puede haber pensado Pablo que esto ocurriría de vez en cuando al mencio-

---

* Traducción libre del autor.

nar pecados en términos generales, pero la afirmación aplicada a cada situación de este tipo se entiende mejor considerando que él pensara que las profecías contendrían algo muy notable y desacostumbrado, tal como la mención específica de los pecados del visitante. Lo que el visitante pensaría sería que esos cristianos sabían cosas que solamente Dios podía haberles revelado; ¡conocían los secretos de su corazón! Parecería que era el hecho de poseer un conocimiento adquirido por medios "sobrenaturales" lo que persuadía eficazmente al extraño de la presencia de Dios, no meramente la convicción de su pecado.

Se me ha informado de un acontecimiento de esta clase en una congregación bautista decididamente no carismática en los Estados Unidos. Un orador misionero hizo una interrupción en medio de su mensaje para decir algo así: "No estaba en mis planes decir esto, pero me parece que el Señor me indica que alguno de esta iglesia acaba de abandonar a su esposa y familia. Si es así, permítame decirle que Dios quiere que usted regrese a ellos y aprenda a someterse al modelo de Dios en cuanto a la vida familiar." No sabía esto el misionero, pero en un balcón no iluminado de la iglesia estaba sentado un hombre que había entrado momentos antes por primera vez en su vida. La descripción definía exactamente su situación; pasó al frente, reconoció su pecado y comenzó a buscar a Dios.

Por eso la profecía (más que ningún otro don) es llamado por Pablo "señal a los incrédulos". El rasgo distintivo de la profecía es que debe basarse sobre una revelación, y la revelación en su manera de funcionar en la profecía es precisamente algo que, según la ve Pablo, siempre llega espontáneamente y llega sólo de Dios (véase el capítulo 5). Por lo tanto, donde hay profecía, es la señal o indicio inconfundible de la presencia de Dios y de su bendición sobre la congregación; es una señal "a los creyentes", y hasta un extraño que está de visita podrá reconocer este hecho.

Ahora podemos resumir la función de la profecía en 1 Corintios 14:20-25:

(i) La profecía funciona en el evangelismo para revelar los secretos del corazón de un incrédulo y de esta manera asombrarlo con el poder de Dios en acción y convencerlo de sus pecados.

(ii) Al obrar así, la profecía sirve también como certera indicación o "señal" de que Dios está presente y activo en la congregación para bendecirla y producir su crecimiento.

Sobreentendiendo el ejemplo de Pablo acerca del visitante "indocto", podemos proceder a la conclusión de que la profecía de vez en cuando también actuaría revelando los secretos del corazón de algún *creyente,* convenciéndole de pecado y llamándolo al arrepentimiento. En realidad, Pablo no cita este caso como función de la profecía explícitamente, pero es coherente con el cuadro de la profecía que encontramos en estos versículos, y encajaría perfectamente con el punto de vista de Pablo de que la profecía resulte en edificación y exhortación, según 1 Corintios 14:3-5. Además de esta manera, la profecía podría funcionar como señal a los creyentes, no tan sólo cuando entra un extraño, sino en cualquier momento. Así la declaración de Pablo de que la profecía es una señal "a los creyentes" podría interpretarse como una declaración general, no restringida a la específica aplicación que Pablo hace de ella en 1 Corintios 14:24-25.

Aplicación en la actualidad

Debemos prestar atención a la advertencia de Pablo a los corintios y no ser infantiles o inmaduros cuando consideramos nuestra adoración congregacional. Específicamente, no deberíamos hablar en lenguas sin interpretación, porque eso equivaldría a dar una "señal" del juicio de Dios que no sería la apropiada para el incrédulo, sino que lo ahuyentaría. (Aquellas iglesias que permiten hablar en lenguas deberían hacerlo de la manera ordenada que se describe en 1 Corintios 14:27 y siempre con interpretación, como indica el versículo 28.)

Un juicio maduro considerará que la profecía es algo que merece ser estimulada en la congregación, aun en los momentos en que se encuentren incrédulos presentes. Si se motiva a la profecía y se le permite funcionar, convencerá de pecado tanto a los incrédulos como a los creyentes, y producirá en la congregación un sentido mucho más vívido de que Dios verdaderamente está entre ellos. Será una "señal" de la aprobación de Dios, de su presencia y bendición sobre su pueblo. Así es como deberíamos entender el don de profecía y darle gracias a Dios por ella.

CAPITULO 9

LOS PROFETAS Y EL GOBIERNO ECLESIASTICO

En la iglesia primitiva, ¿funcionarían los profetas como "líderes carismáticos"?

Introducción: El origen de esta suposición

Con bastante frecuencia se oye la aseveración de que los profetas neotestamentarios proporcionaban orientación y dirección a las nuevas iglesias "bajo la influencia del Espíritu Santo", y de que los profetas gracias a tal "autoridad carismática" eran la principal fuente de gobierno en estas iglesias tempranas. Según este punto de vista, sólo mucho más adelante se establecieron las estructuras más formales y rígidas que gobernaban las congregaciones, y los oficios tales como "anciano" y "diácono" quedaron fijados (esto tal vez sólo después del año 100 de nuestra era; por cierto no antes de la muerte de Pablo entre los 64 y 68).

Es importante reconocer que esta afirmación de que los profetas ejercían "autoridad carismática" se apoya sobre la suposición de que oficios tales como anciano y diácono se instituyeron en una época tardía, especialmente en las iglesias paulinas. Porque si desde un comienzo en las iglesias nacientes *hubiera habido* ancianos y diáconos, luego éstos, y no los profetas, habrían desempeñado las funciones de gobierno eclesiástico.

Análisis de la evidencia a favor de la función como líderes carismáticos de los primeros profetas cristianos

Para evaluar esta afirmación, será necesario formular dos preguntas:

168 EL DON DE PROFECIA

(1) ¿Los oficios eclesiásticos formales surgieron inmediatamente, o luego del trascurso de una, dos o más décadas?

(2) En las iglesias primitivas, ¿ejercían los profetas funciones de gobierno?

¿Cuándo se desarrollaron los cargos de anciano y diácono?

Mirando nuevamente lo registrado acerca de la iglesia primitiva en el libro de Hechos, se ve con claridad que había ancianos desde una época muy temprana. Hechos 14:23 dice que Pablo y Bernabé "constituyeron ancianos en cada iglesia, habiendo orado con ayunos . . ." Aquí se refiere a las iglesias de Derbe, Listra, Iconio y Antioquía de Pisidia en el *primer* viaje misionero de Pablo. Podemos pensar con razón que Pablo no abandonó este tipo de proceder en otras iglesias más, es decir, designar ancianos al poco tiempo de quedar establecida una iglesia.

En Efeso también había ancianos en la iglesia, pues cerca del final de su tercer viaje misionero Pablo se detuvo en Mileto, y desde allí "hizo llamar a los ancianos de la iglesia" de Efeso (véase Hechos 20:17). Le escribió también a Timoteo, que estaba en Efeso (1 Timoteo 1:3), dando instrucciones acerca de cómo la iglesia debía tratar a los ancianos (1 Timoteo 5:17-21; compárese lo mencionado allí con lo referente al "obispo" [supervisor], que es otra designación para el anciano, en 1 Timoteo 3:1-7).

La iglesia de Jerusalén también tenía ancianos (véanse menciones en Hechos 15:2, 4, 6, 22, 23).

Los que sostienen la hipótesis de que los profetas proporcionaban una especie de "gobierno carismático" para la iglesia, me responderán que estos versículos que incluyen a los "ancianos" desde las más temprana historia de la iglesia fueron agregados posteriormente al libro de Hechos y que no son un fiel reflejo de la verdadera situación histórica. El argumento de ellos en cuanto a este punto se parece a un círculo sin salida:

— En las iglesias fundadas por Pablo no había oficialmente ancianos mientras él vivía.

— La prueba de esto es que todas las referencias a "ancianos" en el libro de Hechos son agregados posteriores.

— La prueba de que estos agregados son posteriores es que mientras Pablo vivía no había oficialmente "ancianos" en las iglesias fundadas por él.

Esta no es la manera más convincente de argumentar.

Dos argumentos más se ofrecen en apoyo de la hipótesis de que los profetas ejercían un "gobierno carismático". En primer término, se arguye que, siendo que todas las personas en estas iglesias tenían un don "carismático", no era posible que hubiera un grupo especialmente privilegiado, tal como el de los ancianos.

Sin embargo, el hecho de que todos los creyentes en la iglesia primitiva tuvieran *dones*, no significa que todos ellos fueran dones para *gobernar*. Pablo diferencia varios dones: dones de administración, de enseñanza, de juzgar sabiamente entre otros (véase 1 Corintios 6:5). Los dotados de tales dones sin duda asumirían los papeles de liderazgo desde un punto muy temprano en la historia de cada iglesia; no hay razón alguna para suponer que esos dones entraran en conflicto con el sistema formal de "cargos" de ancianos y diáconos. En realidad, tales dones constituirían a algunos de los fieles en los más aptos para dichos cargos.

Aquí es oportuno el comentario del ya citado doctor Gaffin:

> Toda competencia u oposición entre un don (del Espíritu) y un cargo es absolutamente ajena al Nuevo Testamento. Cualquier estructura en la cual el Espíritu, como principio de libertad no codificada y de espontaneidad no aprendida, entre en conflictos con la norma de un orden establecido o una organización estable, no está basada sobre la enseñanza del Nuevo Testamento. ... Es un mismo Espíritu el de fervor y el de orden.*

Otro argumento que algunos han presentado es el de la falta de mención de la existencia de ancianos de algunas iglesias del Nuevo Testamento, tal como en el caso de la de Corinto.** Ellos sostienen que Pablo con toda seguridad se habría dirigido a los ancianos, diciéndoles que se encargaran de los problemas, si hubiera habido ancianos en Corinto.

En respuesta se debe decir que el hecho de que Pablo dirigiera sus cargos a toda la congregación corintia demuestra que la congregación entera necesitaba la instrucción y reprimenda, y que los ancianos no pudieron manejar el problema. No es suficiente notar aquellas veces en que Pablo omite la mención de los ancianos u obispos como

---

*   Gaffin, *Perspectives*, p. 51.
**   Véase J. Dunn, *Jesus and the Spirit*, p. 285.

argumento; se debería demostrar que él no los nombra en aquellos contextos en que trata del gobierno de la iglesia, porque allí su mención sería necesaria o al menos natural; pero no se han encontrado pruebas de esto.

Además de esto, hay evidencia temprana de que Pablo designó a ancianos en Corinto. Insta a la iglesia en 1 Corintios 16:16 a "que os sujetáis a personas como ellos", es decir, a Estéfanas y su familia, quienes fueron "primicias" o primeros convertidos (en griego *aparje*) de la región de Acaya (1 Corintios 16:15). Como eco de este consejo, según parece, la epístola *1 Clemente*, escrita desde Roma a Corinto en el año 95 de nuestra era, recuerda a los corintios que los apóstoles:

"... predicaban de provincia en provincia y de ciudad en ciudad, y designaron a sus primeros convertidos (*aparje* en griego), poniéndolos a prueba por el Espíritu, para ser obispos y diáconos de los futuros creyentes ..." (*1 Clemente* 42:4, véase 44:1-3).

Por último, debemos señalar que la evidencia de la temprana institución del oficio de anciano es amplia en todo el Nuevo Testamento. Demostraremos esto mediante una sinopsis de versículos que se refieren a ancianos (o bien utilizando otro término que equivale aparentemente a ese cargo, "obispo", es decir, "supervisor"):

Hechos 14:23 — en cada iglesia (primer viaje misionero)

Hechos 15:2ss. — en Jerusalén

Hechos 20:17 — en Efeso

Filipenses 1:1 — "obispos" y diáconos en Filipos

1 Tesalonicenses 5:12 — "que reconozcáis ... los que os presiden en el Señor y os amonestan."

1 Timoteo 5:17 — "Los ancianos que gobiernan bien, sean tenidos por dignos de doble honor."

Tito 1:5 — "Te dejé en Creta para que establecieses ancianos en cada ciudad, así como yo te mandé."

Hebreos 13:17 — "Obedeced a vuestros pastores y sujetaos a ellos; porque ellos velan por vuestras almas, como quienes han de dar cuenta."

Santiago 5:14 — "¿Está alguno enfermo entre vosotros? Llame a los ancianos de la iglesia."

1 Pedro 5:1 — "Ruego a los ancianos que están entre vosotros ..."

Evidencia tan penetrante no puede hacerse a un lado con ligereza suplantándola por una teoría del modo que uno considera que se "debe" de haber desarrollado la iglesia. Es especialmente significativa la cita de 1 Pedro, pues se dirigía probablemente a docenas de iglesias, grandes y pequeñas, en Asia Menor; implica que alrededor de los años 62 a 64 de nuestra era Pedro daba por sentado que el gobierno normal de la iglesia era el encabezado por los ancianos.

Se suma a toda esta evidencia el contrapeso negativo de no hallarse en ninguna parte del Nuevo Testamento casi ninguna prueba de que, aparte de los apóstoles (o "asistentes apostólicos", tales como Timoteo y Tito) y de los ancianos, alguna *otra* persona ejerciera funciones de gobierno en la iglesia.

¿Ejercían los profetas funciones de gobierno?

Además de la evidencia ya mencionada como demostración de que los ancianos ejercían la autoridad de gobierno en las primeras iglesias, contamos con todos los datos del Nuevo Testamento acerca de la función real de los profetas. Las conclusiones a que hemos arribado en los capítulos precedentes de este estudio ponen de manifiesto que los profetas podían traer palabras para exhortar, edificar y consolar, pero el Nuevo Testamento en sí no brinda evidencia alguna de que ellos cumplieran funciones de gobierno en la iglesia. Por supuesto, podría haber ancianos que a su vez tuvieran el don de profecía, y muchos dones más también. Pero todavía no significa que tengamos una evidencia clara de que los profetas neotestamentarios en función de *profeta* como resultado funcionaran como "líderes carismáticos" en la iglesia primitiva.

Se registra en Hechos 15:32 que después que Judas y Silas, junto con Pablo y Bernabé, llegaron a Antioquía tras el Concilio de Jerusalén, y entregaron la decisión del mismo a la iglesia en Antioquía, "Judas y Silas, como ellos también eran profetas, consolaron y confirmaron a los hermanos con abundancia de palabras" (Hechos 15:32).

No obstante, este pasaje es otra prueba en contra de un liderazgo carismático a cargo de los profetas, pues la función *gubernativa* de Judas y Silas se limitaba a comunicar a los de Antioquía la decisión adoptada por los *apóstoles* y los *ancianos* (¡y *no* por los profetas!) de Jerusalén. Y esa desición normativa de los apóstoles y los ancianos había sido forjada en manera indudablemente poco "carismática". (Nótese: "después de mucha discusión", en Hechos 15:7.) Judas y

Silas no llegaron en calidad de profetas, sino como "varones princi-pales" entre los hermanos de Jerusalén (Hechos 15:22). (En verdad, los profetas de Antioquía [véase Hechos 13:1] habían demostrado su incapacidad en cuanto a imponer una solución normativa de carácter "carismático" para la comunidad del lugar.) Es tan sólo cuando Lucas desea mencionar las funciones, no de gobernar, sino de exhortar y fortalecer, que añade que Judas y Silas también eran profetas. En ningún lugar del Nuevo Testamento se aplica término alguno refe-rente a las funciones de mando, liderazgo o gobierno a una persona por el *mero* hecho de tener el don profético.

Concuerda con esta conclusión la reflexión acerca de la experiencia en el movimiento carismático que extrae Bruce Yocum:

> Es generalmente un error que en un grupo los profetas se constituyan en la máxima autoridad. Una cantidad de sectas y grupos heterodoxos se han guiado por "profetas" cuyas afirmaciones "inspiradas" desviaron a la gente. . . A los profetas les corresponde profetizar, pero a los jefes les corres-ponde juzgar la profecía.[*]

Resumen

La evidencia que proporciona repetidamente el Nuevo Testamen-to es que existían cargos tales como ancianos y algunas veces diáco-nos desde el más remoto período del establecimiento de las iglesias neotestamentarias. También da indicios de que estaba ampliamente difundido el concepto de que había ancianos, no profetas, en el ejercicio de las funciones de autoridad en todas las iglesias locales de las cuales tenemos datos.

Por el contrario, no poseemos ninguna evidencia convincente de que los profetas neotestamentarios, en su carácter de profetas, hayan gobernado a las primeras iglesias mediante un "mandato carismáti-co", utilizando como medio declaraciones proféticas en cuanto a la dirección de la iglesia. Tal teoría se basa exclusivamente sobre opi-niones de algunas personas acerca de cómo la iglesia "debe de haber o podría haber" desarrollado, pero no cuenta con el apoyo de los hechos del propio Nuevo Testamento.

---

[*]   Yocum, *Prophecy*, p. 68.

Aplicación en la actualidad

Se espera que el gobierno y la administración de las iglesias de hoy se lleve a cabo por los que tengan dones de liderazgo, quienes hayan sido establecidos formalmente en los cargos de la iglesia, especialmente como "ancianos" (para usar la terminología del Nuevo Testamento). No debemos creer que una iglesia sea más "espiritual" o "fiel a la iglesia primitiva" por buscar declaraciones proféticas como guía o dirección; realmente, de ese modo se parecerá *menos* a la iglesia del Nuevo Testamento.

En cambio, el gobierno debe ser ejercido por el juicio maduro de los encargados de la iglesia elegidos adecuadamente; generalmente ellos deben actuar tomando en consideración la sabiduría colectiva de la iglesia entera, y con el consentimiento y el apoyo de ella. Algunos líderes podrán poseer también el don de profecía, y otros dones más, pero el don de profecía por sí mismo no habilita a uno más que otros para dirigir la iglesia; esa idoneidad la confieren los dones y características que son apropiadas para el culto en la iglesia, así como se han delineado en pasajes tales como 1 Timoteo 3:1-13 y Tito 1:5-9.

CAPITULO 10

¿PUEDEN PROFETIZAR TODOS LOS CREYENTES?

Hemos completado nuestro análisis del don de profecía en sí: el alcance de su autoridad (capítulos 1 al 4), sus fuentes (capítulo 5), su diferencia con el don de enseñanza (capítulo 6), de qué trataban las profecías en su contenido (capítulo 7), cómo actuaba como señal de la bendición de Dios sobre una congregación (capítulo 8), y si el don de profecía por sí solo capacitada a los profetas para gobernar las iglesias en aquellos primeros tiempos (capítulo 9).

Pero restan dos preguntas acerca de quiénes podían usar el don de profecía. Primero: ¿podían profetizar todos los creyentes, o el don estaba restringido solamente a ciertas personas en la congregación? Esta pregunta será analizada en el presente capítulo. Segundo: ¿podían profetizar las mujeres libremente en las congregaciones locales, o es que 1 Corintios 14:33b-35 impone algunos límites a las mujeres en el empleo del don profético? Esa pregunta será examinada en el capítulo 11.

¿"Profeta" es un cargo dentro de la iglesia o una designación informal?

El primer paso para determinar quién podía profetizar en las iglesias locales es averiguar si la palabra "profeta" se refería a un cargo especial en la iglesia. En caso de que hubiera un funcionario eclesiástico designado formalmente "profeta", la respuesta a la pregunta es muy fácil: los que poseían el oficio de profeta podían profetizar en la iglesia.

¿Qué queremos decir con la palabra "oficio"? La empleamos para significar que alguien está *públicamente reconocido como depositario del derecho y la responsabilidad de ejercer actividades en la iglesia.* Por ejemplo, si alguien tiene el oficio de "anciano", toda la iglesia le reconoce el derecho de dirigir la iglesia, y también la responsabilidad de hacerlo. Supuestamente en la iglesia todos saben quiénes son los "ancianos", y quiénes no lo son. Cuando Pablo enumera las condiciones de una anciano (u "obispo", o supervisor) en 1 Timoteo 3:1-7 y Tito 1:5-9, y cuando establece "ancianos en cada iglesia" (Hechos 14:23), o le indica a Tito que establezca "ancianos en cada ciudad" (Tito 1:5), pone de manifiesto que "anciano" es un oficio eclesiástico reconocido.

Caso similar es el del oficio de "diácono": evidentemente es un oficio en la iglesia porque es del dominio público quiénes son los diáconos que deben encargarse del desempeño de ciertas responsabilidades administrativas en la iglesia. Pruebas de ser un "oficio" específico en la iglesia primitiva son los requisitos para los diáconos en 1 Timoteo 3:8-13 (véase también Hechos 6:3), y el hecho de que evidentemente se acostumbraba una ceremonia de ordenación (o sea, un acto público de apartar a ciertas personas) para ese oficio (Hechos 6:6; véase 1 Timoteo 3:10).

Ahora la cuestión es si los profetas neotestamentarios eran o no un grupo tan claramente definido y públicamente reconocido. Antes de que pueda llamárseles "profetas" en las iglesias locales, se exigiría un tipo de reconocimiento formal (tal vez un anuncio público, o un voto de aprobación por parte de la congregación, o quizá una ceremonia de ordenación). En otras palabras, en las iglesias neotestamentarias, ¿existiría el oficio de profeta en algún sentido?

La otra alternativa sería que el término "profeta" no se empleara como un oficio, sino tan sólo dándole un sentido *descriptivo* o *funcional*, de tal modo de que se le podría decir "profeta" a cualquiera que profetizara.

Esta segunda posibilidad se cumple en el caso de otros muchos dones en el Nuevo Testamento. Por ejemplo, a alguno que acostumbrara ayudar a otros podía llamársele "ayudador"; a alguno que con frecuencia enseñara podía llamársele asimismo "maestro"; o alguno que a menudo interpretara los mensajes en lenguas extrañas podía ser llamado "intérprete", etc. En tales casos, al hombre o a la mujer que no hubiera recibido ningún tipo de reconocimiento formal, aún se le podía aplicar un sustantivo descriptivo.

Cuando sustantivos tales como "ayudador", "administrador", "sanador", "hablante de lenguas", "intérprete" u otros se usan de un modo simplemente descriptivo, así como en estos ejemplos, será conveniente referirse a ellos como sustantivos en uso *funcional* (siendo que simplemente describen las *funciones* desempeñadas por la gente), para poder diferenciarlos de los sustantivos que se usan como términos técnicos para indicar algún oficio o cargo eclesiástico que requiera un reconocimiento más formal.

Ahora en cuanto al término "profeta", hay varias razones por las cuales parece usarse en sentido funcional tanto en 1 Corintios como en los demás casos en que el Nuevo Testamento menciona a profetas congregacionales.

En primer lugar, aun cuando alguno presentara el argumento de que existía el oficio de "profeta" en la iglesia de Corinto, debería admitir que había quienes no desempeñaban el cargo y sin embargo profetizaban en algunas ocasiones. Sucedería esto inevitablemente en una iglesia donde se animaba a todos a profetizar (1 Corintios 12:31; 14:1, 5, 39). Algunas personas intentarían con titubeos usar el don por primera vez; en otros casos recibirían una revelación sólo muy esporádicamente. En cualquier congregación podría existir en diferentes grados toda clase de capacidad profética.

A estas personas que profetizan esporádicamente Pablo igualmente les llama "profetas", pues en 1 Corintios 14:32 dice: "y los espíritus de los profetas están sujetos a los profetas". No puede ser que con esto él quiera sólo decir que los que están formalmente reconocidos como profetas pueden controlarse cuando profetizan, pues entonces sus instrucciones no tendrían cabida con los novicios (quienes necesitaban tanta instrucción como los otros, sin duda alguna). Aquí "profetas" debe de referirse a todos los que profetizan, aun en escasas ocasiones, de modo que no puede limitarse a un oficio especial en la iglesia.

Luego en 1 Corintios 14:29, donde dice "los profetas hablen dos o tres, y los demás juzguen", no es posible que Pablo esté impartiendo instrucciones que conciernan sólo a un grupo especial formalmente reconocido, porque así excluiría de la participación congregacional a los que tenían dones proféticos pero que no estaban formalmente reconocidos. Eso sería algo contrario al deseo expreso de Pablo de que todos aquellos que tuvieran dones pudieran usarlos para beneficio de todos (1 Corintios 12:7, 21, 26; 14:5, 12; véase Romanos 12:6). Aquí Pablo indica con el término "profeta" a cualquiera que poseía la capacidad de profetizar, o simplemente a cualquiera que recibía una revelación y profetizaba.

En 1 Corintios 14:37, con la frase "si alguno se cree profeta o espiritual", Pablo da a entender que hay un elemento de evaluación subjetiva. Alguno podría "creer" ser profeta, mientras que otro podría disentir de ese criterio. Si ser "profeta" constituyera un oficio formal, no podría ocurrir tal diferencia de opinión, pues todos sabrían quién era profeta y quién no lo era. Sin embargo, Pablo no hubiera podido decir: "Si alguno se cree obispo", por ejemplo, porque ¡o bien se era obispo o no! Por lo tanto, aquí "profeta" no puede indicar un oficio, sino que debe de referirse sencillamente a alguien que tiene la capacidad de profetizar o que frecuentemente profetiza.

Luego de los casos mencionadas, sólo resta considerar 1 Corintios 12:28, donde el término recibe un empleo ambiguo. Al parecer, una conexión con "apóstoles" podría sugerir que se enumeran aquí oficios eclesiásticos, pero eso no es seguro. "Maestros" podría ser una descripción funcional de los que enseñan (tal como en 1 Timoteo 2:7; 2 Timoteo 1:11; Hebreos 5:12; quizá Santiago 3:1; véanse Tito 2:3 y la frase general de Romanos 12:7 "el que enseña"). Más aún, en 1 Corintios 12:13, cuando Pablo dice: "Procurad, pues, los dones mejores", da la impresión de que le agradaría que todos los corintios aspiraran a ser "profetas" en el sentido encontrado en 1 Corintios 12:28; un deseo insólito si se estuviera refiriendo por "profeta" a una función u oficio formalmente reconocido.

En otros puntos del Nuevo Testamento el término "profeta" aparece en casos que son generalmente demasiado ambiguos como para permitirnos determinar si se refiere a una clase de oficio o puesto formalmente reconocido. Se le llama a Agabo "profeta" (Hechos 11:27; 21:10), pero nada dentro del contexto nos prueba que se señale su cargo o simplemente su función. Lo mismo se verifica en Hechos 13:1, donde leemos que "había entonces en la iglesia que estaba en Antioquía profetas y maestros".

En Hechos 15:32 Lucas menciona a Judas y Silas que "también eran profetas". Pero difícilmente puede tomarse como la designación de sus cargos, pues el relato que aparece anteriormente acerca del Concilio en Jerusalén sólo menciona los oficios de apóstol y anciano (Hechos 15:2, 4, 6, 22) pero no el de profeta; Lucas los menciona, no con relación a un cargo oficial, sino sólo porque aquí nos informa que Judas y Silas "consolaron y confirmaron a los hermanos con abundancia de palabras" (Hechos 15:32).

En Cesarea, Felipe tenía cuatro hijas solteras "que profetizaban" (Hechos 21:9); en esta oración ni siquiera se usa un sustantivo para referirse a la actividad profética, sino un verbo, lo cual claramente se adecúa más a una función que a un oficio formal. Efesios 4:11 también resulta ambiguo. Escribe Pablo: "El dio algunos apóstoles, algunos profetas, algunos evangelistas, algunos pastores-maestros . . ."[*] En esta lista "apóstoles" se refiere indudablemente a los que tenían ese oficio específico y reconocido. Pero el caso de "evangelistas" no es tan claro, pues en el Nuevo Testamento no hay ningún dato acerca de personas que hayan sido apartadas u ordenadas para el oficio de evangelistas, sino sólo menciones de personas a las que se llama evangelistas, tal vez por tener como principal esfera de servicio en la iglesia la actividad o función de evangelizar. (Las únicas ocurrencias del término "evangelista" en el Nuevo Testamento son: Hechos 21:8, refiriéndose a Felipe el evangelista, y 2 Timoteo 4:5, donde Pablo recomienda a Timoteo hacer "obra de evangelista".) Más aún, a diferencia de apóstol, anciano o diácono, no hay nada inherente a la obra del evangelismo que requiera un reconocimiento público de toda la iglesia. Cualquiera puede evangelizar, sea encargado por la iglesia o no; sin embargo, ninguno puede gobernar una iglesia sin haber sido públicamente reconocido ante toda la iglesia.

En cuanto a pastores-maestros, si bien éste es el único caso en que el Nuevo Testamento emplea tal combinación de términos, es probable que en la iglesia primitiva éste fuera un oficio reconocido, quizás igual que el oficio de anciano. Sin embargo, el hecho de que Pablo no use el término "anciano" (si bien había ancianos en Efeso, véase Hechos 20:17) nos sugiere que él quizás estuviera considerando las actividades desempeñadas más que el oficio de por sí; es decir, aquellos que hacen obras de apóstoles, aquellos cuya actividad es profetizar, aquellos cuya ocupación es evangelística, aquellos que llevan a cabo la tarea de pastorear y enseñar. Sería claramente una lista de cargos eclesiásticos si Pablo hubiera escrito así: "El dio algunos apóstoles, algunos profetas, algunos ancianos, algunos diáconos . . ." Pero no lo escribió así, ni tampoco existe tal lista en el Nuevo Testamento. "Apóstoles, profetas, evangelistas, pastores-maestros" es, a lo sumo, una enumeración entremezclada de oficios y funciones, y no nos suministra una evidencia terminante de que en las iglesias neotestamentarias haya habido un oficio formal de "profeta".

---

[*] Se da la traducción directa del autor.

Al precedente análisis de los versículos especificos donde se mencionan profetas, se añaden consideraciones menores que contradicen la opinión de que "profeta" fuera un cargo reconocido. En primer término, no hay indicio en el Nuevo Testamento de ceremonia alguna para recibir o instituir a una persona en el oficio profético o para encomendarle la ejecución de tareas proféticas específicas (como en el caso de los apóstoles, ancianos y diáconos en Hechos 1:23-26; 6:6; 14:23; 1 Timoteo 4:14; 5:22; Tito 1:5; etc.). En segundo término, no parece haber ninguna necesidad de designar públicamente a los que eran profetas, pues cualquiera que recibiera una revelación podría profetizar (1 Corintios 14:31).

Así que parece que "profeta" no era un cargo, sino la definición de una función en el Nuevo Testamento. Todos aquellos que con frecuencia profetizaban o demostraban tener el don de profecía eran llamados "profetas".

El líder carismático británico Michael Harper, en un folleto que es en muchos aspectos muy equilibrado y práctico en cuanto al don de profecía, a mi parecer comete un error en su análisis de la evidencia en el Nuevo Testamento de la función. El encuentra una diferencia (que otros carismáticos también han mencionado repetidas veces) entre el "oficio de profeta", que sólo unos pocos podían ocupar, y la "manifestación profética" más común y potencialmente al alcance de cualquiera. Luego dice que 1 Corintios 14:29 sólo permite que profeticen "dos o tres" que desempeñen el *oficio* de profeta, pero 1 Corintios 14:31 dice (refiriéndose al resto de la congregación) que "todos" pueden profetizar.* Pero ésta es una mala interpretación de 1 Corintios 14:31. No significa que todos los presentes pudieran profetizar durante un culto, sino sólo que aquellos que profetizan pueden hacerlo "uno por uno", de manera ordenada. (Se verá el análisis de este versículo más adelante en este capítulo bajo el subtítulo "¿Poseen todos esta capacidad?")

Me parece más precisa la conclusión del escritor Donald Gee, de las Asambleas de Dios, quien dice:

"A pesar de que parezca haber una diferencia entre los profetas oficiales y aquellos otros que profetizaban, los profetas no eran sino quienes ejercían en forma frecuente y aprobada el don de profecía; cualquier aseveración que va más allá será arbitraria"**

---

*   Harper, *Prophecy: A Gift for the Body of Christ*, p. 28.
**   Gee, *Spiritual Gifts in the Work of Ministry Today*, pp. 43-44.

Habiendo dicho esto, debemos también reconocer, sin embargo, que el término puede tener un significado *más amplio* o *más restringido* según el contexto en que esté empleado. Por ejemplo, 1 Corintios 14:32: "Y los espíritus de los profetas están sujetos a los profetas"; aquí "profeta" debe de estar aplicado a cualquiera que profetice siquiera una vez. El sentido es muy amplio aquí; pero el contexto lo deja en claro para el lector.

En cambio, en 1 Corintios 14:37 se precisa un significado más restringido del término: "Si alguno se cree profeta, o espiritual . . ." Aquí entra en juego un elemento subjetivo de evaluación personal. Algunos podrían considerar que cierta persona es profeta, mientras que otros no lo considerarían así. En tal caso, si el término "profeta" fuera aplicable a una persona en particular, o si no le correspondiera, dependería, como mínimo, de tres factores variables:

(a) *La frecuencia y el alcance de la actividad profética de una persona:* Si alguno profetizaba ante toda la congregación muy frecuentemente y por extenso, ciertamente se le llamaría "profeta", mientras que otro que profetizaba de cuando en cuando, en breves mensajes (y quizás ante gupos más pequeños de hermanos) podía no recibir ese nombre.

(b) *La situación reinante en la congregación en particular:* En una iglesia donde ninguno hubiera profetizado por meses o años enteros, hasta un novicio en la actividad profética sería llamado profeta; pero en una iglesia en que estuvieran activos muchos profetas, la gente no le llamaría profeta al principiante hasta que comenzara a profetizar más a menudo.

(c) *Los hábitos idiomáticos individuales de los creyentes de una congregación:* Algunos serían entusiastas al punto de rotular a cualquier novicio como profeta, mientras que otros serían más cautelosos para aplicar al término.

Tanto el uso lato como el restringido que hemos descrito, comprenden lo que podría denominarse un reconocimiento *informal* del hecho de que ciertas personas son profetas y otras no lo son (por el momento, si se quiere). No parece que haya existido un voto congregacional que decidiera a quién pueda llamarse profeta, ni encontramos tampoco datos de que mediante de un anuncio público ciertas personas señaladas pudieran llamarse profetas. Más bien es probable que fuera común que los creyentes aceptaran que "profeta" significaba simplemente "aquel que profetiza". Esta definición no técnica concuerda cabalmente con todos los datos que aporta el Nuevo Testamento.

¿Pueden profetizar todos los creyentes?

Ahora que hemos establecido que "profeta" aparentemente no era un oficio formal en el Nuevo Testamento, tomaremos la principal pregunta de este capítulo: ¿Pueden profetizar todos los creyentes?

Para responder, debemos distinguir varios significados específicos de esta pregunta y contestar uno por uno los sentidos individuales encerrados:

1. ¿Se permite profetizar a todos los creyentes?
2. ¿Tienen todos los creyentes la capacidad potencial para profetizar?
3. ¿Tienen todos los creyentes la capacidad real de profetizar?
4. ¿Tienen todos los creyentes la capacidad de profetizar a voluntad?

Analizaremos estos puntos de uno en uno:

¿Tienen todos permiso?

Pablo impone ciertas restricciones al permiso de profetizar. Ninguno puede profetizar mientras habla otra persona (1 Corintios 14:30-31), y si consideramos los límites que impone el tiempo, en una reunión no era posible que profetizara cada una de las personas de la congregación (1 Corintios 14:29). Pero aparte de estas restricciones, no hay en el Nuevo Testamento otras limitaciones al permiso de profetizar. No había un permiso profético tan especial que sólo aquellos que lo poseyeran podían profetizar en la iglesia, ni se indica tampoco que sólo pudieran profetizar en la iglesia los miembros mayores, más maduros, o más respetados de la congregación. Por el contrario, todos los creyentes que recibieran una revelación y esperaran su turno para hablar tenían permiso de profetizar.

¿Tienen todos la capacidad potencial de profetizar?

Lo que queremos averiguar con esta pregunta es si todo creyente podía algún día profetizar, o por el lado negativo, si había creyentes a quienes por alguna causa se les descalificaba de una vez para profetizar. La respuesta a esto debe ser que tal capacidad estaba virtualmente en poder de todos aquellos en quienes obraba el Espíritu Santo. Pablo dice que los dones son repartidos *a cada uno* (1 Corintios 12:7, 11) por el Espíritu Santo según su libre voluntad, que decide quién recibe cuál don ("como él quiere", 1 Corintios 12:11). Posiblemente cualquiera podía recibir el don de profecía. Más aún, Pablo insta a todos los corintios a procurar la profecía (1 Corintios 14:1, 39), lo cual implica que existía para cada uno de ellos al menos la posibilidad de recibir el don de profetizar.

¿Tienen todos realmente la capacidad de profetizar?

Lo que queremos preguntar, en este caso, es si todo creyente recibía concretamente la capacidad de profetizar. La respuesta debe ser negativa. Si bien Pablo *desea* que cada cristiano corintio procure el don de profecía y otros dones útiles, aun así expresa muy claramente que ningún don estará contenido en todos los creyentes (1 Corintios 12:8-10, 12, 14, 17, 19-20, 29-30) y aun señala la profecía como una función que no todos poseían (nótese en 1 Corintios 12:29 la interrogación retórica: ¿Son todos profetas?).

No es incoherencia en la señal de Pablo decir que *no todos podrán* profetizar, y a la vez estimular a todos a *procurar* ser capacitados para hacerlo. El no podía seleccionar un solo grupo, digamos los adultos, o los líderes, o los creyentes más maduros, y decirlo sólo a las personas de esa clase que procuraran profetizar, pues entonces excluiría arbitrariamente algunos profetas potenciales. Su única alternativa era exactamente hacer eso: estimular *a todos a procurar* el don y a la vez exhortar a aquellos que no lo recibieran a contentarse y confiar en la sabiduría de Dios respecto de lo que sea mejor para la iglesia (1 Corintios 12:11, 15-16, 18, 28 en conjunto con 31).

Otra objeción podría presentarse a partir de Hechos 19:6, donde dice que un puñado de creyentes efesios "hablaban en lenguas y profetizaban". Aun siendo este acto de profetizar probablemente similar en muchos aspectos al tipo de profecía que encontramos en 1 Corintios, el hecho de hablar en lenguas y profetizar todos a la vez, según parece, lo diferencia mucho del habla ordenada prescrita para la congregación en 1 Corintios. Se nos presenta más bien como un evento espectacular y exclusivo por el cual se confirmaba la concesión del Espíritu Santo a los gentiles, algo así como los acontecimientos de Hechos 2:4 y 10:46, y este preciso evento no necesariamente se debía repetir en la fundación de otras iglesias ni en la vida posterior de estos mismos doce hombres de Efeso al comenzar a desenvolverse dentro de la adoración ordenada de la congregación reunida.

Una última objeción puede surgir de 1 Corintios 14:31 donde dice Pablo: "Podéis profetizar todos uno por uno, para que todos aprendan y todos sean exhortados." ¿Acaso no dice este versículo que todos pueden profetizar?

En realidad, el versículo no dice exactamente eso. Lo que en efecto dice es que todos pueden profetizar *uno por uno;* en otras palabras, todos pueden dominarse y actuar en forma ordenada. En el texto griego la frase "uno por uno" está cerca del comienzo de la oración y se interpone entre "podéis" y "profetizar"; así garantiza que el lector captará que no se trata simplemente de la capacidad de profetizar, sino de la capacidad de profetizar uno por uno.

Luego este versículo no significa que de hecho todos puedan profetizar, sino simplemente que cada uno en la congregación puede controlarse si es que profetiza.

La última frase de 1 Corintios 14:31: "para que todos aprendan, y todos sean exhortados", subraya el resultado de profetizar uno por uno. Todos los integrantes de la congregación recibirían ayuda o aliento, por el hecho de que todos podrían oír y entender. La otra situación, en la cual varios profetizarían a la vez, permitiría que muy pocos, o ninguno, aprendiera y fuera exhortado, porque ninguno podría oír ni entender lo dicho. Pero si todos los que profetizan lo hacen uno por uno, todos oirán y entenderán las palabras, y todos, como resultado, serán alentados y fortalecidos.

En conclusión, varios párrafos de 1 Corintios 12-14 demuestran con toda claridad que no todos los creyentes tenían de hecho la capacidad de profetizar.

¿Puede una persona profetizar cuando quiera?

En la investigación en torno a 1 Corintios 14:30 (hecha anteriormente en el capítulo 5) encontramos que se consideraba la "revelación" como algo que en manera completamente espontánea llegaba a un profeta, que le llegaba de Dios y que sin una "revelación" no podría haber profecía. Así que ningún profeta podía elaborar por voluntad propia una revelación y a partir de ello comenzar a profetizar. El profeta o la profetisa debía esperar hasta que algo le fuera revelado por el Espíritu Santo.

En este punto aparece una diferencia entre la profecía y algunos de los otros dones mencionados por Pablo. Dones tales como administración, enseñanza, servicio, socorro y (probablemente) hablar en lenguas (1 Corintios 14:15, 18, 28) podían ejercerse a voluntad. El creyente que tenía uno de esos dones podía ponerlo en práctica en cualquier momento. Pero la profecía era más espontánea y sólo podía tener lugar cuando el profeta recibía una revelación. Es evidente que ninguna persona podía usar el don de profecía a voluntad.

¿Se debería permitir profetizar aun a los nuevos creyentes? (1 Corintios 12:1-3)

¿Qué diremos de los recién convertidos que profeticen, en especial aquellos procedentes de un trasfondo indudablemente no cristiano, o sea pagano? ¿Debería la iglesia esperar un tiempo — digamos uno o dos años — para verificar si las convicciones cristianas de los nuevos creyentes son reales y si ellos tienen suficiente comprensión de la doctrina antes de darles permiso para profetizar?

Aparentemente este mismo problema surgió en Corinto, no solamente con la profecía sino también con respecto a los dones espirituales en general. Corinto recibía la fuerte influencia de las religiones paganas de origen griego, y Pablo llega a decir que el culto a los ídolos en Corinto era en verdad culto a los demonios:

> . . . los sacrificios de los paganos son ofrecidos a los demonios, no a Dios, y yo no quiero que vosotros entréis en comunión con los demonios. No podéis beber la copa del Señor, y además la copa de los demonios; no podéis tomar parte en la mesa del Señor y, además, en la mesa de los demonios (1 Corintios 10:20-21, Nueva Versión Internacional).

Este trasfondo religioso tendría peso en la cuestión del uso de los dones espirituales de los recién convertidos, especialmente aquellos con experiencia en el culto demoníaco. Parecería que Pablo conocía el problema y ofrece una respuesta en su introducción al estudio de los dones del Espíritu en 1 Corintios 12 al 14. Escribe esto:

> En cuanto a los dones espirituales, hermanos, no quiero que estéis en la ignorancia. Ya sabéis que cuando erais paganos, os sacaban de quicio cuando os impelían a postraros a los pies de los ídolos que no pueden hablar. Por eso os hago saber que nadie que esté hablando bajo el impulso del Espíritu de Dios puede decir: "Maldito sea Jesús"; como tampoco puede decir nadie: "Jesús es el Señor", a no ser bajo el impulso del Espíritu Santo (1 Corintios 12:1-3, Nueva Versión Internacional).

Lo que Pablo está diciendo concretamente es: "Yo sé que ustedes antes servían a dioses de los cuales no era posible que aprendieran nada. De modo que son ignorantes en cuanto a los dones espirituales. Por eso les informo que ninguno que hable por el Espíritu de Dios puede decir: 'Jesús sea maldito', y por otro lado nadie puede decir que Jesús es Señor a no ser merced al Espíritu Santo."* Entendidos así, estos versículos proveen una adecuada introducción a los capítulos 12 al 14, pues aquí se nota el énfasis de Pablo en el hecho de que *cada* cristiano tiene en sí mismo el Espíritu de Dios dándole la facultad de hacer tal declaración.

Esto tiene razonable cabida dentro de la cultura que suponemos que tenían muchos de los convertidos de Corinto. Es probable que los corintios hayan comunicado a Pablo su preocupación por la entremezcladura de la idolatría con el cristianismo. En la iglesia había muchos ex idólatras (véanse 1 Corintios 6:9-11; 8:7); los que despertaban mayores sospechas pueden catalogarse aproximadamente en dos categorías:

(a) Por un lado, tal vez venían a los cultos de adoración personas que decían ser inspiradas y brindaban una adoración conmovedora, quizá hasta profetizaban con mucha demostración de emoción. Pero a pesar de ello dirían cosas muy perturbadoras y aun blasfemarían algunas veces a Cristo. ¿Podría ser que el Espíritu Santo les otorgaba el poder, si no de blasfemar, por lo menos para decir otras cosas?

Pablo responde: "No, estas personas no hablan por el Espíritu de Dios. Si operara en ellos el Espíritu Santo no dirían cosas semejantes."

(b) Por otro lado, si los corintios no debían confiar en gente como esa, les sería difícil saber en quién confiar. Gran parte de la congregación se componía de idólatras convertidos, algunos de ellos con una comprensión todavía superficial del cristianismo. ¿Cómo podrían determinar si alguien que anteriormente hubiera sido idólatra estaba diciendo la verdad, y aun si cualquiera de sus dones — fuera profecía, enseñanzas, sanidades, lenguas, administración o lo que fuere — merecía la confianza de la iglesia?

A esto responde Pablo: "No deben ser desconfiados por demás y excluir a los verdaderos creyentes del servicio en la iglesia. Quienquiera que haya proclamado a Cristo verbalmente en un acto genuino y sincero, lo ha hecho por el poder del Espíritu Santo y debe ser plenamente aceptado en la iglesia."**

Se entiende, por supuesto, que 1 Corintios 12:3 no se refiere a la simple repetición de una fórmula mágica (para esto véase lo referente a proclamar en falso en Mateo 7:21-23, y 15:8). Por el contrario,

---

*   Paráfrasis del autor.
**   Los textos atribuidos a Pablo son paráfrasis del autor.

"llamar a Jesús Señor", dice Pablo, debe entenderse como una profesión de fe personal, la cual resulta fidedigna al ser acompañada de indicios normales de sinceridad y comprensión. Así también la palabra "anatema" no indica de por sí que forzosamente se trate de incredulidad; por ejemplo, cualquiera que leyera en voz alta la carta de Pablo en Corinto pronunciaría la frase escrita en el versículo 3. Pero cuando parece manifestar los sentimientos interiores de quien habla, luego Pablo lo interpretaría como señal de incredulidad.

Desde luego, Pablo no está proponiendo un sistema garantizado para la totalidad de los casos, porque no sería posible que los corintios pudieran asegurar en cada ocasión que una persona fuera sincera, especialmente al confesar su fe. Pablo sugería como regla general, de utilidad en la mayoría de los casos, que (1) la blasfemia era manifestación de incredulidad y (2) la proclamación de fe era evidencia de creer.

Con esta comprensión de 1 Corintios 12:3, entendemos que Pablo no sólo toma en cuenta los dones orales en este párrafo. Aunque la confesión de fe y la blasfemia son actividades del habla, funcionan como indicios de la presencia o bien de la ausencia de la obra del Espíritu Santo en la vida de una persona. Cuando alguno declara que "Jesús es Señor", es una señal de que el Espíritu Santo está obrando en su interior (1 Corintios 12:3), y por tanto de que él es miembro del cuerpo de Cristo (1 Corintios 12:3) y tiene dones que han de ser usados para beneficio de ese cuerpo (1 Corintios 12:7, 11, 12-31). Si una persona blasfema, eso indica que el Espíritu Santo no está obrando en él (1 Corintios 12:3), luego que no es miembro de Cristo y al presente no tiene dones que beneficien a la iglesia (1 Juan 4:1-6 tiene una enseñanza similar).

Concluyendo, en una ciudad llena de idolatría, 1 Corintios 12:1-3 diferencia entre aquellos que tienen dones espirituales (los creyentes) y los que no los tienen (los incrédulos). Los que se distinguen como verdaderos creyentes por una convincente confesión de fe en Cristo tienen al Espíritu Santo en su interior. Y si está dentro de ellos el Espíritu Santo, luego tienen también un valioso don o dones que pueden ser usados para beneficio del cuerpo de Cristo. Por lo tanto algunas veces hasta un recién convertido podrá recibir el don de profecía. Siempre que se sujeten a la supervisión apropiada de la congregación (véase especialmente 1 Corintios 14:29-33a, y el capítulo 13 de este libro), aun a los nuevos creyentes se les debería permitir el uso de este y otros dones que reciban para beneficio del cuerpo de Cristo.

¿La profecía es un don temporal o permanente?

En dos sentidos secundarios, la profecía puede ser considerada un don *temporal*. En primer lugar, ningún profeta podía profetizar a voluntad (véase el análisis en las páginas 184-185). Un profeta o una profetisa sólo podía profetizar al recibir una revelación. Aun cuando una persona profetizara con bastante frecuencia, se podría decir que en realidad no "poseía" el don, pues tenía que esperar hasta el momento en que el Espíritu le diera la revelación.

En segundo lugar, Pablo reconoce la absoluta soberanía del Espíritu Santo en la distribución de los dones. Todos los dones los concede el mismo Espíritu "repartiendo a cada uno en particular como él quiere" (1 Corintios 12:11). Por lo tanto, es ciertamente posible que el Espíritu otorgue a alguien una capacidad especial — digamos de sanidad, o de profecía — por algunos instantes y que luego no vuelva nunca a otorgársela a esa persona.

A pesar de estos dos puntos valederos, es posible considerar el don de profecía como *permanente*, o al menos *semipermanente*, en la mayoría de los casos. Aceptamos que ningún profeta puede profetizar cuando quiera; aun así encontramos en 1 Corintios 12 al 14 indicios de que había personas con la capacidad de profetizar con frecuencia extendiéndose bastante en el tiempo. Este hecho no desmiente la insistencia de Pablo acerca de la soberanía del Espíritu al distribuir los dones. Pablo sólo quiso decir probablemente que reconocía que el Espíritu actuaba en forma ordenada y constante, no de modo caprichoso y desconcertante.

En 1 Corintios 14:37 la frase "si alguno se cree profeta" es aplicable, no en el momento en que la persona se encuentra profetizando, sino en el momento de ser leída la carta de Pablo. Esta frase hace suponer que algunas personas profetizaban tan frecuentemente como para ser consideradas todo el tiempo profetas, y no sólo en el momento en que profetizaban. En 1 Corintios 13:2 ocurre lo mismo: la frase "si tuviese profecía" da a entender la continua investidura del don. Luego en 1 Corintios 12:29, "¿Son todos profetas?" insinúa que algunas personas profetizan con tanta continuidad como para ser consideradas profetas.

Parece que el caso es el mismo con otros dones. Cuando alguno tenía la facultad de interpretar lenguas, aparentemente este hecho era conocido por toda la congregación, porque se suponía que el que hablaba en lenguas extrañas debía saber si se encontraba presente un "intérprete", pues de lo contrario debia abstenerse de hablar en lenguas en la iglesia (1 Corintios 14:28).

Similar conclusión puede extraerse de la metáfora del cuerpo en 1 Corintios 12:12-26. Si se imagina a los miembros de la iglesia como partes del cuerpo, se figura la retención de funciones durante un tiempo (pues la mano continúa siendo una mano, el pie continúa siendo un pie, etc.). Sin embargo, no llevemos al exceso esta metáfora, porque no implica que uno no pueda adquirir otros dones, o perder ciertos dones, o tener más de un don, etc.

Por eso nos parece que, en cuanto a la profecía, la configuración era normalmente la de un don permanente o al menos semipermanente, aun cuando nadie podía profetizar a voluntad, y es posible que hubiera algunos que profetizaban una vez y nunca más.

Aun cuando no sea mal hablar de "tener" tal o cual don (pues Pablo mismo se expresa así en el griego original de los textos de 1 Corintios 12:30 y 13:2), es apropiado que en todo este estudio traigamos a la memoria la perspectiva madura respecto al asunto de la posición de dones espirituales en general de Richard Gaffin:

> Probablemente la lección más importante, y ciertamente la más difícil de aprender para nosotros, es que los dones espirituales no son al final nuestras supuestas fuerzas y capacidades, ni algo que "tengamos" (ni que nos haya sido dado), sino lo que Dios hace a través de nosotros sin contar con nuestra ayuda ni limitado a nuestras debilidades. "Bástate mi gracia; porque mi poder se perfecciona en la debilidad" (2 Corintios 12:9).[*]

El don de profecía podía variar en su potencia

En el caso de muchos de los dones que enumera Pablo, parece evidente que algunas personas poseían *grados de capacidad* diferentes en cuanto a un don específico. Por ejemplo, en dones tales como enseñanza y administración, aun entre aquellos reconocidos como maestros y administradores no existía una absoluta paridad en lo

---

[*]   Gaffin, *Perspectives*, p. 54.

referente a capacidad. Algunos eran mejores que otros como maestros, y algunos tenían una capacidad administrativa más fuerte que otros, podían asumir responsabilidades mayores, etc.

Por otro lado, había aquellos que no tenían dones de enseñar ni de administrar, quienes en consecuencia no daban enseñanza pública ni desempeñaban ninguna labor de orden administrativo para la iglesia. Pero aun en estas personas había, por cierto, capacidades de enseñar o administrar en grados ínfimos, aun cuando ejercieran esas capacidades sólo en el seno de sus familias o hacia sus hijos, por ejemplo, y no para la iglesia en general. Estos eran los que no tenían el don de enseñanza, pero sí "enseñaban" en cierto sentido, y puede decirse que poseían *algo semejante* al don de enseñanza, salvo que en un grado muy bajo en cuanto a su alcance.

Considerados juntos estos dos factores, es decir: los grados de capacidad que alcanzaban los que sí tenían el don, y la ínfima capacidad (que en parte resulta ser *semejante* al don) en el caso de los que no lo tenían, nos llevan a la conclusión de que no es justamente acertado pensar en estos dones en la iglesia neotestamentaria en términos de absoluta posesión. Más preciso sería pensar en términos de una progresión en intensidad en una escala ascendente.

Cuando Pablo en 1 Corintios 12:29 escribe "¿Todos maestros?, mediante esta interrogación retórica quiere decir que no todos tienen la facultad de enseñanza de suficiente peso como para ejercer como maestros en la congregación. Pero aun esto es una comparación incompleta, porque una persona con sólo un bajo grado de capacidad para la enseñanza podía, no obstante, ser reconocida como maestro en una congregación nueva donde todos los demás tuvieran una capacidad menor que él.

También distingue Pablo grados de capacidad (o frecuencia en el uso) en el caso de las lenguas al decir: "Hablo en lenguas más que todos vosotros" (1 Corintios 14:18). También otros dones, tales como la fe o la capacidad de hablar palabras de conocimiento o sabiduría variarían naturalmente en grado.

En las epístolas pastorales hay señas de que una persona puede aumentar o disminuir por sí misma por lo menos algunas de sus capacidades para el ministerio, por cuanto a Timoteo se le dice que no descuide el don que hay en él (1 Timoteo 4:14) sino que lo ponga en práctica. En el versículo 15 dice literalmente "practica", o bien "ocúpate en estas cosas", refiriéndose a la lectura en público de la Escritura, la predicación y la enseñanza mencionadas en el versículo 13, y al don aludido en el 14, incluyendo "palabra, conducta, amor, . . . fe y pureza" del versículo 12. También se le dice que aviva "el fuego del don" (2 Timoteo 1:6), lo cual sugiere la posibilidad de que Timoteo lo haya dejado caducar por falta de uso, y sólo estuviera en funcionamiento en un grado de escasa intensidad en el momento en que Pablo escribe. Pero "avivándolo" como el fuego Timoteo podría restaurarlo para que funcionara en su vida más intensa y poderosamente.

Estos son todos los versículos que tienen que ver con el tema de los dones aparte del de profecía, así que no podemos estar seguros si el don de profecía siga el mismo modelo si no meditamos e investigamos un poco más. Pero parecería probable que sí se asemeja.

Una prueba a favor de lo dicho se encuentra en Romanos 12:6: "si el de profecía, úsese conforme a la medida de la fe". Lo que aparentemente significa esto es que algunos que tenían el don de profecía poseían una fe más grande (es decir, una confianza o tranquiliad en cuanto a que el Espíritu Santo obraría o estaba obrando en ellos para entregarles una revelación que sería la esencia de una profecía). Aquellos a quienes Dios les hubiera concedido una mayor proporción de esta clase específica de fe profetizarían más. Pero no sería esto motivo de orgullo. En el mismo contexto Pablo insiste en que las diferentes medidas de fe son otorgadas por Dios (Romanos 12:3: "conforme a la medida de fe que Dios repartió a cada uno"), y que tenemos "diferentes dones, según la gracia que nos es dada" (Romanos 12:6).

Si la profecía es así como los otros dones mencionados en el Nuevo Testamento, y si sigue el esquema condicionante de "medidas de fe" como se menciona en Romanos 12, luego habría grados mayores o menores de capacidad profética, abarcando un amplio espectro, cualquiera que fuera la congregación. Los profetas se diferenciarían el uno del otro en cuanto a capacidad, e incluso observarían variaciones en la magnitud de su propia capacidad profética a través del tiempo. Los que tienen un alto grado de capacidad profética profetizarían más a menudo y más frecuentemente, más por extenso y con más claras y eficaces revelaciones, acerca de asuntos más importantes y abarcando una gama más variada de temas.

¿Es correcto procurar el don de profecía?

Ciertas declaraciones de Pablo acentúan tan claramente la soberanía del Espíritu Santo al otorgar los dones que, si se toman aisladamente, podrían llevarnos a adoptar una actitud fatalista. El Espíritu Santo reparte "a cada uno en particular como él quiere" (1 Corintios 12:11). "Dios ha colocado los miembros cada uno de ellos en el cuerpo como él quiso" (1 Corintios 12:18). "Puso Dios en la iglesia" personas con diversos dones (1 Corintios 12:28); etc. Podría suceder que un creyente que leyera esos versículos exclusivamente llegaría a la conclusión de que fuera imposible hacer nada para obtener el don de profecía, salvo sentarse y esperar con la ilusión de que algún día el Espíritu Santo tuviera a bien concederle ese don.

Sin embargo, hay otros versículos que demuestran que Pablo contaba con que los corintios dieran algunos pasos concretos para procurar el don de profecía para sí. "Procurad, pues, los dones mejores" (1 Corintios 12:31). "Procurad los dones espirituales, pero sobre todo que profeticéis" (1 Corintios 14:1). "Procurad profetizar" (1 Corintios 14:39). Parecería que Pablo pensaba que los corintios entenderían la forma de llevar a cabo esto, pues nunca dio una explicación clara de lo que suponía dicha búsqueda.

No obstante, hay en el texto varios atisbos que nos ayudan a conocer al menos algunos pasos que era de esperarse que dieran los corintios. Podemos analizar esos indicios, en lo que respecta tanto al don de profecía como a los otros dones, y sintetizar algunas de las cosas que podrían relacionarse con la búsqueda de los dones, especialmente el don de profecía.

Orar

Una persona podía orar pidiendo la capacidad de interpretar lenguas extrañas (1 Corintios 14:13), así que sin duda podía también orar por el don de profecía.

Contentarse con los dones que ya se poseen

Un creyente no debe considerar erróneamente los dones que ya ha recibido, llenándose de orgullo (1 Corintios 12:20-24), ni sentir celos por los dones que no tiene (1 Corintios 12:14-19). Debe reposar satisfecho de que Dios haya hecho la presente distribución de dones y debe verla como buena y justa (1 Corintios 12:18, 27-30). Por lo tanto, debería tomar una actitud de conformidad aun si no recibe el don que pide.

Crecer hacia la madurez cristiana

Pablo establece en 1 Corintios 14:37 el nexo entre la profecía y la madurez cristiana en general: "Si alguno se cree profeta o espiritualmente maduro...".* En 1 Corintios 2:6 Pablo revela la sabiduría a "los que han alcanzado madurez"; en cambio el inmaduro no recibe comprensión de las cosas del Espíritu de Dios (1 Corinios 2:14). Y como es en el caso de esta sabiduría y comprensión, así podría suceder con la profecía: les es dado más a menudo a los que son maduros.

Tener una motivación correcta

En 1 Corintios 14:1 Pablo relaciona el anhelar el don de profecía con conservar la actitud adecuada: el amor. Recuerda a los corintios que deben procurar abundar en edificación de la iglesia (1 Corintios 14:12) y en 1 Corintios 12:31 les dice que procuren "los dones mejores", es decir, los de más beneficio para la iglesia. Así les da a entender que el motivo preponderante al buscar los dones no debe ser la gloria personal sino la edificación de la iglesia.

Usar los dones existentes

Si los corintios efectivamente tenían los adecuados móviles al procurar la profecía, si sinceramente querían tener ese don para el beneficio de la iglesia, luego justificadamente Pablo podría esperar la evidencia del uso de los dones con que contaban al presente para beneficio de la iglesia (1 Corintios 14:12, 26). Si alguno no cumplía en el uso del don poseído para beneficio de todos, o lo utilizaba mal a manera de atraer la atención sobre sí mismo pero no traía ningún bien a la iglesia (como en 1 Corintios 14:17), entonces quedaría de manifiesto que sus motivos no eran correctos al pedir el don de profecía.

Una nota más deberíamos añadir aquí en cuanto a la forma de descubrir cuáles son los dones que poseemos al presente. Bien lo expresa Richard Gaffin:

> El modo de determinar nuestros dones espirituales no es la pregunta: ¿Cuál es mi "onda" en lo espiritual, mi especialidad espiritual, que me separa de otros creyentes y me da un "altarcito" que me diferencia en la iglesia? El Nuevo Testamento en su totalidad presenta el asunto dentro de un pano-

---

* Traducción directa del autor.

rama más bien *funcional* o *circunstancial*. La pregunta a formular es: ¿Cuáles son las oportunidades especiales que encuentro en la circunstancia en que Dios me ha colocado para servir a otros creyentes de palabra y de hecho? (véase 1 Pedro 4:10s.) ¿Cuáles son las necesidades específicas que me confrontan y necesitan ser atendidas? Plantearse esta pregunta y reaccionar apropiadamente nos conducirá eficazmente no sólo a descubrir nuestros dones espirituales sino también a llevarlos a la práctica.*

¿Tratar de profetizar?

¿Podemos imaginar que Pablo aconsejaría a un profeta en potencia a que simplemente tratara de profetizar, quizá diciéndole que abra su boca y hable cualquier cosa que le venga a la mente? Me atrevo a suponer que Pablo sería muy cauteloso en este punto, basándome en el antecedente del Antiguo Testamento que definía la falsa profecía como "visión" de su propio corazón sin la revelación otorgada por Dios (Jeremías 23:16, 21-22; véase Juan 11:51). Salvo en el caso de aquel que creía que le fuera revelado algo (1 Corintios 14:30), tal práctica sin duda sería desaprobada porque llevaría sencillamente a profetizar sin haber recibido el don de profecía, y por lo tanto a profetizar cosas imaginadas por el mismo que las pronuncia. Esto anularía por completo la característica que constituía la profecía en algo excepcional y valioso entre los dones: el hecho de que su punto de partida era una revelación del Espíritu Santo.

Por otro lado, probablemente Pablo alentaría a una persona que fuera tímida y que creyera haber recibido una revelación, pero que se sintiera insegura. En tal caso, la presencia de maduros y equilibrados oyentes dentro de la congregación, que pudieran señalar eventuales puntos equivocados de la profecía (1 Corintios 14:29; véase 1 Tesalonicenses 5:19-20), sería suficiente garantía para el bienestar y la estabilidad de la congregación.

Resumen

La palabra "profeta" evidentemente no describe en el Nuevo Testamento un oficio o cargo formalmente reconocido. Es más bien un término funcional, es decir, se les llama "profetas" a los que profetizan con regularidad. Sin embargo, aquellos que no profetizan

---

*   Gaffin, *Perspectives*, p. 53.

con regularidad pueden profetizar en algunas oportunidades.

Todos los creyentes tienen permiso para profetizar (si es que reciben una revelación del Espíritu Santo), y todos tienen potencialmente la capacidad de profetizar. Pero sólo a algunos se les da de hecho la capacidad de profetizar; ninguno puede profetizar a voluntad.

Si bien el Espíritu Santo es soberano en la distribución de los dones espirituales, por lo general tiene un modo ordenado y constante de operar en esa distribución de dones. En términos específicos, la profecía parece ser un don permanente, o mayormente permanente, aun reconociendo que ninguno puede profetizar cuando quiera. Las capacidades proféticas evidencian una gran variedad de grados. Por eso Pablo deja algunas indicaciones acerca de la manera en que un creyente puede procurar aumentar su capacidad profetica.

Aplicación en la actualidad

El hecho de que el don de profecía puede ser otorgado a cualquier creyente debe estimular a todos los cristianos hoy día a ser sensibles al impulso del Espíritu Santo, porque eso puede conducir a una profecía que beneficie a la congregación. Esta disponibilidad de la profecía para todos los cristianos debe animar a la vez a las iglesias a dedicar algún tiempo a la adoración conjunta (si no se desea hacerlo la tradicional mañana del domingo, entonces en otros momentos) en que cualquier hermano pueda participar y en que se permita el uso del don de profecía, entre otros. No debería desalentarse aun a los menores de los cristianos mientras se sigan las precauciones de 1 Corintios 14.

Teniendo en cuenta que el Espíritu Santo reparte los dones según él quiere, ningún creyente debe sentirse defraudado si no se le concede el don de profecía, ni aun una profecía ocasional. Los que hayan profetizado en el pasado no deberían descuidar ese don, sino suponer que ese don les fue dado en forma permanente, y deberían mantener la esperanza de continuar profetizando de cuando en cuando durante las reuniones de la congregación. Pero ninguno debe imaginarse que pueda manejar la concesión de las revelaciones del Espíritu Santo de tal manera que le sea posible profetizar cuando lo decida o desee hacerlo.

Por poder variar el don de profecía en la calidad de su fuerza, como casi todos los dones espirituales, las iglesias deben disponerse a tener paciencia y alentar a los que manejan este don por primera vez (del mismo modo que lo harían con otros dones, tales como el de enseñanza, evangelismo, hechos de misericordia, etc.). Aquellos que tienen el don pueden esperar que con el ejercicio aumente en potencia o intensidad; que adquieran más habilidad para distinguir claramente qué es una revelación y qué cosas no lo son, mayor prueba de que el don está edificando a la iglesia, más habilidad para comunicarlo en forma positiva a la iglesia, y quizá recibirán revelaciones más frecuentes y más extensas.

Los que quieren procurar el don de profecía así como Pablo ordenó a los corintios que hicieran deberían preguntarse:

1. ¿He orado y le he pedido con sinceridad a Dios este don?
2. ¿Estoy realmente satisfecho con los dones que actualmente tengo?
3. ¿Estoy desarrollando hacia la madurez cristiana?
4. ¿Deseo este don para beneficio de la iglesia y no para alimentar mi vanagloria, mi propia posición o prestigio?
5. ¿Estoy empleando los dones que tengo al presente para el mayor beneficio de la iglesia?

Si las respuestas son afirmativas, puede en verdad suceder que Dios otorgue ese don. Si fuera así, a él sea la alabanza y la acción de gracias.

CAPITULO 11

LA MUJER Y LA PROFECIA

Se recomienda profetizar, pero no juzgar las profecías

Surge una pregunta específica con relación al aspecto general de quién podía profetizar en la iglesia: ¿La declaración en 1 Corintios acerca de que las mujeres "callen en la congregación" (1 Corintios 14:34) significa que las mujeres no podían profetizar en la iglesia? Y suponiendo que no fuera eso lo que quería decir la declaración, ¿qué quería decir entonces?

Antes de analizar 1 Corintios 14:33b-35, será importante dirigir la atención a otros dos pasajes que indican que las mujeres sí podían y de hecho profetizaban en las iglesias neotestamentarias.

Hechos 21:9: Las hijas de Felipe

Cuando Pablo y sus compañeros llegaron a Cesarea cerca del fin del tercer viaje misionero de Pablo, Lucas escribió: ". . . entrando en casa de Felipe el evangelista, que era uno de los siete, posamos con él. Este tenía cuatro hijas doncellas que profetizaban" (Hechos 21:8-9).

Esto registra seguramente que las mujeres profetizaban en la asamblea de un grupo de cristianos, pues el hecho de que Lucas lo anote es un fuerte indicio de que Pablo y sus acompañantes estuvieran presentes mientras profetizaban estas mujeres. El verbo usado (un participio presente en griego) también da a entender que la acción de profetizar era un acontecimiento común y constante en el caso de estas hijas; literalmente traduciríamos el texto así: "A este hombre [Felipe] había cuatro hijas vírgenes profetizando". De modo que aquí hay un caso de mujeres (o muchachas, como no hay indicación de edades) que parecen haber usado libremente el don de profecía en la iglesia.

1 Corintios 11:5: Mujeres que profetizan con la cabeza cubierta

Al instruir a los corintios acerca de la adoración, en la primera epístola Pablo escribe:

Todo varón que ora o profetiza con la cabeza cubierta, afrenta su cabeza. Pero toda mujer que ora o profetiza con la cabeza descubierta, afrenta su cabeza; porque lo mismo es que se hubiera rapado (1 Corintios 11:4-5).

Es evidente que en este pasaje está en consideración el culto público. Ya hemos visto que el Nuevo Testamento contempla la profecía como un don para ser utilizado públicamente (véase el capítulo 7); la instrucción acerca de la oración no iba dirigida a la oración en privado, indudablemente. ¿Acaso un hombre no podría en ninguna circunstancia orar con la cabeza cubierta, ni aun estando solo, al aire libre y en tiempo frío? ¿Acaso una mujer no podría jámas orar con la cabeza descubierta, ni siquiera estando sola en la intimidad de su propia casa? Tales limitaciones no cabrían dentro de la totalidad del Nuevo Testamento, el cual nos insta: "Orad sin cesar" (1 Tesalonicenses 5:17), y "orando en todo tiempo" (Efesios 6:18).

Algunos han propuesto que la interpretación de que la oración femenina a que se refiere 1 Corintios 11 fuera inaudible, imposible de ser oída por la congregación. Pero en cuanto a la profecía, ésta era audible; si no fuera oída (y comprendida) por lo demás no cumpliría su propósito (véase el capítulo 7). Y si la profecía era audible, no hay razón para dudar que la oración también fuera audible. Más aún, es difícil imaginar que Pablo pidiera a la iglesia que reglamentara el lenguaje *inaudible*, pues, ¿cómo podrían determinar cuándo se llevaba a cabo?

La conclusión que se impone es que en 1 Corintios 11:5 Pablo da instrucciones respecto al modo en que las mujeres deberían orar y profetizar en el culto público, y así se sobreentiende que tal oración y profecía en la congregación es una actividad legítima para las mujeres.

No es nuestro propósito presente comenzar un análisis detallado de la cuestión de que la mujer se cubra en los cultos en nuestro tiempo; únicamente diremos que en 1 Corintios 11 Pablo afianza mediante una exteriorización temporal (como el velo) una eterna diferencia creada (entre los papeles del hombre y la mujer). Pablo da al velo el valor de una manifestación externa reconocida en general por la sociedad de aquella época. Pero no encontramos una buena razón para pensar que una expresión tan superficial, como las modas de coberturas para la cabeza (así como las modas de vestimenta en general) estuvieran destinadas a regir todas las sociedades en todos los tiempos. Si las diferencias entre el hombre y la mujer no se exteriorizaran mediante estilos para la cabeza en otras sociedades o culturas (tal como ocurre hoy en la nuestra), luego las manifestaciones temporales que Pablo menciona lógicamente no se adecúan, y con toda seguridad no las necesitamos. Pero lo que sí permanece es la eterna relación entre hombres y mujeres en la que se basa Pablo para apoyar su enseñanza acerca del velo, la exteriorización temporal.

1 Corintios 14:33b-35: ¿En qué sentido deberían "callar" las mujeres en las congregaciones?

Después de dedicar varios versículos al análisis de la profecía y su reglamentación (1 Corintios 14:29-33a), continúa Pablo con algunas directivas acerca de las mujeres dentro de la congregación:

> Como en todas las iglesias de los santos, vuestras mujeres callen en las congregaciones; porque no les es permitido hablar, sino que estén sujetas, como también la ley lo dice, y si quieren aprender algo, pregunten en casa a sus maridos; porque es indecoroso que una mujer hable en la congregación. ¿Acaso ha salido de vosotros la palabra de Dios, o sólo a vosotros ha llegado? (1 Corintios 14:33b-36)

Este párrafo ha desconcertado a los comentaristas bíblicos por largo tiempo, pero una concertada atención a la estructura del contexto tomada en toda su amplitud debería habilitarnos para entender su significado. Pero antes de proponer una salida a este pasaje, quisiera examinar dos interpretaciones que, bien analizadas, resultan no ser convincentes.

En este pasaje, ¿se prohíbe hablar a las mujeres bulliciosas?

Algunos explican el texto diciendo que las mujeres bulliciosas o indisciplinadas perturbaban el culto de adoración en Corinto, quizá groseramente preguntando a gritos a sus maridos, quienes estaban sentados al otro lado del salón, o tal vez lanzando fuertes alaridos como característica de una adoración semiextática. Los defensores de esta interpretación dirán que Pablo deseaba poner fin a estas interrupciones y restaurar el orden en el culto.

Sin embargo, primero debemos recordar simplemente que *no hay evidencia* en los versículos 33b-35, ni en el resto de la epístola, ni en ningún otro escrito en el resto de la Biblia o fuera de ella que indique que el desorden entre las mujeres fuera un problema de la iglesia de Corinto específicamente. Algunos *suponen* que había mujeres bullangueras en la iglesia, pero no ha aparecido ninguna evidencia clara que pruebe esto, por lo que debe continuar siendo una mera suposición.

De hecho, *podemos* hallar datos de conducta extravagante en los ritos de las mujeres dentro de las religiones paganas de aquel entonces, pero encontramos datos también del mismo tipo de desempeño entre hombres. Por lo tanto es injusto usar la evidencia de manera desproporcionada para alegar que la bulla de las mujeres era un problema particular de Corinto. Esta interpretación carece de un sólido fundamento histórico.

Algunos han intentado apoyar el argumento sobre el vocablo griego *laleo*, traducido como "hablar" en este versículo. Este argumento consiste en que *laleo* significa "parlotear en expresiones desordenadas", y que Pablo prohíbe a las mujeres parlotear sin coherencia.

Sin embargo, este argumento no es convincente porque *laleo* sencillamente es una palabra muy común (empleada 60 veces por Pablo; en el Nuevo Testamento aparece 298 veces) con el significado de "hablar". Pablo la usa con frecuencia para referirse al habla llana, inteligible, como en estos casos: "*Hablamos* sabiduría entre los que han alcanzado madurez" (1 Corintios 2:6); "Pero el que profetiza *habla* a los hombres para edificación" (1 Corintios 14:3); "Asimismo los profetas *hablen* dos o tres" (1 Corintios 14:29); y otros.

Por cierto que Pablo también emplea esta palabra cuando se refiere a "hablar en lenguas" en 1 Corintios 14; era el término más accesible para describir el acto de "hablar". Pero no es porque *laleo* en sí mismo *signifique* "hablar en lenguas", de igual manera que el verbo español "hablar" que se usa en la frase "hablar en lenguas", no *significa* "hablar en lenguas" cuando se emplea aislado de esa frase. Así que como argumento no es más que una generalización exagerada de un específico uso lingüístico del vocablo sin tomar en cuenta la amplia gama de significados que toma en distintos contextos.

De modo que esta explicación, de que Pablo prohíbe hablar a las mujeres vocingleras o indisciplinadas, carece de evidencia histórica tanto como lingüística tomando las palabras del texto mismo. Esta interpretación también deja de explicar el versículo 33b, que hace que el reglamento de Pablo se aplique a todas las iglesias de la época, no sólo a la iglesia de Corinto. El apóstol dice: "Como en *todas las iglesia de los santos*, las mujeres deben guardar silencio" (1 Corintios 14:33b-34a).* Pero ¡cuesta creer que el problema de las "mujeres indisciplinadas" fuera un problema en todas las iglesias de los santos en aquella época!

Este punto es muy significativo. Demuestra que cualquier explicación de este pasaje que limite su aplicación a la situación particular de Corinto no resulta convincente. Y esto es precisamente lo que propone la interpretación en torno de "las alborotadoras mujeres corintias": que las ordenanzas de Pablo fueron impulsadas por las indisciplinadas mujeres *de Corinto*. Pero en contraste, Pablo explícitamente dice a los corintios que en todas las congregaciones de los cristianos del primer siglo (tanto judíos como gentiles) las mujeres guardaban silencio del modo aquí ordenado. El indica a los corintios que se amolden a la modalidad que era uniforme en la iglesia primitiva.

Hay una razón más por la cual la interpretación en torno a "las mujeres vocingleras" no es convincente. Es que no concuerda con la solución paulina. Donde existían problemas de desorden, el apóstol simplemente prescribía orden (como en los casos de lenguas y profecía en 1 Corintios 14:27, 29, 31 y como en el caso de la cena del Señor en 1 Corintios 11:33-34). Si el problema en Corinto hubiera sido el ruido, Pablo habría prohibido explícitamente el bullicio desordenado, no cualquier manera de hablar.

Pero también nos veríamos en el aprieto, de acuerdo con este punto de vista, de considerar injusto el remedio aplicado por Pablo, pues él estaría castigando a *todas* las mujeres por los actos de algunas de ellas. Pues no dice: Callen las mujeres *indisciplinadas*, y no está dentro de la modalidad de Pablo ni de ningún otro escritor del Nuevo Testamento el dictar reglas injustas como ésta lo sería.

En síntesis, esta primera interpretación no es convincente y no debería aceptarse.

En este pasaje, ¿se prohíbe a las mujeres hablar en lenguas?

Otra posición respecto del pasaje que en los años recientes ha ganado algo de adhesión es la consideración de que 1 Corintios 14:33b-35 prohíbe a las mujeres hablar en lenguas durante el culto

---

* Traducción directa del autor.

dentro de la iglesia. El primer argumento en pro de esta posición es la declaración de que el tema principal de los capítulos 12 al 14 (por lo menos del capítulo 14) es el hablar en lenguas.

Sin embargo, Pablo ha concluido su análisis del hablar en lenguas en el versículo 28 y de allí ha proseguido el tema de la profecía. Ha estado analizando la profecía durante los últimos cuatro o cinco versículos. Ningún lector en Corinto pensaría que Pablo hubiera vuelto al tema de las lenguas, a menos que hubiera sido presentado de nuevo en el versículo 33b.

Además, la profecía es de interés para Pablo en estos capítulos tanto como lo son las lenguas. En los capítulos 12 al 14 Pablo menciona la profecía en dieciocho versículos, y el hablar en lenguas asimismo en dieciocho versículos. Sólo en el capítulo 14 el recuento indica doce versículos que tienen que ver con la profecía y trece con las lenguas. Más aún, el material dentro del contexto más cercano a los versículos acerca del silencio de las mujeres no se refiere a las lenguas sino que encierra un análisis de la profecía (v. s 29 al 33a).

Luego esta segunda interpretación es incompatible con el contexto y debe ser descartada como la primera.

En este pasaje, ¿se prohíbe a las mujeres juzgar las profecías durante el culto de la iglesia?

Hay otra interpretación que evita las objeciones que ya presentamos. Considera este pasaje no con relación a la primera mitad de 1 Corintios 14:29 ("los profetas hablen dos o tres"), sino con relación a la segunda mitad de 1 Corintios 14:29 ("y los demás juzguen"). De acuerdo con este modo de ver, Pablo habría querido decir: "Los demás [es decir, el resto de la congregación] juzguen [lo dicho por los profetas . . . pero] las mujeres guarden silencio en las iglesias."[*]

En otras palabras, las mujeres no podrían realizar críticas *habladas* de las profecías pronunciadas durante el culto en la iglesia. Esta regla no les impediría evaluar en silencio, mentalmente, las profecías (en realidad el versículo 29 da a entender el deber de hacerlo), pero el significado sería que no exterioricen en voz alta su dictamen en la asamblea congregada.

En lo que concierne a la estructura, ésta es en verdad la más atractiva de las soluciones disponibles. Indica que Pablo siguió un

---

[*]   Esta sección sigue a James Hurley, *Man and Woman in Biblical Perspective* (Eerdmans, 1981), pp. 188-194.

procedimiento muy lógico. Primero formuló un enunciado general: "Los profetas hablen dos o tres, y los demás juzguen" (1 Corintios 14:29). Luego impartió instrucciones adicionales en cuanto a la primera mitad del versículo (en los versículos 30 al 33a), y después añadió instrucciones acerca de la segunda parte del versículo (en los versículos 33b al 35). Esto se verá con claridad en el diagrama siguiente:

v.29 *Los profetas hablen dos o tres*	*y los demás juzguen [lo dicho]*
v.30 Uno por uno,	v.33b Como en todas las iglesias,
v.31 *podéis* profetizar todos;	v.34 a las mujeres no les es permitido hablar y juzgar
v.32 el Espíritu Santo no obliga,	en voz alta las profecías; deben estar sujetas;
	v.35 No deben siquiera
v.33 pues Dios no promueve la confusión sino la paz.	cuestionar al profeta; pueden preguntar en casa.

A primera vista no parece clara la estructura del párrafo porque, a medida que Pablo redactaba, sus comentarios se fueron extendiendo mucho entre los versículos 30 y 33a. Pero los comentarios sobre el versículo 29a componen una totalidad unificada, de la cual no podemos sustraer parte alguna. Por eso la oportunidad de introducir una sección acerca de las mujeres no se le había ofrecido anteriormente a Pablo. Si esta interpretación es correcta, luego "vuestras mujeres callen en las congregaciones" para Pablo y los primeros lectores tenía el sentido de "guarden silencio mientras se sopesan las profecías".

Esta interpretación da al pasaje una armazón ordenada y lógica, y por añadidura dos datos más acerca del texto apoyan esta forma de verlo.

En primer lugar, esta interpretación concuerda con el fuerte contraste dentro del versículo 34: "porque no les es permitido hablar, *sino que estén sujetas*" (1 Corintios 14:34). La partícula griega *alla*, traducida aquí "sino" destaca una fuerte contraposición entre hablar y someterse. Por lo tanto, que Pablo tiene en mente es específicamente el modo de hablar que implica insubordinación. No cualquier acto de habla se incluiría dentro de esta descripción, pero sí el juzgar en voz alta las profecías, porque eso indicaría que uno creía poseer una autoridad superior en cuestiones de instrucción doctrinal o ética, en especial cuando va incluida la crítica de una profecía.

Si éste es el correcto significado del versículo 34, luego el versículo 35 se torna comprensible. Supongamos que algunas mujeres en Corinto quisieran evadir la fuerza de la orden de Pablo. Un modo fácil de lograrlo sería decir: "Vamos a obedecer a Pablo al pie de la letra, no alzaremos la voz para criticar las profecías. Pero si hacemos algunas preguntas, ¡ninguno se incomodará, seguramente! Sólo queremos aprender más sobre el contenido de las profecías." Tales interrogaciones podían aprovecharse como trampolín para críticas expresadas en forma apenas veladas, resultando en aquello que Pablo desea impedir. Este posible pretexto Pablo lo anticipa escribiendo: "Y si quieren aprender algo, pregunten en la casa a sus maridos; porque es indecoroso que una mujer hable en la congregación" (es decir, cuestionando las profecías, 1 Corintios 14:35).

Desde luego, algunas mujeres serían solteras y no tendrían un marido a quien preguntar, pero habrían otros hombres dentro del círculo familiar, o en la comunidad de la iglesia, con quienes comentar el contenido de las profecías. Pablo da una guía clara de aplicación general, sin pretender responder a las condiciones de cada caso en particular.

En segundo lugar, esta interpretación concuerda con el apoyo que Pablo reclama del Antiguo Testamento. En el versículo 34 él añade: "Como también la ley lo dice" (1 Corintios 14:34). Esta no es una cita directa de algún texto del Antiguo Testamento; la fuente más probable es Génesis, capítulo 2, donde Adán es el "primogénito" (con el consiguiente encabezamiento de la familia otorgada por esa categoría), donde también recibe autoridad de Dios para dar nombre a Eva, y donde Eva se constituye en ayuda idónea para Adan.

Algunos han objetado este punto, negando que Pablo cite aquí el Antiguo Testamento y sugiriendo que en este versículo Pablo se refiere a la ley rabínica del siglo I, o a alguna legislación romana. Pero esta sugerencia no es convincente, porque Pablo emplea la palabra "ley" (en el griego neotestamentario *nomos*) 119 veces, y ni una sola vez se trata de alusiones claras a la ley rabínica o a la ley romana. Cuando Pablo sostiene un argumento refiriéndose a "la ley", por lo general se refiere al Antiguo Testamento (como en 1 Corintios 14:21, unos versículos antes de nuestro texto en cuestión, por ejemplo).

En otros pasajes Pablo recurre al Antiguo Testamento para basar su idea de la autoridad masculina y la sujeción femenina al liderazgo del varón (véanse 1 Corintios 11:8-9 y 1 Timoteo 2:13), y por lo tanto es posible ver aquí una apelación al Antiguo Testamento para sostener una diferencia de autoridad también en el caso de juzgar las profecías. Pero sería difícil aducir del Antiguo Testamento cualquier prohibición de mujeres bullangueras en la iglesia o de mujeres que hablen en lenguas.

A pesar de las consideraciones de peso que favorecen esta interpretación propuesta, aun podría surgir una última objeción: ¿Por qué Pablo no fue más claro y dijo: "Callen las mujeres *durante la evaluación de las profecías*", si es eso lo que quiso decir?

La respuesta es que los escritores del Nuevo Testamento frecuentemente hacen referencia al silencio en términos generales, no específicos, en la confianza de que los lectores entenderán *a partir del contexto* qué clase de silencio está en mente. Un buen ejemplo de esto está en 1 Corintios 14:28, donde Pablo dice de los que hablan en lenguas: "Y si no hay intérprete, *calle en la iglesia*, y hable para sí mismo y para Dios." Ahora bien, estas palabras no quieren decir que el que hablaba en lenguas debía mantener un *silencio absoluto* durante todo el culto de adoración. Sin duda podía participar cantando, orando, leyendo la Escritura, comentando temas de oración y acción de gracias. El mandato de callar sólo significaba guardar silencio *en lo referente al tipo particular de expresión en cuestión*, es decir el hablar en lenguas.

Hay varios ejemplos más que demuestran que, cuando los escritores del Nuevo Testamento hablan de silencio, a menudo dan por sentado que el contexto más amplio dejará en claro qué clase de silencio es el aludido.

Así que en 1 Corintios 14:33b-35, una vez que vemos que el asunto en cuestión es la profecía y, más específicamente, la evaluación de las profecías en la iglesia, es natural entender que lo que significa "callen vuestras mujeres" es "las mujeres deben guardar silencio *durante la evaluación de las profecías*".

Ahora la pregunta es: ¿Concuerda este pasaje con el resto de la enseñanza sobre el hombre y la mujer en el Nuevo Testamento? Evidentemente es así. Aunque este pasaje se aplique específicamente al hecho de que se juzguen las profecías durante el culto de la iglesia, Pablo se basa sobre convicciones más amplias acerca de la diferencia perdurable entre los papeles adecuados a los hombres y las mujeres en la iglesia cristiana. Tal como en 1 Timoteo 2:11-15, esta distinción se presenta con la prohibición de que la mujer desempeñe un gobierno doctrinal o ético sobre la congregación, incluso en ocasiones aisladas. Así que 1 Corintios 14:33b-35 armoniza perfectamente con la defensa por parte de Pablo de la participación de la mujer en la asamblea congregada mientras se abstenga de ejercer autoridad gubernativa.

Resumen

El Nuevo Testamento claramente exhorta a las mujeres a participar de lleno en la comunicación de profecías a la iglesia congregada (Hechos 21:9; 1 Corintios 11:5). Con relación al tema de la profecía, Pablo añade la aclaración de que los corintios debían imitar la costumbre de la iglesia de la época por la cual las mujeres guardaban silencio en las congregaciones (1 Corintios 14:34). Sin embargo, esto no les impone un silencio total, sino sólo las obliga a abstenerse de dar expresión a su opinión sobre las profecías, tema que Pablo acaba de mencionar en el contexto precedente (1 Corintios 14:29).

Aplicación en la actualidad

Un gran problema hoy día — fuera de las iglesias pentecostales o carismáticas — es por lo común el "cristianismo espectador", es decir, la falta de participación activa por parte de muchos de los miembros de la iglesia. Otro problema en muchos casos ha sido el error de no incluir adecuadamente a las mujeres en la vida y el ministerio de la iglesia, y ha surgido con frecuencia la impresión de que un buen número de ellas tienen dones que la iglesia no está aprovechando, para perjuicio de todos, tanto mujeres como hombres.

Pero si las iglesias de la actualidad reconocieran que las mujeres, así como los hombres, pueden participar de lleno en ministrar el don de profecía, gran parte de los dos problemas mencionados serían superados. El resultado sería un aumento considerable en el ejercicio de este don (considerado por Pablo el más valioso de los dones para la iglesia) tanto por hombres como por mujeres, muchos de los cuales anteriormente no habían contribuido gran cosa en las reuniones de la iglesia congregada. Sin duda descubriríamos que, del aumento del ejercicio de la profecía, lograríamos que todos "aprendan, y todos sean exhortados" (1 Corintios 14:31).

CAPITULO 12

LA DURACION DE LA PROFECIA

¿Cuánto tiempo gozará la iglesia de la profecía?

Introducción

Muchas de las personas que leen este estudio jamás han presenciado el funcionamiento del don de profecía en su iglesia local. Es un hecho que, aparte del movimiento carismático y de algunas denominaciones tradicionalmente pentecostales, este don no se usa en la actualidad ni ha estado en uso en un pasado inmediato. Muchas iglesias no han experimentado esto en toda la historia de su denominación.

¿Por qué no?

¿Es parte del plan de Dios para la iglesia el no usar este don? ¿Es que este don debía ser usado sólo en tiempos de la composición del Nuevo Testamento para luego desaparecer? O al contrario, ¿todavía es válido su uso hoy día? ¿todavía es valioso para la iglesia?, ¿quizá aun necesario para que la iglesia funcione del modo que Dios propone?

A esto se refiere la cuestión de la *duración* de la profecía. ¿Podemos resolver esta pregunta escudriñando el Nuevo Testamento? ¿Existe alguna indicación en el propio Nuevo Testamento de la prolongación de la profecía dentro de la iglesia según lo planeado por Dios?

De un lado de esta cuestión están los cristianos carismáticos y pentecostales que continúan ejerciendo este don y afirman que tienen vigencia total mientras exista la iglesia en la tierra.

Del otro lado están los cristianos reformados y los dispensacionales que dicen que la profecía era uno de aquellos dones especiales que acompañaron la fundación en la iglesia en el tiempo de los apóstoles, el cual debió dejar de funcionar en una época temprana: cerca de la fecha de la muerte de los últimos apóstoles, o para cuando estuviera completa la composición de las Escrituras de los libros del Nuevo Testamento. Este punto de vista es designado comúnmente como la corriente "cesantista".

Entre las dos tendencias mencionadas encontraremos posiblemente a la mayor parte de los evangélicos contemporáneos: no son ni carismáticos ni "cesantistas", sino que permanecen indecisos y se preguntan si es posible determinar con claridad la cuestión.

El análisis del asunto gira en torno a dos puntos centrales: (1) el significado de 1 Corintios 13:8-13, y (2) la posición teológica en cuanto a la relación entre el don de profecía y la composición de los escritos del Nuevo Testamento. Examinaremos los dos puntos en orden de aparición.

La interpretación de 1 Corintios 13:8-13

Para la discusión del tema es importante este párrafo porque en él Pablo menciona el don de profecía como "algo imperfecto", añadiendo que "lo que es en parte se acabará"* (1 Corintios 13:10). Aun dice cuándo sucederá eso: "cuando venga lo perfecto". Pero, ¿a qué tiempo se refiere? Y si pudiéramos llegar a determinarlo, ¿significa eso que Pablo tuviera en mente un atisbo de la solución a la discusión en torno al "cesantismo" que hay en la iglesia actual?

Comencemos por leer otra vez el pasaje completo:

[8] El amor nunca deja de ser; pero las profecías se acabarán, y cesarán las lenguas, y la ciencia se acabará. [9] Porque en parte conocemos, y en parte profetizamos; [10] mas cuando venga lo perfecto, entonces lo que es en parte se acabará. [11] Cuando yo era niño, hablaba como niño, juzgaba como niño; mas cuando ya fui hombre, dejé lo que era de niño. [12] Ahora vemos por espejo, oscuramente; mas entonces veremos cara a cara. Ahora conozco en parte; pero entonces conoceré como fui conocido. [13] Y ahora permanecen la fe, la esperanza y el amor, estos tres; pero el mayor de ellos es el amor (1 Corintios 13:8-13).

El propósito de 1 Corintios 13:8-13

Anteriormente hicimos notar en nuestro análisis de la estructura

---

* Compárese 1 Corintios 13:10 en La Nueva Versión Internacional: "Lo imperfecto"; en la Biblia de las Américas: "Lo incompleto".

de 1 Corintios 12 al 14 que Pablo interrumpe sus comentarios acerca de los dones espirituales con el capítulo 13 de la misma epístola, con el cual se propone colocar en la perspectiva correcta toda la polémica en torno de los dones. No es suficiente simplemente procurar "los dones mejores" (1 Corintios 12:31a). Uno también debe seguir "el amor" (1 Corintios 14:1), uniendo de esta manera metas correctas con móviles correctos. Sin amor, los dones quedan sin valor (1 Corintios 13:1-3). Pablo sostiene que en realidad el amor es superior a todos los dones y por lo tanto es más importante obrar en amor que tener cualquiera de los dones.

Con el fin de dejar demostrada la superioridad del amor, Pablo argumenta que éste permanece para siempre, mientras que todos los dones son temporales. Nuestros conocimientos y también nuestras profecías presentes son incompletas e imperfectas (v. 9), pero un día llegará algo perfecto que sustituya a lo imperfecto (v. 10). Esto se ejemplifica mediante la analogía de una criatura que abandona su pensamiento y lenguaje infantiles para asumir el pensamiento y el lenguaje de un adulto (v. 11). Pablo luego continua elaborando la idea de los versículos 9 y 10 al explicar que nuestra percepción y conocimiento* presentes son indirectos y parciales, pero que algún día serán directos y perfectos (v. 12).

Con este comentario Pablo vincula la función de la profecía con el tiempo de su desaparición. Llena cierta necesidad ahora, pero sólo lo hace en parte. "Cuando venga lo perfecto" la función será mejor cumplida por otra cosa y la profecía cesará, porque se habrá tornado obsoleta e inservible (éste es el matiz probable del término griego empleado aquí, *katargeo*, "desaparecer" en los versículos 8 y 10).

Así es que la función primordial de 1 Corintios 13:8-13 es la de demostrar que el amor es superior a los dones, tales como el de profecía, porque esos dones tendrán su fin pero el amor nunca dejará de ser.

1 Corintios 13:10: Cesación de la profecía al regreso de Jesucristo

Pablo escribe en el versículo 10 que "cuando venga lo perfecto, entonces lo que es en parte se acabará" (1 Corintios 13:10, Versión Reina-Valera Revisada). La frase "lo que es en parte" (traducida del

---

* Nótese la preferencia por el término "conocimiento" en la traducción de los versículos 2 y 8 de 1 Corintios 13 en la Biblia de las Américas, el cual concuerda mejor con la versión inglesa citada por el autor.

griego *ek merous*, "parcial, imperfecto") se refiere con toda claridad a conocer y profetizar, las dos actividades que se mencionan como realizadas en parte, o imperfectamente, en el versículo 9 (en ambos casos aplicando la misma frase griega *ek merous*). Para resaltar la relación podríamos traducir de esta manera:

> [8] El amor nunca deja de existir. Si hay profecías, se *desvane-cerán*; si hay lenguas, cesarán; si hay conocimiento, *llegará a su fin*. [9] Esto se debe a que conocemos en forma *incompleta* y profetizamos *imperfectamente*; [10] pero cuando llegue lo perfecto, *lo imperfecto desaparecerá*.

Así es como se evidencian los fuertes lazos entre las afirmaciones, mediante la repetición de dos expresiones clave: "cesar" e "imperfecto".

No cabe duda de que Pablo tenía en mente el hablar en lenguas, implícito en el sentido del versículo 9, como una de aquellas actividades que son "imperfectas", pero por razones de estilo omite una repetición que sería demasiado minuciosa. Sin embargo, debemos entender que las lenguas están incluidas en la intención del versículo 9, dado que la partícula inicial "porque" (en griego *gar*) demuestra que el versículo 9 es la razón del versículo 8. Por eso el versículo 9 debe presentar la razón por la cual las lenguas, así como la ciencia y la profecía cesarán. En el versículo 8 la acumulación del nexo "y . . . y . . ." hace suponer que Pablo podría haber enumerado aquí más dones si hubiera querido (¿por qué no sabiduría, sanidades, interpretación de lenguas?). Pero para nuestro propósito alcanza con que "lo que es en parte" del versículo 10 explícitamente incluya el don de profecía.

(Como hemos visto en el capítulo 5 de nuestro estudio, Pablo considera la profecía como imperfecta [*ek merous* en griego] porque nos da sólo un parcial conocimiento de los temas que trata, porque la revelación que recibe un profeta es indirecta y limitada, y porque la revelación muchas veces es difícil de comprender e interpretar.)

Así que 1 Corintios 13:10 quiere decir que "cuando venga lo perfecto, la *profecía* dejará de ser". El único problema restante es determinar qué tiempo indica la palabra "cuando". Varios factores dentro del contexto son argumentos a favor de que el tiempo aludido es el momento del regreso del Señor.

(a) El primer factor es que la palabra "entonces" (en griego *tote*) en el versículo 12 se refiere al tiempo "cuando venga lo perfecto", del versículo 10. Esto resulta evidente observando el versículo: "Ahora vemos por espejo, oscuramente; mas entonces veremos cara a cara. Ahora conozco en parte; pero *entonces* conoceré como fui conocido" (1 Corintios 13:12).

¿Cuándo "veremos cara a cara"? ¿Cuándo conoceré tal "como fui conocido"? Estos acontecimientos sólo pueden suceder cuando regrese el Señor.

La frase "cara a cara" aparece varias veces en el Antiguo Testamento con referencia a ver a Dios personalmente: como ejemplos, véanse Génesis 32:30 y Jueces 6:22 (contienen exactamente la misma fraseología griega que 1 Corintios 13:12); Deuteronomio 5:4; 34:10; Ezequiel 20:35 (muy similar en redacción); Exodo 33:11 (el mismo concepto y la misma redacción que algunos de los presentes pasajes en hebreo, pero diferente en este caso en la traducción griega la Septuaginta). Luego la frase "cara a cara" se utiliza en el Antiguo Testamento al hablar de Dios personalmente, no por completo o cabalmente, pues ninguna criatura finita podría lograr eso jamás, pero no obstante genuina y personalmente. Así es que cuando Pablo dice "mas entonces veremos cara a cara", claramente quiere decir: Entonces veremos a Dios cara a cara. En efecto, ésa será la mayor bendición del cielo y nuestro mayor júbilo por toda la eternidad (Apocalipsis 22:4: "Verán su rostro").

La segunda parte de 1 Corintios 13:12: "Ahora conozco en parte; pero entonces conoceré como fui conocido." Las dos últimas apariciones del verbo "conocer" (es decir, *conoceré* y *conocido*) provienen de una palabra griega (*epiginosko*) con un sentido algo más fuerte que la palabra corriente para "conocer", pero de ningún modo implican un conocimiento infinito ni omnisciencia. Pablo no espera conocer todas las cosas, ni dice: "Conoceré todas las cosas" (si bien eso sería fácil de expresar en griego). Lo que quiere decir más bien es que, cuando vuelva el Señor, él tiene la esperanza de ser librado de todo concepto errado y de la incapacidad de comprender (en especial, de entender a Dios y su obra), lo cual es parte de esta vida terrenal. Su conocimiento será a semejanza del conocimiento que al presente Dios tiene de él, pues no incluirá impresiones erradas ni estará limitado a lo que es perceptible en esta vida. Pero tal conocimiento sólo ocurrirá cuando el Señor regrese.

En conclusión, en el versículo 12 Pablo en efecto dice:

Ahora vemos por un espejo, en forma borrosa, pero *luego* cuando regrese Jesucristo, veremos a Dios cara a cara; ahora conozco en parte, pero *luego*, cuando regrese Jesucristo, conoceré tal como he sido conocido.

"Luego" o "entonces" es una palabra que forzosamente se refiere a algo que Pablo ha ido explicando en versículos anteriores. Primero observamos el versículo 11 y vemos que ahí no hay ningún tiempo futuro al cual Pablo pueda aludir como "luego". Dice: "Cuando yo era niño, hablaba como niño, pensaba como niño, juzgaba como niño; mas cuando ya fui hombre, dejé lo que era de niño" (1 Corintios 13:11). Se refiere por completo al pasado, no al futuro. Refiere experiencias pasadas en la vida de Pablo como para proporcionar una ilustración humana natural de lo que ha dicho en el versículo 10. Pero en el 11 nada alude a un tiempo futuro en que algo *sucederá*.

Por eso volvemos atrás al versículo 10: "Mas cuando venga lo perfecto, entonces lo que es en parte se acabará" (1 Corintios 13:10). Aquí encontramos una declaración acerca del futuro. En alguna etapa futura, Pablo dice que "lo perfecto" *llegará* y lo imperfecto *"se acabará"*, *será* innecesario.

¿Cuándo sucederá esto? Es eso lo que explica el versículo 12. *Entonces*, a la llegada de lo perfecto, veremos "cara a cara" y conoceremos tal como fuimos conocidos. Esto significa que el tiempo cuando venga "lo perfecto" debe de ser el tiempo de regreso de Jesucristo. Por tanto, podemos parafrasear el versículo 10 como: "Pero *cuando Cristo regrese*, lo que es en parte se acabará".

Para aplicar nuestra conclusión previa de que "lo que es en parte" incluye la profecía, también podríamos parafrasear así: "Mas *cuando Jesucristo regrese*, la profecía dejará de ser".

Aquí, pues, encontramos una declaración terminante en cuanto al tiempo de la cesación de los dones parciales, como la profecía. Serán "innecesarios" o "discontinuados" *al retorno de Cristo*. Y de esto se deduce que continuarán existiendo y siendo de utilidad para las iglesias a lo largo de la existencia de la iglesia, incluyendo nuestros días, hasta el día preciso en que Jesucristo regrese.

(b) El segundo factor que hace evidente que "cuando venga lo perfecto" será el tiempo del retorno de Jesucristo es también el propósito último del pasaje. Pablo intenta demostrar la grandeza del amor, y por eso quiere dejar establecido que "el amor nunca dejará de ser" (1 Corintios 13:8). Para lograrlo, alega que permanecerá más allá de la venida del Señor, lo que lo diferencia de otros dones espirituales actuales. Esto tiene el efecto de un argumento convincente: el amor es tan fundamental en los planes de Dios para el universo que durará superando la transición de esta era a la venidera, y continuará por la eternidad.

(c) El tercer factor que justifica la relación de este pasaje con el tiempo del retorno del Señor puede encontrarse en una declaración más amplia de Pablo al referirse al propósito de los dones espirituales en la era neotestamentaria. En 1 Corintios 1:7 Pablo vincula la posesión de los dones espirituales (*jarismata* en griego) con la acción de aguardar el regreso del Señor: "nada os falta en ningún don, esperando la manifestación de nuestro Señor Jesucristo".

Esto da a entender que Pablo consideraba los dones como una provisión temporal destinada a equipar a los creyentes para el ministerio *hasta el día del regreso del Señor.* Por lo tanto, este versículo nos proporciona un estrecho paralelo con el pensamiento en 1 Corintios 13:8-13, donde igualmente se consideran necesarios la profecía y el conocimiento (y las lenguas, sin duda) hasta el retorno de Cristo, pero innecesarios a partir de entonces.

Así que 1 Corintios 13:10 se refiere al retorno de Cristo y dice que hasta ese entonces la profecía permanecerá entre los creyentes. Quiere decir que tenemos una clara declaración bíblica de que Pablo estaba convencido de que el don de profecía continuaría durante el período completo de vida terrenal de la iglesia y que funcionaría para beneficio de la iglesia hasta la venida de Cristo.

Objeciones

Se han suscitado varias objeciones a esta conclusión, mayormente por los que sostienen que el don de profecía ha cesado en la iglesia y no debiera usarse ya. En esta sección analizaremos esas objeciones una por una. Algunas de ellas giran en torno de 1 Corintios 13:8-13 específicamente; otras toman consideraciones más amplias.

1. Este pasaje no especifica cuándo cesarán los dones

La primera objeción a lo que habíamos dado por demostrado antes procede del concienzudo estudio ya citado de Richard Gaffin. Si bien concuerda con que la frase "cuando venga lo perfecto" se refiere al regreso de Jesucristo, no cree que este versículo presente específicamente el fin del tiempo en cuanto a ciertos dones. Más bien cree que Pablo contempla "todo el período hasta el retorno de Cristo, sin preocuparse por la posible ocurrencia de una interrupción durante ese período futuro".*

Lo que Gaffin en realidad sostiene es que el propósito global de Pablo es enfatizar los valores duraderos de la fe, la esperanza y el amor — y del amor en especial—, no determinar el tiempo en que se acabarán ciertos dones. Dice lo siguiente:

> Pablo no tiene la intención de precisar el momento en que cesará una modalidad en particular. Lo que sí asegura es el fin del conocimiento actual, fragmentario, del creyente . . . cuando venga "lo perfecto". Cuándo cesarán la profecía y las lenguas es una pregunta sin respuesta en lo que concierne a este pasaje; deberá ser contestada a base de otros pasajes u otros criterios.**

Luego agrega que Pablo podría haber añadido a la profecía, las lenguas y el conocimiento, también la "inscrituración" (significando con este término suyo el proceso de redactar las Escrituras), y si la hubiera añadido, la lista tendría un elemento que llegó a su fin mucho antes de la venida de Cristo. Así podría haber sucedido también en el caso de algunos de los otros dones enumerados, concluye Gaffin.

A esta objeción respondemos que no atiende debidamente a las palabras exactas del texto. Los evangélicos con todo derecho han insistido siempre en que el texto de la Escritura es verdad, no sólo en el punto principal de un pasaje, sino también en los más mínimos detalles que se afirmen (y yo sé que el doctor Gaffin está de acuerdo con esto). El punto principal del pasaje en cuestión puede muy bien ser la permanencia eterna del amor, pero otro de los puntos, y por cierto también importante, es que el versículo 10 afirma, no sólo que estos dones imperfectos dejarán de ser, sino que tendrán fin "cuando llegue lo perfecto". Pablo especifica cierto momento: "*cuando venga lo perfecto*, entonces lo que es en parte se acabará" (1 Corintios 13:10), pero parecería que el doctor Gaffin afirma que Pablo no dice exactamente eso. Sin embargo, no podemos eludir la fuerza de las palabras tomándonos en su lugar del tema predominante del contexto más amplio.

Además, la propuesta del doctor Gaffin aparentemente no encaja

---

*   Gaffin, *Perspectives*, pp. 109-110.
**   Gaffin, *Perspectives*, p. 111.

dentro de la lógica del pasaje. El argumento de Pablo es que la llegada de "lo perfecto" pone fin a la profecía, a las lenguas y al conocimiento porque luego aparece un modo nuevo y muy superior de aprender y conocer las cosas "como fui conocido". Pero *hasta* que llegue ese tiempo futuro, el modo nuevo y superior del conocimiento no ha hecho su aparición, y por lo tanto estos dones imperfectos todavía son válidos y útiles; aquello que los tornará obsoletos (el estado de cosas con la venida de Cristo) no se ha hecho aún presente.

Por último, resulta pobre cualquier argumento que se apoye demasiado sobre algo que uno crea que Pablo podría haber dicho, pero que en la práctica no fue dicho. Decir que Pablo podría haber incluido en la lista la "inscrituración" equivale a decir que Pablo podría haber escrito: "Cuando venga lo perfecto, la inscrituración se acabará." Pero no puedo por mi parte creer en absoluto en la posibilidad de que Pablo escribiera tal declaración, pues habría sido falsa; porque la "inscrituración" terminó mucho tiempo atrás, al terminar el apóstol Juan de escribir el libro de Apocalipsis.

Por tanto, las objeciones del doctor Gaffin evidentemete no restan fuerza a nuestras conclusiones acerca de 1 Corintios 13:10. Si "lo perfecto" se refiere al tiempo de la venida de Cristo, luego Pablo dice que los dones tales como la profecía y las lenguas cesarán en ese momento, y entonces esto implica que continuarán mientras permanezca la iglesia en la tierra.

2. La teoría de que la profecía cesaría cuando se completara la escritura del Nuevo Testamento

La segunda objeción está representada por los que opinan que "cuando venga lo perfecto" significa una de varias cosas distintas: cuando la iglesia haya alcanzado madurez, o cuando la Escritura esté completa, o cuando los gentiles hayan sido incluidos en la iglesia.

El que ha analizado más cuidadosamente este punto de vista es probablemente Robert L. Reymond[*], pero otro enfoque claro dentro de la misma posición es el de Walter Chantry.[**]

El argumento de Chantry se basa en el hecho de que en otros puntos del Nuevo Testamento la palabra traducida como "perfecta"

---

[*] Robert L. Reymond, *What About Continuing Revelations and Miracles in the Presbyterian Church Today?* (Presbyterian and Reformed, 1977), pp. 32-34.

[**] Walter J. Chantry, *Signs of the Apostles: Observations on Pentecostalism Old and New* (Banner of Truth, 1976), pp. 51-52.

se emplea con referencia a la madurez humana (1 Corintios 14:20) o a la madurez en la vida cristiana (como en 1 Corintios 2:6). Pero aquí también debemos observar que una palabra no necesita referirse a la misma cosa cada vez que se usa en la Escritura; en algunos casos puede referirse al estado adulto, "maduro" o "perfecto", en otros casos a otro sentido de lo "completo" o "acabado". Se emplea, por ejemplo, en Hebreos 9:11 en la frase "más perfecto tabernáculo", pero no por eso daríamos por concluido que "perfecto" utilizado en 1 Corintios 13:10 deba referirse a un tabernáculo perfecto. La referencia precisa del vocablo debe determinarse por su contexto individual y por tanto, como hemos visto, el contexto indica que "cuando venga lo perfecto" alude a la época del regreso de Cristo.

El argumento del doctor Reymond es algo diferente. El razona como sigue:

(a) "Lo que es en parte" — las cosas mencionadas en los versículos 9 y 10: profecía, lenguas y conocimiento — son medios incompletos de revelación, "todos relacionados con la voluntad de Dios dada a conocer a su iglesia", dice.

(b) "Lo perfecto" dentro del contexto debe de referirse a algo de la misma especie que las cosas "imperfectas", las que son "en parte".

(c) Por lo tanto, "lo perfecto" en este contexto debe de referirse a un medio de revelación, pero completo. Y este medio completo por el cual Dios da a conocer su voluntad a su iglesia es la Escritura.

(d) Conclusión: "Cuando venga lo perfecto" indica el tiempo cuando el canon bíblico esté completo.

Reymond subraya que lo que él quiere decir no es que "lo perfecto" se refiera precisamente al canon bíblico, sino más bien al "proceso completo de revelación" que dio por resultado la Escritura bíblica (p. 32). Y en respuesta a la objeción de que el significado de la frase "entonces veremos cara a cara" (en el versículo 12) se refiera a ver a Dios cara a cara, él contesta que tal vez no signifique esto, sino sencillamente ver "claramente" a diferencia de "oscuramente" (p. 32).

En respuesta podemos decir que este argumento, si bien es cauteloso y en sí coherente, aún depende de una suposición previa que justamente es el punto en cuestión en toda esta discusión: La autoridad de la profecía neotestamentaria con todos los dones correlativos. Una vez que el doctor Reymond acepta que la profecía (junto con las lenguas y el "conocimiento" particular mencionado en el mismo versículo) sea una revelación de la especie bíblica, todo su argumento

cobra sentido. Podría reacomodarse su argumento como sigue.
(a) La profecía y las lenguas son revelaciones de la misma especie
que las Escrituras.

(b) De ahí que todo este pasaje trate de una revelación de la misma
especie que la Escritura.

(c) Por lo tanto, "lo perfecto" se refiere al carácter de perfecto o
completo de la revelación de la especie bíblica, o a la terminación de
la Escritura.

Sin embargo, en un argumento de este tipo la primera suposición
decide la conclusión. Antes de poder dar por sentado la primera
suposición, debiera demostrarse a partir de un análisis inductivo de
los textos del Nuevo Testamento acerca de la profecía, así como he
intentado hacer en mi caso con el presente libro. Que yo sepa, sin
embargo, no se ha llegado a una demostración de carácter inductivo
de que la profecía congregacional neotestamentaria posea autoridad
de la misma especie que la Escritura.

Además, hay otros factores en el texto de 1 Corintios 13:8-13 que
son difíciles de conciliar con esta interpretación. Permanece sin explicación el uso corriente en el Antiguo Testamento de la frase "cara
a cara" como una expresión aplicada no sólo a ver con claridad sino
a ver a Dios *personalmente* (mencionado antes). Y el hecho de que
Pablo se incluye a sí mismo en las oraciones "entonces veremos cara
a cara" y "entonces conoceré como fui conocido" dificulta la interpretación de estas referencias como al tiempo de la terminación de la
Escritura. ¿Realmente creería Pablo que cuando los demás apóstoles
concluyeran por fin su contribución al Nuevo Testamento, repenti-
namente el experimentaría un cambio tan notable en su conocimiento
como para conocer tal como él había sido conocido, y avanzaría de
una visión borrosa como la del reflejo en un espejo a una visión cara
a cara?

Aparte de las opiniones de Reymond y de Chantry, otros han
intentado ver "cuando venga lo perfecto" como algo que podría
ocurrir antes de la segunda venida de Cristo, pero no analizaremos
estas ideas en detalle aquí. Tales interpretaciones parecen desplomar-
se ante 1 Corintios 13:12, donde Pablo da a entender que los creyentes
verán a Dios "cara a cara" . . . "cuando venga lo perfecto". Y esto no
puede sostenerse respecto del tiempo sugerido en cualquiera de las
otras soluciones propuestas.

La propuesta acerca de la terminación del "canon" de la Escritura neotestamentaria (es decir, el grupo de escritos que llegaron a ser aceptados como parte del Nuevo Testamento) tampoco se adapta al propósito de Pablo según el contexto. Si tomamos como fecha aproximada de la redacción de Apocalipsis el año 90 de nuestra era, siendo éste el último libro escrito en el Nuevo Testamento, luego el fin de la composición de la Escritura se produjo unos treinta y cinco años después que Pablo escribiera la primera epístola a los Corintios, cerca del año 55 d.C.

Ahora bien, ¿sería convincente el siguiente argumento?: "Podemos estar seguros de que el amor nunca dejará de ser, ¡porque sabemos que durará más de treinta y cinco años!" Como argumento difícilmente sería persuasivo. El contexto exige más bien otra explicación: que Pablo contrapone esta era con la era venidera y dice que el amor perdurará durante la eternidad.

En realidad, encontramos un procedimiento similar en otro lugar de 1 Corintios. Cuando Pablo quiere demostrar la validez eterna de algo, lo hace mediante el argumento de que durará más allá del día del regreso del Señor (véanse 1 Corintios 3:13-15; 15:51-58) Contrariamente, la profecía y otros dones no perdurarán más allá de ese evento.

Finalmente, diremos que estas respuestas sugeridas no logran encontrar apoyo en el contexto inmediato. Aunque se alude claramente al retorno de Jesucristo en 1 Corintios 13:12, no hay en el párrafo mención alguna de la terminación de la Escritura o de una recopilación de libros del Nuevo Testamento, ni de la incorporación de los gentiles a la iglesia o la "madurez" de la iglesia (sea cual fuere el significado de eso; ¿está verdaderamente madura la iglesia aun hoy?). Todas estas soluciones propuestas introducen elementos que no se encuentran en el contexto, en lugar de un elemento (el regreso de Cristo) que sí está claramente ya presente en el contexto.

De modo que Richard Gaffin, el mismo que sostiene que el don de profecía no tiene validez para hoy día, no obstante dice que lo "perfecto" de 1 Corintios 13:10 y "entonces" del versículo 12 "se refieren sin duda al día del retorno de Jesucristo. Desde el punto de vista exegético no puede convencer la opinión de que esos versículos describen el momento en que se completa el canon neotestamentario".*

---

* Gaffin, *Perspectives*, p. 109.

Quizá debo repetir que estas explicaciones que ofrecen opciones a 1 Corintios 13:10 a menudo parecen ser dictadas por una convicción previa de que la profecía neotestamentaria consiste en palabras de autoridad equivalentes a las de la Escritura. En lo que a mí respecta, no me opongo a que un pasaje de la Biblia se utilice para reforzar lo que claramente se enseña en otros pasajes bíblicos porque estoy convencido de que toda Escritura es inspirada por Dios y por ende coherente consigo misma. Pero cuando se trata de que la profecía neotestamentaria congregacional se vea como igual a la Escritura en autoridad, lo cual *está en sí expuesto a considerable duda* (según vimos en los anteriores capítulos 2, 3, 4), luego es prudente mucha cautela al usar esta opinión como factor explícito o aun implícito que influya en la aceptación de una interpretación muy dudosa de 1 Corintios 13:10. Es justo que las enseñanzas *claras* de otros puntos de la Escritura influyan sobre nuestra interpretación de cualquier texto de la Escritura, pero conclusiones *dudosas* o *tentativas* sobre enseñanzas de la Escritura en otros pasajes deben tener sólo una leve, o nula, influencia sobre la interpretación de cualquier texto.

El doctor D. Martyn Lloyd-Jones destaca que se encuentra otra dificultad en la opinión que toma la venida de "lo perfecto" como equivalente al tiempo de la terminación del Nuevo Testamento. Escribe:

Implica que usted y yo, que tenemos ante nosotros las Escrituras abiertas, sabemos mucho más de la verdad de Dios que el apóstol Pablo. ... Significa que somos completamente superiores... ¡aun a los apóstoles mismos, incluyendo al apóstol Pablo! Quiere decir que ahora estamos en una situación en la cual ... "conocemos como fuimos conocidos" por Dios. ... francamente, hay una sola palabra que describe tal interpretación: "disparate".*

Juan Calvino dice, refiriéndose a 1 Corintios 13:8-13: "Es una necedad de la gente pretender que todo este comentario se aplique al período intermedio."**

---

* D. Martyn Lloyd-Jones, *Prove All Things*, ed. Christopher Catherwood (Kingsway, 1985), pp. 32-33.

** John Calvin, *The First Epistle of Paul the Apostle to the Corinthians*, trad. J. W. Fraser, ed. D. W. Torrance y T. F. Torrance (Eerdmans, 1960), p. 281 (sobre 1 Corintios 13:10).

3. 1 Corintios 13 sólo se refiere a profecías contenidas en la Escritura

La tercera objeción tampoco toma en cuenta el contexto de 1 Corintios 13. Pablo trata el tema de los dones espirituales y demuestra por qué el amor es superior a ellos. En 1 Corintios la palabra "profecía" no se refiere, por cierto, al texto bíblico escrito sino al don de profecía que no conlleva la misma autoridad divina. Es ese don de profecía lo que Pablo indica a los corintios cómo emplear.

4. La profecía es un don con función de señal milagrosa relacionada con los apóstoles y por lo tanto cesó con la muerte de ellos

No cabe ninguna duda de que los dones milagrosos estaban íntimamente ligados a los apóstoles, y que los milagros eran una confirmación de la verdad de su mensaje. Es un hecho que la mayoría de los notabilísimos milagros del libro de los Hechos fueron realizados por los apóstoles o por su mediación.

Sin embargo, deben recordarse varios otros factores:

(a) En el libro de los Hechos casi todo lo que se halla (incluso evangelizar y fundar iglesias, por ejemplo) está en estrecha conexión con los apóstoles. Esto no nos indica si los milagros podían tener lugar interviniendo *otros* cristianos para confirmar la verdad del evangelio que proclamaban o para servir algún otro fin (la edificación de los creyentes, los ministerios de misericordia hacia los enfermos, etc.) a lo largo de la historia de la iglesia. El hecho de que los milagros se producían en su mayor parte por la intervención de los apóstoles *no* nos enseña que no pudieran realizarse por otras personas también.

(b) Es evidente que no todos los milagros en la iglesia del Nuevo Testamento fueron hechos por los apóstoles. Santiago 5:14-15 demuestra que Santiago mismo esperaba que ocurriera algunos casos de sanidad por medio de "los ancianos de la iglesia", no de los apóstoles. Gálatas 3:5 da a entender que estando ausente de allí el apóstol Pablo, era Jesucristo quien hacía "maravillas" en las congregaciones de Galacia. También Felipe y Esteban (ninguno de los dos eran apóstoles) tuvieron la experiencia de realizar milagros: Hechos 6:8, 15; 7:55-56; 8:7, 13, 39.

(c) Aun si acaso pensáramos que algunos dones "milagrosos" o "señales" estaban reservados para los apóstoles, simplemente no podríamos colocar el don de profecía dentro de esa categoría. El

Nuevo Testamento nos proporciona pruebas de que el don de profecía *evidentemente* no se limitaba a los apóstoles, sino que era usado por creyentes comunes en Corinto (1 Corintios 12-14), en Antioquía (Hechos 11:28; 13:1; 15:32), en Tiro (Hechos 21:4), en Cesarea (Hechos 21:9, 10-11), en Jerusalén (Hechos 11:28; 21:10), en Tesalónica (1 Tesalonicenses 5:19-21), probablemente en Efeso (véanse Hechos 19:6; Efesios 4:11) y probablemente también en muchas otras ciudades (Hechos 20:23; nótese que Efesios 4:11 y Hechos 2:17-18 no se refieren a una iglesia local en particular sino a la iglesia en general).

De modo que la *profecía* no estaba restringida o limitada a los apóstoles y no debe ser considerada una especie de don como "señal" exclusiva sólo para ser ejercida por los apóstoles. Fue otorgada para el uso y beneficio de la iglesia entera.

5. Es un hecho histórico que la profecía efectivamente cesó temprano en la historia de la iglesia

(a) En primer lugar, debemos objetar que la premisa que acabamos de citar es muy dudosa si nos basamos en la historia. Hubo gente que se decía profeta o que decía que profetizaba durante el primer período de la historia de la iglesia; el problema es que muchas veces interpretaron mal su don, u otras personas lo interpretaron mal, y como resultado sus afirmaciones se tomaron (erróneamente) como palabras exactas de Dios. Algunas veces se toleraba a estas personas; otras veces representaban en gran medida una amenaza al gobierno instituido de las iglesias, pues comenzarían a dividirlas en grupos con una cantidad de seguidores, produciéndose el trágico caso de que éstos ya no se quedaron más bajo la autoridad moderadora y evaluadora de la iglesia establecida.

Además es posible que hubiera también los que recibían "revelaciones" pero no las expresaban en el acto, o sencillamente las incluían, sin comentarios y sin atribuirlas al Espíritu Santo, en una oración, o sermón o palabra de exhortación, o en la letra de un himno o algún escrito devocional.

Dentro de este primer punto conviene un comentario más. Aun dando por sentado que este estudio es acertado al considerar la profecía neotestamentaria como basada en una "revelación" del Espíritu Santo, pero no como poseedora de la autoridad de las palabras mismas de Dios, debemos admitir que una comprensión tan cuidadosa de las profecías fácilmente puede ponerse borrosa u olvidarse.

En ese caso, sería muy fácil que más y más profetas cristianos, con el correr del tiempo, comenzaran a afirmar, sea con móviles buenos o malos, que habían recibido una "revelación" de Dios o Jesucristo; y no sólo eso, sino también podrían decir que sus mismas palabras eran pronunciadas con absoluta autoridad divina. Según parece, fue esto justamente lo que sucedió, al menos en el caso del montanismo y probablemente en muchos otros casos más. Lógicamente, si estos profetas comenzaban a promover ideas heréticas, la reacción del resto de la iglesia sería finalmente la de desalojarlos por completo. Una persona que se declarara depositaria de la absoluta autoridad divina a su tiempo sería aceptada o rechazada; no podría ser simplemente tolerada.

Pero junto con este rechazo de aquellos profetas que interpretaron mal su posición, probablemente haya habido también un rechazo del don de profecía en su totalidad, de modo que la incapacidad de la iglesia misma para comprender la naturaleza del don profético puede haber sido la razón para reprimir casi por completo el don de la profecía en la iglesia, al menos en su manifestación en público. Esta explicación es sólo una sugerencia, pues no puedo presentarla aquí como resultado de una investigación de los datos históricos que serían necesarios para comprobarla o refutarla.

(b) En segundo lugar, debe quedar claro que no insinúo que en 1 Corintios 13 Pablo esté opinando sobre la frecuencia relativa de la profecía en la historia de la iglesia. Eso sufriría mucha fluctuación según la madurez espiritual y la vitalidad de la iglesia en diferentes períodos, el grado en que se procurara la profecía como una bendición o se la rechazara como una herejía, la frecuencia con la que se ofreciera la oportunidad de ejercer este don normalmente en el culto público, y la medida en que fuera correctamente entendido el carácter de la profecía según el Nuevo Testamento.

Lo que Pablo está tratando es, en cambio, el tema de la abolición total y definitiva de la profecía que tendrá lugar por iniciativa divina al regreso de Jesucristo. Y dice que cree que hasta el momento del regreso de Cristo el don de profecía continuará a disposición para ser usado, al menos hasta cierto punto, y que Dios continuará dando a la gente las revelaciones que hacen posible la profecía.

Calvino observa la abundancia de dones espirituales en el tiempo de Pablo y refiriéndose en particular a la profecía (en el pasaje de 1 Corintios 14:32) escribe (en su *Comentario sobre 1 Corintios*):

Hoy vemos nuestros escasos recursos, nuestra pobreza en realidad; pero esto es indudablemente el castigo que merecemos como pago por nuestra ingratitud. Pues las riquezas de Dios no se han agotado ni ha disminuido su generosidad, sino que nosotros no somos dignos de su dadivosidad, ni capaces de recibir todo lo que él nos da generosamente.

Relación entre el don de profecía y la Escritura

Además de la interpretación de 1 Corintios 13:8-13, hay otro aspecto de importancia en torno a la cuestión de si la profecía debiera continuar usándose en la iglesia actual. Ese aspecto es la relación entre la profecía congregacional neotestamentaria y la Escritura.

¿La continuación de la profecía desvirtúa la suficiencia de la Escritura o compite con el canon acabado?

Los que adoptan la posición "cesantista" alegan que una vez que el último de los libros del Nuevo Testamento se terminó de escribir (probablemente el libro de Apocalipsis, alrededor del año 90 de nuestra era), no debían pronunciarse ni escribirse más "palabras de Dios" en la iglesia. Las *Escrituras* estaban completas y eran una fuente suficiente de las palabras de Dios para su pueblo; dicen que agregar más palabras tomándolas de las profecías que continuaban pronunciándose sería, en realidad, añadir a la Escritura o bien competir con ella. En ambos casos se desvirtuaría la suficiencia de la Escritura por sí sola, es decir, en términos prácticos, su autoridad excepcional en nuestra vida.

Ahora bien, *si fueran* iguales en autoridad la profecía congregacional neotestamentaria y las palabras apostólicas del Nuevo Testamento, entonces ciertamente sería acertada esta objeción de los "cesantistas". Por ejemplo, *si hoy* los profetas neotestamentarios pronunciaran palabras que supiéramos que fueran las palabras mismas de Dios, entonces estas palabras *serían* equivalentes en autoridad a la Escritura, y *estaríamos* obligados a escribirlas y añadirlas a la Biblia en cada ocasión en que las oyéramos. Pero si tenemos la convicción de que Dios dejó de dictar lo que se incluiría en las Escrituras cuando acabó el libro de Apocalipsis, entonces forzosamente diremos que *esta* clase de discurso, es decir, anunciar palabras exactas de Dios, no puede suceder hoy. Entonces toda presunción de poseer nuevas Escrituras, nuevas palabras de Dios, debe desecharse como falsa.

Esta cuestión es muy importante, porque la afirmación de que la profecía neotestamentaria tenía una autoridad equivalente a la Escritura es la base quizá de todos los argumentos "cesantistas" escritos actualmente. Sin embargo, se debe observar que los carismáticos mismos no parecen ver la profecía de este modo. "Que yo sepa, ninguno que sostenga la posición opuesta a la 'cesantista' dentro de las principales corrientes del cristianismo, afirma que la revelación en la actualidad sea equivalente a las Escrituras", dice Mallone en su libro.* Sin duda sería bueno que aquellos que argumentan en contra de la continuación de la profecía hoy día prestaran atención a los más responsables de los portavoces carismáticos, sencillamente para poder hacer frente a lo que los carismáticos *realmente creen* (aunque no siempre esté expresado en términos teológicamente precisos), en lugar de argumentar en torno a lo que los "cesantistas" dicen que es lo que creen los carismáticos, o dicen que deben creer.

Más aún, aparte de la cuestión de la práctica o creencia actuales, hemos visto (en los capítulos 3 y 4) que la profecía congregacional corriente en las iglesias neotestamentarias *no* revestía la autoridad de la Escritura. No se pronunciaba en palabras consideradas las mismísimas palabras de Dios, sino en expresiones meramente humanas. Y por tener este carácter, no hay razón para creer que no continúe estando en la iglesia hasta el momento en que Cristo regrese. Ni desafía la autoridad de la Ecritura ni compite con ella, sino que se le somete, así como al juicio maduro de la congregación.

Es más, las funciones de la enseñanza apostólica y de la profecía congregacional eran diferentes. La posición "cesantista" se basa en la suposición de que la función de la profecía era la de suplir a la iglesia una dirección con autoridad divina hasta que tal dirección pudiera desprenderse de una colección de escritos apostólicos. Pero en los ejemplos de profecía neotestamentaria que hemos analizado en los precedentes capítulos (5-8), quedó en evidencia que la función de la profecía dentro de la congregación era a menudo la de proveer la información específica y particularizada que era necesaria para la función de la iglesia, la cual podía adquirirse mediante una revelación del Espíritu Santo. El hecho de que los escritos apostólicos nos dan acceso a las enseñanzas doctrinales capitales no hace que aquel tipo de profecía esté fuera de época o sea innecesario.

---

*   George Mallone, ed., *Those Controversial Gifts* (Inter-Varsity Press, 1983), p. 21.

La cuestión de la dirección divina

Aún surge otra inquietud. Puede objetarse que, si bien aquellos que practican hoy día el don de profecía *dicen* que no es igual en autoridad a la Escritura, *de hecho* la función que cumple en sus vidas compite con la Escritura, y hasta la suplanta, al guiarlos al respecto de la voluntad de Dios. De esa manera, se dice, se levanta contra la doctrina de la Escritura como guía suficiente para nuestra vida.

En este punto debemos admitir que se han cometido muchos errores en la historia de la iglesia. Destaca Macarthur el modo en que la idea de nuevas revelaciones ha dado origen a muchos movimientos heréticos en la iglesia.[*]

Pero la pregunta que corresponde aquí es: ¿Es *preciso* que ocurran abusos cuando funciona el don de profecía? Si vamos a sostener que los errores y los abusos de un don o ministerio invalidan dicho don o ministerio, entonces tendremos que rechazar también la enseñanza bíblica (pues muchos maestros de la Biblia han enseñado errores y han dado comienzo a sectas); también la administración y los cargos dentro de las iglesia (pues muchos líderes han desviado a la gente, o han abusado de los privilegios del cargo que desempeñan), etc. El *abuso* de un don no significa que debemos prohibir el *uso correcto* del don a menos que pueda demostrarse que no existe un uso correcto, es decir, que todo uso es forzosamente abuso.

Agregaremos, específicamente respecto a la guía de Dios, que conviene observar lo cauteloso que son muchos dentro del movimiento carismático en cuanto al uso de la profecía para recibir dirección en casos particulares. Citaremos varios autores para ilustrar este punto.

Don Basham:

> Personalmente me hacen sentir más cómodo aquellas profecías que no anuncian ni ofrecen dirección, porque soy consciente de los tremendos peligros inherentes en tales mensajes. ... Creo que Dios es muy medido al dispensarlos. En mi experiencia he oído personalmente ocho o diez predicciones proféticas equivocadas por cada una de las acertadas.
> ¿Cómo debe ser nuestra reacción cuando alguien profetiza acerca de nosotros? Si la profecía incluye predicciones o

---

[*] Macarthur, *The Charismatics: A Doctrinal Perspective*, capítulos 2-6, especialmente pp. 27ff.

directivas, no deberíamos aceptarla ni rechazarla. Deberíamos mejor dejarla en nuestro "registro a comprobar" mientras oramos y confiamos en que el Señor la confirmará por boca de dos testigos más, como mínimo, si procede de él. *Jamás* debiéramos obrar precipitadamente sobre la base de una profecía predictiva o directiva no confirmada, ni debiéramos tomar en cuenta cuán inspirada aparenta ser[*]

Michael Harper:

Aquellas profecías que indican a los demás lo que deben hacer deben ser consideradas con gran suspicacia[**]

Dennis y Rita Bennett:

Debemos ser muy cautelosos también con respecto a la profecía personal, orientadora, especialmente cuando no precede del ministerio de un siervo de Dios maduro y consagrado. La profecía "personalizada" sin límites hizo mucho para socavar el movimiento del Espíritu Santo que comenzó a principios de este siglo... Es cierto que los creyentes reciben palabras "del Señor" para entregar unos a otros, y esas palabras pueden servir como renovación y ayuda; pero debe operar en las personas que reciben las palabras el testimonio del Espíritu, y debe tomarse la máxima precaución al aceptar una supuesta orientación o profecía predictiva. Nunca emprenda proyecto alguno simplemente por un anuncio supuestamente profético, o interpretación de lenguas, o aparente palabra de sabiduría o conocimiento. Nunca haga nada sólo porque un amigo se le acerque y le diga: "El Señor me dijo que te diga que hagas tal y tal." Si el Señor tiene instrucciones que darle, pondrá su testimonio en su corazón, y en ese caso las palabras de su amigo... serán una confirmación de lo que Dios *ya ha estado* revelándole a usted. Esa indicación debe, además, estar de acuerdo con la Escritura .[***]

Donald Gee:

Surgen graves problemas de la costumbre dar o recibir "mensajes" con indicaciones personales por medio de los dones del

*   Don Basham, "Questions and Answers", *New Wine* 9:1 (Jan. 1977), p. 29.
** Michael Harper, *Prophecy: A Gift for the Body of Christ* (Logos, 1964), p. 26.
*** Bennett y Bennett, *The Holy Spirit and You*, p. 107.

Espíritu. . . La Biblia otorga un lugar a esa guía del Espíritu Santo. . . Pero debe permanecer en la dimensión correcta. Un análisis de la Escritura nos muestra que en realidad los primeros cristianos *no* recibían continuamente tales voces del cielo. En la mayoría de los casos tomaban sus decisiones por el uso de lo que solemos llamar "sentido común santificado". Y vivían vidas bastantes normales. Muchos de nuestros errores en lo concerniente a los dones espirituales surgen cuando queremos que lo extraordinario y lo desacostumbrado se torne frecuente y habitual. Que todos los que desarrollan un deseo desmedido por los "mensajes" mediante los dones hagan caso a la advertencia de las ruinas de las generaciones pasadas y también de los contemporáneos. . . Las Sagradas Escrituras son una lámpara para nuestros pies y una lumbrera para nuestro camino.*

Donald Bridge:

"Iluminismo" es el término, que ya cumplió varios siglos, que describe algo que no es en absoluto nuevo. . . Es la afirmación de que se reciben revelaciones personales directamente de Dios que trascienden las experiencias "normales" de la oración y el estudio bíblico sistemático. . . El iluminista constantemente se encuentra con que "Dios le dice" que haga algo . . . A menudo los iluministas son muy sinceros, muy consagrados, y convencidos de su compromiso a obedecer a Dios, lo cual desarma a los críticos más desconfiados. No obstante, recorren un camino peligroso. Sus predecesores lo han recorrido con anterioridad, y siempre los resultados han sido desastrosos a largo plazo. Los sentimientos más profundos y esa especial voz interior son subjetivos por su misma naturaleza. La Biblia nos proporciona una guía objetiva.**

Donald Bridge y David Phypers:

Cualquier intento de impartir instrucciones demasiado específicas para un grupo, o para un individuo bajo la apariencia de profecía, debiera ser enérgicamente desaprobado por quienes dirijan las reuniones a causa de los problemas que surgirán, casi sin exepción, como consecuencia. . . En nues-

* Gee, *Spiritual Gifts in the Work of Ministry Today*, pp. 51-52.
** Bridge, *Signs and Wonders Today*, p. 183.

tra experiencia, si bien las profecías algunas veces han hablado muy directamente a las necesidades de algunos individuos, los creyentes que pronunciaban las profecías siempre han estado personalmente sin información acerca de esas necesidades, y toda profecía siempre apareció velada por expresiones generales perfectamente aceptables para la totalidad del grupo. Sólo más tarde, cuando aquel creyente a quien se aludió en particular dio testimonio de su provecho, fue que se tomó conciencia de la utilidad específica de aquella profecía.[*]

Los párrafos citados ilustran una posición cautelosa e indefinida en cuanto a recibir dirección mediante profecía. Subrayan el hecho de que dentro del movimiento carismático existe en muchos la conciencia de que la función primordial de la profecía es, no la de guiar ni predecir, sino la de "edificación, exhortación y cosolación" (1 Corintios 14:3; véase el capítulo 7) a medida que el Espíritu Santo trae a la mente cosas que pueden parecer bastante corrientes en sí mismas sin elementos extraordinarios ni dramáticos, pero que ministran a las necesidades específicas del momento en la congregación, a la vez "avivadas" o revestidas de un efecto insólito en los corazones del pueblo de Dios por el mismo Espíritu Santo.

Por otro lado, existe una apertura a aceptar en alguna medida la continuación de la "iluminación" del Espíritu Santo en la vida de los creyentes aun entre los "cesantistas" de la línea muy "reformada".

Richard Gaffin, por ejemplo, escribe:

A menudo, también, lo que se considera profecía en realidad es la aplicación de la Escritura, espontánea, operada por el Espíritu Santo, es decir, una captación más o menos repentina de la enseñanza bíblica en una circunstancia o un problema en particular. Es necesario que todos los cristianos estén atentos a estas operaciones más espontáneas del Espíritu.[**]

Y Robert Reymond define la "iluminación" como "la capacitación operada por el Espíritu Santo para que los cristianos en general entiendan, recuerden y apliquen las Escrituras que han estudiado".[***]

---

[*] Donald Bridge and David Phypers, *Spiritual Gifts and the Church* (Inter-Varsity Press, 1973), p. 64.

[**] Gaffin, *Perspectives*, p. 120.

[***] Reymond, *What About . . .?*, pp. 28-29

Pero si estos escritores aceptan que la actividad presente del Espíritu Santo incluye la de capacitar a los cristianos para comprender, rememorar, aplicar o captar las enseñanzas de la Escritura, luego no parece haber una diferencia tan grande en principio entre lo que ellos dicen y lo que hacen muchos dentro del movimiento carismático. (Sin embargo, probablemente subsisten algunas diferencias acerca del modo exacto en que funciona esa guía; pero esto no es una diferencia que tiene tanto que ver con la profecía como con la dirección divina en general, y en particular con el modo en que la Escritura se relaciona con la guía recibida a través de recomendaciones, consejos, conciencia, circunstancias, sermones, etc.). El punto principal es que aquello que Gaffin y Reymond llaman "iluminación" parece en este caso ser lo que el Nuevo Testamento llamaría "revelación", y lo que ellos describen como informe verbal de tal iluminación parece que el Nuevo Testamento lo designaría como "profecía".

Por tanto, me pregunto si cabe continuar con la reflexión teológica conjunta en este terreno. A los carismáticos les tocaría darse cuenta de que los "cesantistas" son escépticos en cuanto a: la amplitud y la frecuencia de tal "iluminación", si es correcto llamarla la "profecía neotestamentaria", si tiene valor para la iglesia y si nos corresponde procurarla. Y los "cesantistas" tendrían que caer en la cuenta de que su doctrina, altamente desarrollada y meticulosamente formulada, acerca de la suficiencia de la Escritura como guía exclusiva, no es compartida totalmente, ni aun comprendida por muchos evangélicos, incluyendo los que integran el movimiento carismático. No obstante, quizá la idea de los reformados acerca de la "iluminación" no esté lejos de lo que ocurre actualmente con la profecía, y podría ofrecernos una categoría en la cual no se le considere como un enfrentamiento con la suficiencia de la Escritura.

Como un ejemplo más para comparar, será de provecho considerar la conclusión de Donald Bridge:

> ¿Qué autoridad conlleva la profecía? La misma autoridad que cualquier otra actividad cristiana en la iglesia, tal como liderazgo, consejería, enseñanza... Si es auténtica, se demostrará por sí misma. Las personas espirituales le brindarán una cálida acogida. Los líderes sabios y experimentados la aprobarán y confirmarán. La conciencia iluminada la abrazará.[*]

---

[*] Bridge, *Signs and Wonders*, p. 204.

Cuando a esta perspectiva acerca de la guía profética la acompañan las muchas evidencias bíblicas que hemos visto con respecto a la actividad sin absoluta autoridad divina de la profecía neotestamentaria, parece no haber motivos de objeción a la continuación de su práctica hoy día.

Así que en el terreno más amplio de la relación entre el don de profecía y la Escritura, no encontraremos ninguna razón para pensar que la profecía debería cesar. Tal como actuaba simultáneamente en vida de los apóstoles con su presencia concreta en las iglesias y no competía ni amenazaba con desplazar la autoridad gubernativa exclusiva de los apóstoles, así hoy día la profecía puede existir y funcionar simultáneamente con la presencia de la Escritura completa, terminada, sin desafiar ni competir en nuestras iglesias con la autoridad imperante por excelencia que tiene la Escritura, y sólo la Escritura en nuestra vida.

Los dones espirituales como característica de la era del Nuevo Pacto

Aquí resulta apropiada una consideración más. El Nuevo Testamento indica muchas veces que una de las características distintivas de la era del Nuevo Pacto (período comprendido entre Pentecostés y el retorno de Cristo, también llamado "era de la iglesia") es la posesión por parte del pueblo de Dios de los dones espirituales.

Entonces, una vez que se inaugura la era del Nuevo Pacto en Pentecostés, el Espíritu Santo se derrama en la iglesia con poder, y uno de los resultados es que al pueblo de Dios se le confiere dones como el de profecía, el de hablar en lenguas y el de recibir visiones (Hechos 2:1-21). Otro resultado es un poder especial para la proclamación del evangelio (Hechos 1:8; véanse 2:37, 47; 4:4; etc.)

Los dones espirituales también caracterizan la investidura del Espíritu Santo sobre otras personas en el Nuevo Testamento, tales como los del hogar de Cornelio (Hechos 10:46), o los discípulos en Efeso (Hechos 19:6). Los corintos vivieron la experiencia del Espíritu Santo característica del "Nuevo Pacto" cuando creyeron el evangelio y luego fueron "enriquecidos en [Cristo Jesús] en toda palabra y en toda ciencia" (1 Corintios 1:5), y como consecuencia Pablo pudo decir que "nada os falta en ningún don esperando la manifestación del Señor Jesucristo" (1 Corintios 1:7). De hecho, cuando Pablo dice que los cristianos, en conjunto, son "el cuerpo de Cristo", todos con dones diferentes, otorgados para el bien común (1 Corintios 12:12-31), es correcto que entendamos que esto es valedero, no sólo para la iglesia en Corinto, sino para todas las iglesias y todos los cristianos de hoy: ser cristiano del Nuevo Pacto es ser un creyente con algún don espiritual.

La misma verdad la anuncia Pablo a los Efesios cuando dice que Cristo, al ascender al cielo "dio dones a los hombres" (Efesios 4:8), esto es, dones que capacitarían para el trabajo mancomunado de todo el cuerpo, de modo que "bien concertado y unido entre sí por todas las coyunturas" la iglesia misma "recibe su crecimiento para ir edificándose en amor" (Efesios 4:16). Otra vez aquí, la posesión de varios dones espirituales para beneficio de la iglesia es *característico* de la era neotestamentaria.

Ahora bien, si los apóstoles fueron el cimiento de la iglesia, y si tenían la autoridad exclusiva de redactar las Escrituras para la iglesia de todos los tiempos, luego es comprensible que el oficio de apóstol no perdurara más allá del primer siglo, después de la muerte del último apóstol. En realidad Pablo insinúa que él es el último en ser designado apóstol (véase 1 Corintios 15:8 dentro del contexto de apariciones a los apóstoles posteriores a la resurrección). De modo que podemos decir o que el oficio de apóstol no está ya presente en la iglesia, *o bien* que el oficio de apóstol (y creo que esto es más acertado) ahora ha sido sustituido por *los escritos de los apóstoles* (vale decir el Nuevo Testamento) en la iglesia.

Pero no tenemos ningún motivo para suponer que cualquiera de los otros dones haya sido reemplazado de la misma manera. En realidad, si los dones espirituales son *características* de la era del Nuevo Pacto, luego deberíamos suponer que una iglesia del Nuevo Pacto que funcione normalmente tenga la continuación de la experiencia de todos los dones mencionados en el Nuevo Testamento, y que esos dones, al ser característicos de la era de la iglesia, continuarán con la iglesia hasta el momento del regreso del Señor. Donde el Espíritu Santo obra con el poder del Nuevo Pacto, ¿no se justificaría que esperáramos ver todos los dones del Espíritu Santo presentes y en función dentro de la iglesia?

Resumen

En 1 Corintios 13:8-13 Pablo dice a los corintios que la profecía continuará hasta el regreso de Jesucristo, pero no más allá de ese momento. Luego es aceptable la siguiente paráfrasis de 1 Corintios

13:10: "Cuando vuelva Jesús, el don de profecía cesará." Este texto, junto con el carácter de la profecía como inferior a la Escritura en cuanto a autoridad, pero valiosa para la edificación de la iglesia, nos lleva a la conclusión de que el don de profecía continuará siendo válido y accesible para provecho de todos los cristianos hasta el tiempo mismo que regrese Cristo.

Aplicación en la actualidad

Una vez que tomamos conciencia de que la profecía es un don apropiado para la era de la iglesia en su totalidad (desde Pentecostés hasta el regreso de Cristo), eso debería estimularnos a pensar sobre cómo incentivar su ejercicio en nuestra vida y en las iglesias hoy día. Si realmente es la intención de Dios que este don continúe en uso en la iglesia, luego nuestra carencia de libertad o entusiasmo para su práctica sólo puede derivar en detrimento espiritual para nosotros, y podemos esperar (si seguimos las indicaciones bíblicas y evitamos los abusos) que la renovación de su práctica nos añadirá bendición espiritual y vitalidad en nuestras iglesias.

CAPITULO 13

COMO INCENTIVAR Y ENCAUZAR LA PROFECIA

Si este estudio del don de profecía ha resultado convincente para algún lector y coincidimos, en términos generales, en que las conclusiones a que apunta este estudio son realmente las enseñanzas de la Biblia misma en cuanto al don de profecía, luego surge naturalmente la pregunta: ¿Qué haremos al respecto? ¿Hay modos en que podemos intentar el estímulo del don de profecía en nuestras iglesias locales? Y si incentivamos el don, ¿cómo podemos encauzar su uso para evitar posibles abusos del mismo?

A estas preguntas pueden ofrecerse dos respuestas para dos grupos distintos: 1) para los creyentes en iglesias donde el don de profecía no se practica pero donde el pastor u otros líderes espirituales quisieran incentivar su uso; y 2) para aquellos creyentes en las iglesias en que el don de profecía está ya en uso.

Para las iglesias que no practican el don de profecía, pero desearían practicarlo

He aquí una lista de unas cuantas ideas mías; sugerencias que algunas iglesias pueden encontrar provechosas.

(a) *Orar.* Ore sinceramente pidiendo la guía de Dios y sabiduría en cuanto al modo y al momento para abordar este tema en la iglesia. Del mismo modo que con cualquier otra propuesta o sugerencia que se presente en una iglesia, es de suprema importancia la cuestión de ser sensible al tiempo del Señor y contar con su bendición en lo que se hace. Si el tiempo es el indicado, y si es precedido por la oración, luego Dios se habrá anticipado preparando el corazón de otras personas en la iglesia que vean la necesidad en esta esfera también.

(b) *Enseñar.* El pastor y algunos otros líderes pueden dirigir estudios sobre este tema en los períodos normales de la enseñanza de la Biblia que la iglesia ofrezca. Estos pueden ser los domingos por la mañana o por la tarde, un estudio bíblico a mitad de la semana, acompañando a la reunión de oración, o quizá una clase bíblica para adultos. La enseñanza, por supuesto, debe basarse enteramente en la Escritura, y ser "pura . . . pacífica, amable, benigna, llena de misericordia y de buenos frutos, sin incertidumbre ni hipocresía" (Santiago 3:17).

Por lo común sería bueno, después de terminado este período de enseñanza, esperar varias semanas o probablemente meses hasta que la enseñanza haya "penetrado" y surja la oportunidad de comprobar si encuentra aprobación en el corazón de muchos o en la mayoría del pueblo de Dios que componen la congregación. (Si la enseñanza es fiel a la Escritura, seguramente encontrará consentimiento; éste quizá no sea unánime, pero sin duda será significativo, especialmente de parte de los que son maduros en la palabra.)

(c) *Marchar pausada y pacientemente.* Pedro dice que los ancianos de la iglesia no deben comportarse como "teniendo señorío" (1 Pedro 5:3), una indicación que recuerda a los líderes eclesiásticos que no deben ejercer presión política ni psicológica, ni imponer la fuerza de su personalidad. Y Jesús mismo dice: "Bienaventurados los mansos, porque ellos recibirán la tierra por heredad" (Mateo 5:5), una enseñanza que igualmente nos advierte que no seamos autoritarios ni tratemos de imponer nuestra voluntad sin dar lugar a la obra del Espíritu Santo en el corazón de las personas.

Tratándose de este asunto que es francamente nuevo para muchas personas, una tentativa delicada, paciente y verdaderamente pastoral, traerá los resultados que desea el Señor porque no asustará ni alejará innecesariamente a las personas.

(d) *Aplicar el don de profecía en los modos en que ya funcione en la iglesia.* Esta sugerencia la ofrezco a pastores así como a obreros de la iglesia y a todos los cristianos a quienes interese el don de profecía. Puede parecer algo extraña, pero creo que esta sugerencia será oportuna.

Podría ser un hecho que el don de profecía haya estado ya funcionando en maneras parciales y esporádicas en la vida habitual de una iglesia vital, activa. Algunas veces, por ejemplo en reuniones de oración, una persona puede haberse sentido "guiada" o "impulsada" por el Espíritu Santo en forma desacostumbrada a orar por un asunto en especial, tal vez algo que no haya estado recientemente en su pensamiento, o por lo menos no extensamente. Y también pudiera ser que esa oración provocara una respuesta inesperada en el corazon de muchos de los allí presentes. No me cabe duda de que esto aparentemente es resultado de una "revelación" del Espíritu Santo por la cual el tema de oración, y hasta aspectos específicos de como pedir, vinieron a la mente por medio del Espíritu Santo antes de o durante el tiempo en que la persona estaba orando. Y quizá el mismo asunto le fue "revelado" por el Espíritu Santo a varios otros que también sintieron en lo más hondo la necesidad de orar de esa manera. No sería errado decir que aquí tenemos una muestra del funcionamiento del don de la profecía en nuestra iglesia, sin siquiera haberle dado ese nombre ni estar conscientes de lo que ocurría exactamente.

Así que, si se desea incentivar más el uso del don de profecía, una manera en que eso podría realizarse sería sensibilizándose a todo impulso del Espíritu Santo que se haga sentir durante los momentos de oración en grupo, y en seguida expresar esos impulsos a modo de oración (u "oración profética") al Señor.

Otro ejemplo podría encontrarse en la dirección de los cultos de la iglesia que no sigan un plan trazado formalmente con anticipación. Recientemente, estando en oración con un grupo de creyentes con quienes nunca nos habíamos reunido para orar, venía a mí el recuerdo de un himno en particular con una letra que repite palabras de la Escritura, y deseaba cantarlo. Pero antes que yo dijera palabra, una de las mujeres del grupo comenzó a entonarlo y todos coreamos juntos. Más tarde otro hombre del grupo refirió que esa canción había estado en su mente justo en el mismo momento. Procedíamos de diferentes situaciones, y yo por lo menos no la había escuchado desde hacía un buen tiempo; sin más interpreté el hecho como una indicación del Espíritu Santo en el sentido de nuestra alabanza.

Esto puede suceder cuando los cristianos se reúnen más informalmente, tal vez un domingo fuera del horario de reuniones, o en otras oportunidades con el fin de cantar himnos, leer la Biblia y expresar al Señor oraciones y alabanzas. Quizá tengamos frescas en la memoria ocasiones en que ya el Espíritu Santo haya traído a la mente de varias personas distintas exactamente el mismo cántico para sugerir, o la lectura de varios pasajes de la Escritura, todo en torno al mismo tema, o hasta un mismo sentir en cuanto al carácter o a la orientación de la adoración que el Espíritu Santo imprime al culto: algunas veces una actitud de reverencia y silencio ante el Señor, otros un quebranto y arrepentimiento por el pecado, otras veces una intercesión desde lo más profundo del corazón por una necesidad en particular, aún otras, un gozo, gratitud y alabanza rebozantes. Este tipo de sensibilidad a la guía del Espíritu Santo es la que muchas veces ha dotado de gran vitalidad las reuniones de adoración no planificadas, por ejemplo, la de los Hermanos Libres* cuando todos los presentes percibían que el Espíritu Santo obraba entre su gente en una forma perceptible.

Reiteramos que quienes desean ver un incremeto en el don de la profecía en la iglesia local podrían sencillamente animar a la gente a permanecer abiertos y sensibles a las insinuaciones del Espíritu Santo en cuanto a la orientación en los momentos de adoración no estructurados con anterioridad. Aunque no se le llame "profecía" a esa clase de guía del Espíritu Santo, de todos modos el resultado podría ser muy similar y muy positivo en beneficio de la iglesia.

Otro ejemplo de los modos en que el don de profecía probablemente ya esté funcionando en muchas iglesias es en ocasión del sermón dominical. Si el pastor se toma la libertad de apartarse de su bosquejo establecido y dedica unos momentos de la predicación a algo que él siente que el Señor imprimía con fuerzas en su pensamiento unos momentos antes, o mientras está hablando, aquí también creo que el apóstol Pablo se hubiera sentido conforme con la designación de "revelación" del Espíritu Santo; aunque el pastor mismo no lo considere profecía ni le otorgue ese nombre, realmente es el don de profecía el que funciona al estar la congregación de la iglesia reunida. Muchos pastores a quienes les ha ocurrido esto pueden dar testimonio de que esos agregados espontáneos a sus tan planificados mensajes a veces han sido exactamente la respuesta de una necesidad definida dentro de la congregación, una necesidad por lo general no conocida previamente.

Por ejemplo, un pastor que tuviera interés en ver el don de profecía más eficazmente en funcionamiento en su iglesia, podría adoptar la costumbre de mantenerse en una actitud de oración y de dependencia consciente del Señor, antes y durante el tiempo que le ocupe la predicación (cualquiera que sea el motivo, ¡esto será siempre muy bueno!); si el Espíritu Santo de vez en cuando le trae a la mente algo que sea compatible con la Escritura desde el punto de vista doctrinal, y que dentro de lo predecible, él considere que traerá edificación a la

---

* Grupo evangélico conocido también como "Los Hermanos Plymouth".

congregación, luego podrá dar el paso de añadir a su predicación esa idea.

Sin embargo, aquí aparece un obstáculo. Lo que se espera de un pastor, por lo general, es que los domingos *enseñe*, no que *profetice* (pues no podemos predecir cuándo el Espíritu Santo revelará algo). La congregación espera *enseñanza*, y el Nuevo Testamento designa así la *enseñanza de la Escritura*. Pero ocurre que el proceso de enseñanza de la Escritura normalmente resulta mejor y más eficaz cuando hay una *preparación* previa. Un período de estudio bíblico que no haya sido preparado (cuando había oportunidad para la preparación o se podría haber procurado oportunidad) no se debe a más espiritualidad sino simplemente a la haraganería. Eso equivale a someter a la congregación a pensamientos mal organizados y dispersos que podrían haberse impartido en la mitad del tiempo y con el doble de efectividad si el pastor hubiera dedicado el tiempo necesario a la preparación.

Así que si un pastor no se prepara para la enseñanza bíblica sino dice estar "esperando en el Señor" que él traiga algo a su mente, opino que en realidad está tratando de colocar al Señor en la *obligación* de revelarle algo mientras habla. Pero eso es un ejemplo de poner a Dios a prueba, justamente algo que Dios prohíbe en Lucas 4:12: "No pondrás a prueba al Señor tu Dios." Si uno está en el pináculo del templo, el modo natural que Dios pone a disposición para bajar son los escalones. Arrojarse desde arriba esperando que Dios realice el milagro de salvar la vida es "poner a Dios a prueba". Igualmente, si un pastor va a impartir un estudio bíblico, tomar tiempo para prepararse es el *medio* natural que Dios provee. Pero pararse detrás de un púlpito sin prepararse es semejante a saltar del pináculo del templo. Implica un rechazo de los medios corrientes que Dios hace accesibles y una exigencia hacia él para que provea algún tipo de revelación extraordinaria ¡que rescate al que se metió en el problema!

Es decir, es bueno permanecer sensible a esos dictados del Señor, si llegan; pero no se debe permitir nunca que reemplacen a la preparación adecuada para la solemne responsabilidad de enseñar la Escritura a la congregación reunida.

Un cuarto modo del cual el don de profecía puede estar en uso sin llamarlo abiertamente "profecía" ocurrirá ocasionalmente en momentos de conversación persona a persona o al aconsejar, cuando parece que el Señor trae algo al pensamiento con claridad y fuerza.

Como dijimos, *si* la aparente revelación no contradice la Escritura, si parece adecuarse a la conversación, luego puede incorporarse dentro del desarrollo de la plática, y, si realmente provino del Señor, él la usará en la forma que le parezca apropiada.

(e) Por último, *si* los cuatro pasos precedentes se han seguido y han sido aceptados por la iglesia, y *si* la congregación y sus dirigentes lo aceptan, *prepárese para el uso de la profecía en las reuniones menos rígidas de adoración en la iglesia.*

Para que el don de profecía pueda aplicarse como Pablo ordena en 1 Corintios 14, es necesario una oportunidad en que la congregación se halle reunida en cultos menos formalmente estructurados de lo acostumbrado los domingos; la mayoría de los cultos dominicales evangélicos no ofrecen oportunidad para contribución alguna de carácter espontáneo, individual. Por esa razón, no parece conveniente tratar de encajar el don de profecía en este marco (salvo que la iglesia decida cambiar totalmente el aspecto del culto dominical). Es probable que muchas iglesias decidan retener la formalidad del tradicional culto del domingo a la mañana en el que puedan venir visitas y encontrar la estructura acostumbrada, con sus horas establecidas de comienzo y fin de servicio. La decisión acerca de eso a mi parecer es mejor que quede a cargo de cada congregación individual, pudiendo variar según el número de concurrentes y el trasfondo cultural en que se sitúa cada iglesia.

No obstante, hay otros momentos en que los creyentes de una congregación se reúnen para adorar de modo menos formal. Puede ser el domingo, fuera del horario de cultos, o reuniéndose durante la semana en las casas. En ocasiones así, si se han dado los pasos anteriores y la enseñaza ya impartida en la iglesia acerca del uso del don de profecía ha sido suficientemente clara, luego los que presiden esas reuniones pueden considerar la conveniencia de otorgar oportunidades en que el don de la profecía se ejerza en estas reuniones de oración.

En tal caso, sería de utilidad una breve explicación al comenzar la reunión. El que dirige podría decir que durante el culto habrá libertad para contribuciones espontáneas individuales, sean lecturas de la Escritura, sugerencias de canciones, pedidos de oración o palabras de testimonio. Un tipo de contribución puede ser "profecía", entendiendo por esto la comunicación de algo que Dios trae a la mente en forma espontánea durante el culto. Si el Espíritu Santo obrara en cualquiera de los presentes para traer una "revelación" o impulso divino, luego sería por cierto deseable que se lo comunicara al grupo para la edificación de todos los presentes.

Por supuesto, quien tenga a su cargo la dirección del período de adoración querrá asegurarse de que todo se haga en forma ordenada y edificante, y de que si pronuncian profecías, sean sometidas a la evaluación del resto de la congregación. En realidad, es necesario que el líder proponga que *"los demás juzguen"* o *evalúen* (de acuerdo con 1 Corintios 14:29), que examinen todo y retengan lo bueno (según 1 Tesalonicenses 5:21). Y si entre los hombres presentes hubiera alguno que deseara hacer un comentario en voz alta sobre cualquier profecía, debería sentirse libre para hacerlo.

En todas las circunstancias, quien conduce la reunion debe empeñarse en evitar cualquier sensación improductiva de tensión, rigidez o formalidad que dé la impresión de estar ante un acontecimiento extraño o extravagante. Debe considerarse sencillamente como algo normal, ¡la forma natural en que el Señor obra en su pueblo cuando se reúne en su presencia para adorarlo!

Se debe recomendar que los que pronuncian profecías en la congregación no deben ser exageradamente teatrales (lo cual centra demasiado la atención sobre su persona en lugar del Señor), y por otra parte no deben ser irreverentes ni superficiales (provocando así el menosprecio de las profecías; véase 1 Tesalonicenses 5:20). De antemano debe recordárseles que no es correcto tomar como modelo a los profetas del Antiguo Testamento, y por tanto no sería acertado encabezar el mensaje con la declaración: "Así dice el Señor".

Es preferible comenzar con una frase como: "Creo que el Señor trae a mi mente lo siguiente" o "Me parece que el Señor quiere mostrarnos que . . .", o algo similar. Si la revelación es realmente del Señor, aun con una humilde introducción como las sugeridas, indefectiblemente encontrará la confirmación en el corazón de los hijos de Dios y producirá los efectos que el Señor quiera.

Sobre todo, es importante que cualquiera que pronuncie una profecía tenga presente esa actitud de amor que procura el bien de quienes escuchan, nunca la fama, admiración o prestigio de quien habla.

En consecuencia, el que profetiza se esmerará por hablar de manera que los demás entiendan, y recordará que la finalidad es la edificación de los oyentes. (Según 1 Corintios 14:26: "Hágase todo para edificación".)

Los que presiden los cultos de adoración deben recordar contínuamente las medidas indicadas por Pablo en 1 Corintios 14 que reglamentan el culto de adoración en la iglesia, en especial:

(a) Deben hacerse permanentemente la pregunta: "¿Es para *edificación* de la iglesia esto o aquello?" (véase 1 Corintios 14:26).

(b) No deben permitir que una sola persona o que un don tome preponderancia en la adoración. No deben presentarse demasiadas profecías, ni abarcar demasiado tiempo. Esta regla procede de las palabras de Pablo en el sentido de que los que hablan en lenguas se limiten a "a lo más tres" (1 Corintios 14:27), y los que profetizan también deben restringirse: "Asimismo los profetas hablen dos o tres" (1 Corintios 14:29). Distintas personas contribuyen con diferentes cosas (1 Corintios 14:26), y esto debe encontrar su lugar, aun a costa de reprimir a algunos que reciben revelaciones. Evidentemente Pablo no veía problema en ese procedimiento (véanse 1 Corintios 14:29 que limita a los profetas a dos, a lo más tres, y 1 Corintios 14:30 donde dice que el primero en hablar debe callar si otro profeta recibe una revelación).

(c) Se debe mantener un ambiente de calma (1 Corintios 14:32-33, 40), acompañado de gentileza hacia todos, con libertad para contribuciones espontáneas, y sin embargo donde se disfrute de momentos de silencio en los que cada uno ore al Señor en forma individual y espere en su presencia.

Por último, con referencia a muchas cuestiones prácticas en torno al don de profecía, algunos pueden encontrar ayuda aprovechando la experiencia de primera mano y la sabiduría adquirida a través del tiempo de aquellos que han estado en los movimientos carismáticos o pentecostales durante años. A veces los que nos hemos mantenido más o menos alejados del movimiento carismático pensamos que vemos con toda claridad los peligros y excesos que puedan resultar del uso de los dones tales como el de profecía, pero creo que la mayoría de los no carismáticos se asombrarían al encontrar que los que están *dentro* del movimiento a menudo ven los problemas con la misma claridad, o aun mayor, y los comentan en sus escritos, lo cual puede sernos de ayuda.

Podría mencionar tres libros que contienen estudios prácticos acerca del uso de la profecía en general. Son el de Michael Harper (*Prophecy: A Gift for the Body of Christ*, Logos, 1964); el de Bruce Yocum (*Prophecy*, Word of Life, 1976); y el de Donald Gee (*Spiritual*

Gifts in the Work of Ministry Today, Gospel Publishing House, 1963; véanse las páginas 40-62 que dedica al don de profecía).

Con relación al área específica de juzgar las profecías, hay párrafos valiosos en el libro editado por George Mallone (*Those Controversial Gifts*, Inter-Varsity Press, 1983), pp. 41-47; en el antes mencionado trabajo de Bruce Yocum, pp. 103-121; y uno escrito por Don Basham (*A Handbook on Tongues, Interpretation and Prophecy*, Whitaker Books, 1971), pp. 111-116.

No es que yo esté de acuerdo con todo lo que sostienen estos autores. Por ejemplo, destaco que algunos de estos escritores reiteradamente *definen* la profecía como "la palabra de Dios para las circunstancias presentes"; así discrepan de la definición de la profecía que sostengo en este libro. No obstante, *en la práctica* la profecía ha sido considerada de manera bastante semejante a la propuesta por mí: la comunicación de algo que Dios trae espontáneamente a la mente. Sobre todo entre los sectores más maduros y responsables del movimiento carismático no se la *considera* exactamente "palabra de Dios". Así que al encarar la práctica de la profecía de esta manera, esos autores pueden suministrar muchas sugerencias útiles en el terreno práctico.

Para las iglesias que ya practican el don de la profecía

Para estas iglesias, mucho de lo ya dicho será igualmente aplicable, pero serán convenientes algunas recomendaciones y sugerencias.

(a) Recuerden que lo que se comunica hoy día en forma de profecía no es la palabra misma de Dios, sino solamente la trasmisión volcada a simples palabras humanas por una persona común a quien Dios inspiró. Por lo tanto, no se debe conducir a la gente a que crea que esta profecía es la palabra misma de Dios, pues surgirá un malentendido (aunque no se manifieste abiertamente) y una confusión entre la autoridad de la Escritura y la autoridad de la profecía. Enseñe a la gente con mansedumbre insistiendo en que no empleen frases como "Así dice el Señor" al comenzar a pronunciar la profecía para la iglesia, y tampoco empleen la primera persona gramatical como si fuera el Señor mismo que hablara, porque esto produce la impresión de que cada palabra contiene la absoluta autoridad de Dios.

(b) Asegúrese de que las profecías sean juzgadas, es decir, *evaluadas* a la luz de la Escritura y toda verdad. El don de profecía nunca puede eximirse de la evaluación del pueblo de Dios como cuerpo, sin considerar quien usa el don, por maduro que sea en la vida cristiana, por más que profetice con frecuencia o con resultados poderosos por lo general. Se podría haber evitado la escandalosa publicidad que recibió Oral Roberts en 1987 si se hubiera seguido este principio, en mi opinión. Pienso que él estaría convencido de que Dios le había revelado que cortaría su vida si no se reuniera cierta suma de dinero al terminar el mes de marzo de 1987. Si él hubiera sometido lo que sentía como "revelación" a un grupo de consejeros maduros, sin duda muchos habrían percibido que esa idea contradice la modalidad en que Dios nos exhorta a ofrendar dinero, "no como exigencia . . . ni por obligación"* (véanse 2 Corintios 9:5, 7); también es contraria al modo en que vemos actuar a Dios en la Escritura, por cuanto nunca lo vemos tomando como rehén la vida de una persona para librarla contra entrega de ofrendas voluntarias (o bien, involuntarias) de otros. La evaluación de la profecía podría haber evitado ese error, y puede prevenir otros más.

(c) Siempre tenga presente hacer hincapié en que la *Escritura* es el lugar donde constantemente se puede acudir para oír la voz del Dios viviente. El nos habla, hoy día y durante toda la vida, por la Biblia. Antes que estar a la expectativa de que en cada culto el punto culminante sea una profecía como palabra de Dios mismo, debemos estimularnos (más que ninguno aquel que ejerce el don de profecía) a buscar vez tras vez nuestro centro de emoción, júbilo, esperanza y deleite en la Escritura misma. Allí tenemos un tesoro de valor infinito: nuestro Creador nos habla en palabras que podemos comprender.

Especialmente en las iglesias en que ya se ejerce el don de profecía, se debe subrayar constantemente el hecho de que encontraremos orientación para nuestra vida en la Escritura; ahí está la fuente de consejo, nuestro faro al buscar la voluntad de Dios, nuestra norma suficiente y enteramente confiable. Podemos decir con confianza, cuando pensamos en las palabras de Dios escritas en la Biblia: "Tu palabra es una lámpara a mis pies, y una luz en mi camino" (Salmo 119:105, Versión Popular).

---

* Traducción directa del autor.

CAPITULO 14

¿POR QUE NECESITAMOS HOY EL DON DE PROFECIA?

En definitiva, ¿tiene importancia toda esta cuestión? ¿Perderíamos en lo más mínimo si continuáramos como antes, desatendiendo en gran medida en nuestras iglesias el don de profecía?

Para contestar esta pregunta, ante todo debemos recordar lo que la Escritura misma dice acerca de la importancia de este don.

El apóstol Pablo lo valoró tan altamente que dijo a los corintios: "Seguid el amor; y procurad los dones espirituales, *pero sobre todo que profeticéis*" (1 Corintios 14:1). Al final de la disertación sobre los dones espirituales, nuevamente dice: "Así que, hermanos, *anhelen profetizar*" (1 Corintios 14:39, Nueva Versión Internacional [1990]). Y además dijo que "el que profetiza, *edifica a la iglesia*" (1 Corintios 14:4).

Ahora debemos hacernos una seria pregunta hoy día: Si Pablo ansiaba que se ejerciera el don de profecía en Corinto, a pesar de que la iglesia sufría los problemas de la inmadurez, el egoísmo, las divisiones y otros más, ¿no debiéramos nosotros también ansiar que funcione nuevamente este don en nuestras iglesias? Además, si somos cristianos, especialmente de los evangélicos que proclamamos creer y obedecer *todo* lo que dice la Escritura, ¿no debemos también creer y obedecer las enseñanzas acerca del don de profecía?

Y como añadidura a las declaraciones directas de la Escritura, al estudiar el panorama completo de la enseñanza bíblica acerca del carácter de profecía, ¿no podríamos encontrar algunos beneficios específicos que derivarían hacia nuestras iglesias al permitir el ejercicio del don? Creo positivamente en esos beneficios.

En primer lugar, si aceptamos que el argumento presentado aquí es correcto, luego el dejar de lado la profecía es ser desobediente a la Escritura. Esto es motivo suficiente para saber que recaerán sobre

nuestras iglesias consecuencias negativas, como mínimo una carencia en la bendición completa que, si obedeciéramos, sería nuestra.

En segundo lugar, si se permite que el don opere, si se lo estimula
en nuestra vida, esto indudablemente traerá como elemento concomitante la percepción de la cercanía de Dios y una mayor sensibilidad
a sus impulsos en nuestra experiencia diaria. Algunos seguramente
protestarán que este énfasis es "demasiado subjetivo", y exigirán que
seamos "más objetivos" al desenvolvernos en nuestra vida cristiana.
Pueden decir que redoblar el énfasis sobre la subjetividad sólo nos
abrirá la puerta a los errores doctrinales, a orientaciones éticas equivocadas, a un descuido perjudicial a la guía de la Escritura en nuestra
vida.

¡Es probable que precisamente aquellos que presentan esta objeción sean los creyentes que necesiten este proceso subjetivo más que
otros en su vida cristiana! Son los que corren el *menor* riesgo de caer
en el error, puesto que ya otorgan gran peso al sólido fundamento de
la Palabra de Dios. Pero ellos necesitan especialmente este don, pues
ocasionalmente su experiencia puede tornarse demasiado intelectual
y demasiado doctrinal en su enfoque. Pero ocurre que este don no
puede forzarse mediante argumentos intelectuales ni investigaciones
doctrinales. Por el contrario, necesita una actividad de tipo diferente:
requiere esperar en la presencia del Señor, escucharlo, prestar atención a lo que nos sugiere en la intimidad.

En otras palabras, probablemente lo más necesario para aquellos
que son creyentes enteramente evangélicos, teológicamente ortodo-
xos, doctrinalmente maduros, intelectualmente bien preparados, bí-
blicamente instruidos, es la poderosa influencia equilibrante de una
relación "subjetiva" más vital en su vida cotidiana. Personalmente
puedo decir que en lo que a mí respecta, siento a menudo esa
necesidad en mi propio ser al trabajar día tras día con la Escritura
desde una perspectiva académica.

En tercer lugar, estoy convencido de que si se permitiera el ejercicio
del don de profecía por lo menos en algunas de las reuniones en la
vida de la iglesia, se recibiría una nueva y rica porción de vitalidad
en la adoración, una sensación de reverencia que deriva de ver a Dios
obrando en ese preciso momento y en ese preciso lugar, un sentimien-
to abrumador de lo maravilloso que nos hace exclamar: "¡Ciertamente Dios está en este lugar!"

He aquí entonces los beneficios que puede recibir la iglesia. Hay la posibilidad de errores y excesos, como ocurre con cualquier don (pensemos, por ejemplo, en la enseñanza o bien en la administración). Pero esos riesgos pueden prevenirse mediante la enseñanza concienzuda y administrando el don según los principios enseñados en la Escritura, y el beneficio potencial es muy valioso para la iglesia y para nuestra propia vida espiritual.

EL CARGO DE APOSTOL

El estudio del capítulo 2 trataba de la autoridad de los apóstoles. La conclusión era que los apóstoles hablaron y escribieron palabras con absoluta autoridad divina: "palabras del Señor". Justamente por ser palabras de Dios esas palabras escritas por los apóstoles, muchas forman parte del Nuevo Testamento que tenemos hasta hoy.

Pero, ¿quiénes eran en realidad los apóstoles? ¿Cuántos fueron los apóstoles? ¿Qué requisitos se debían cumplir para ser apóstoles? ¿Hay apóstoles en la actualidad?

Debemos comenzar dejando en claro que las respuestas a estas preguntas dependen de lo que uno entienda por el término "apóstol". Hoy día unos usan la designación de "apóstol" en un sentido muy amplio cuando desean referirse a un eficiente fundador de iglesias o a un pionero de relevancia en la obra misionera (por ejemplo: William Carey fue el apóstol de la India). Si aplicamos el término "apóstol" en un sentido tan extenso, lógicamente todos estarán de acuerdo con la existencia presente de apóstoles, puesto que actualmente hay sin duda misioneros eficientes y fundadores de iglesias.

Pero hay otra acepción del vocablo "apóstol". Generalmente en el Nuevo Testamento la palabra alude a una designación oficial: "apóstol de Jesucristo". En este sentido estricto del término, no hay más apóstoles ahora y no debemos esperar que surjan. Esto se debe a los requisitos para ser apóstol, según el Nuevo Testamento y la observación de quienes fueron apóstoles.

Requisitos del apóstol

Los dos requisitos para ser apóstol eran: (1) Haber visto a Jesús después de su resurrección personalmente (siendo así testigo ocular de su resurrección), y (2), haber sido comisionado especialmente por Jesucristo como apóstol de él.

El hecho de que un apóstol debía haber visto al Señor resucitado con sus propios ojos se indica en Hechos 1:22, donde Pedro dice que el que suplantara a Judas debería hacerse *"testigo con nosotros de su*

248 EL DON DE PROFECIA

resurrección". También dice: "A los apóstoles que había escogido, a quienes, después de haber padecido, se presentó vivo con muchas pruebas indubitables, apareciéndoles durante cuarenta días" (Hechos 1:2-3; véase Hechos 4:33).

Pablo da gran importancia al hecho de que él *sí* cumplía este requisito (Cristo se le apareció en visión en el camino a Damasco y lo designó apóstol: Hechos 9:5-6; 26:15-18). Por eso cuando defiende su apostolado dice: "¿No soy apóstol? . . . ¿No he *visto* a Jesús el Señor nuestro?" (1 Corintios 9:1), y cuando hace un recuento de las personas a quienes se le apareció Jesús después de su resurrección, Pablo dice: "Después apareció a Jacobo; después a todos los apóstoles; y al último de todos, como a un abortivo* me apareció a mí. Porque yo soy el más pequeño de los apóstoles, que no soy digno de ser llamado apóstol" (1 Corintios 15:7-9).

Estos versículos se suman para demostrar que a menos que la persona hubiera visto con sus propios ojos a Jesús después de su resurrección, no podía ser apóstol.

La segunda condición, la de haber sido especialmente designado apóstol por Jesucristo, también se desprende de varios versículos. Primero, aunque no es común en los evangelios el título de "apóstol", se les llama específicamente "apóstoles" a los doce discípulos en ocasión de ser comisionados por Jesús "enviándolos" a predicar en su nombre:

> Entonces llamando a sus doce discípulos les dio autoridad sobre los espíritus inmundos, para que los echasen fuera, y para sanar toda enfermedad y toda dolencia. Los nombres de los doce *apóstoles* son éstos. . . A estos doce envió Jesús, y les dio instrucciones diciendo:. . y yendo, predicad, diciendo: El reino de los cielos se ha acercado (Mateo 10:1-7).

Igualmente Jesús en un sentido especial comisionó a sus apóstoles para ser sus "testigos . . . hasta lo último de la tierra" (Hechos 1:8), y al escoger a otro apóstol para sustituir a Judas, los once apóstoles no tomaron por sí mismos la responsabilidad sino que oraron pidiendo a Cristo que lo designara:

> Tú, Señor, que conoces los corazones de todos, muestra cuál de estos dos has escogido, para que tome la parte de este

---

*   "uno nacido fuera de tiempo", según la Biblia de las Américas.

ministerio y apostolado, de que cayó Judas... Y les echaron suertes y la suerte cayó sobre Matías; y fue contado con los once apóstoles (Hechos 1:24-26).

Pablo mismo insiste en el hecho de que Cristo en persona lo designó como apóstol. Relata cómo en la ruta de Damasco Jesús lo comisionó como apóstol a los gentiles: "para esto he aparecido a ti, para ponerte por ministro y testigo... librándote de tu pueblo, y de los gentiles, a quienes ahora te envío" (Hechos 26:16-17).

Más adelante sostiene que fue constituido específicamente apóstol por Jesucristo (véanse Romanos 1:1; Gálatas 1:1; 1 Timoteo 1:12; 2:7; 2 Timoteo 1:11).

¿Quiénes eran apóstoles?

El grupo original de apóstoles sumaba doce hombres: los once discípulos originales que quedaron después de la muerte de Judas, incorporando a Matías que sustituyó a Judas: "y les echaron suertes, y la suerte cayó sobre Matías; y fue contado con los once apóstoles" (Hechos 1:26). La importancia de este grupo inicial de los doce apóstoles (los "socios fundadores" del cargo de apóstol) era tal que leemos que sus nombres se hallarán esculpidos en los cimientos de la ciudad celestial, la nueva Jerusalén: "y el muro de la ciudad tenía doce cimientos, y sobre ellos los doce nombres de los doce apóstoles del Cordero" (Apocalipsis 21:14).

En un primer impulso podríamos pensar que un grupo así nunca aumentaría, que no sería posible añadir ni uno más. Pero luego Pablo proclama que él es apóstol, y Hechos 14:14 llama apóstoles tanto a Pablo como a Bernabé: "Cuando lo oyeron los apóstoles Bernabé y Pablo . . ." Luego, contando a Pablo y Bernabé suman catorce los "apóstoles de Jesucristo".

Luego también Jacobo hermano de Jesús (quien no formaba parte del grupo original de los doce selectos discípulos) parece ser mencionado como apóstol en Gálatas 1:19. Allí relata Pablo cómo, cuando llegó a Jerusalén, ". . . no vi a ningún otro de los apóstoles, sino a Jacobo el hermano del Señor". Más abajo en Gálatas 2:9, Jacobo es considerado, juntamente con Pedro y Juan, "como columnas" de la iglesia de Jerusalén. Y en Hechos 15:13-21, Jacobo, juntamente con Pedro, ejerce una función de liderazgo de peso en el concilio de Jerusalén, una función que correspondería al cargo de apóstol. Más aún, cuando Pablo enumera las apariciones del Jesús resucitado, una vez más incluye a Jacobo con aparente espontaneidad: "Después apareció a Jacobo; después a todos los apóstoles" (1 Corintios 15:7). Por último, el hecho de que Jacobo pudiera escribir la porción del Nuevo Testamento que conocemos con el nombre de "Epístola de Santiago" concuerda perfectamente con la autoridad que poseía, la cual acompañaba al cargo de apóstol, la autoridad para asentar por escrito lo que eran de hecho palabras de Dios. Todas estas pruebas se combinan para demostrar que Jacobo el hermano del Señor fue también comisionado por Jesucristo como apóstol. Con esto asciende a quince el número de "apóstoles de Jesucristo" (los doce primeros, más Pablo, más Bernabé, más Santiago o Jacobo el hermano del Señor).

¿Había más de estos quince ya mencionados? Posiblemente haya habido algunos más, aunque sabemos muy poco, prácticamente nada sobre ellos, y no es seguro que los hubiera. Por supuesto había otros que habían visto a Jesús después de su resurrección: "Después apareció a más de quinientos hermanos a la vez..." (1 Corintios 15:6). De un grupo tan numeroso podría ser que Cristo mismo designara a otros como apóstoles, pero también es muy probable que no lo haya hecho. Los datos son insuficientes.

Romanos 16:7 dice: "Saludad a Andrónico y a Junias, mis parientes y mis compañeros de prisiones, los cuales son muy estimados entre los apóstoles, y que también fueron antes de mí en Cristo."

En este versículo aparecen varios problemas de traducción, por lo tanto no pueden derivarse conclusiones claras. "Muy estimados" también puede traducirse "hombres distinguidos". "Junias" (como nombre masculino) puede traducirse también como "Junia" (nombre femenino). La designación de "apóstoles" en este contexto puede significar, no el cargo de "apóstoles de Jesucristo", sino simplemente "mensajeros" (pues en este sentido amplio es que se usa el término de Filipenses 2:25; 2 Corintios 8:23; Juan 13:16). Este versículo por sí solo ofrece una información demasiada escasa para permitirnos sacar una conclusión.

Otros han sido presentados como presuntos apóstoles. Se menciona a Silas (o Silvano) y a veces a Timoteo por causa de lo expresado en 1 Tesalonicenses 2:6: ". . . aunque podíamos seros cargo como apóstoles en Cristo". Dado que la carta empieza con los nombres "Pablo, Silvano y Timoteo" (1 Tesalonicenses 1:1), ¿Pablo estará incluyendo aquí a Silas y a Timoteo?

No es probable que Pablo incluya a Timoteo en esta expresión por dos razones. (1) Cuatro versículos más arriba dice: ". . . habiendo antes padecido y sido ultrajados en Filipos, como sabéis" (1 Tesalonicenses 2:2), y esto parece referirse a los azotes y encarcelamiento de que fueron objeto Pablo y Silas solos, no junto con Timoteo (Hechos 16:19). De este modo el plural de "ultrajados" del versículo 6 no parece incluir a Pablo, Silvano y Timoteo que habían sido mencionados en el versículo 1. La carta *en general* procede de Pablo, Silas y Timoteo, pero Pablo sabe que los lectores entenderán fácilmente a quiénes se refieren las secciones que no incluyen a los tres. No especifica con frases como "nosotros — *es decir, Silas y yo* — hemos sufrido y nos han tratado vergonzosamente en Filipos como sabéis", porque los Tesalonicenses entenderían naturalmente a quiénes se refería.

(2) Esto vuelve a verse en 1 Tesalonicenses 3:1-2, donde el plural gramatical no incluye a Timoteo, evidentemente:

"Por lo cual, no pudiendo soportarlo más, acordamos quedarnos solos en Atenas, y enviamos a Timoteo nuestro hermano, servidor de Dios y colaborador nuestro en el evangelio de Cristo, para confirmaros y exhortaros respecto a la fe" (1 Tesalonicenses 3:1-2).

En este caso se indica quizá a Pablo y Silas, o quizá a Pablo solo (véase Hechos 17:14-15; 18:5) Parecería que Silas y Timoteo fueron hacia Atenas "lo más pronto" posible (Hechos 17:15) — si bien Lucas no menciona su llegada a Atenas — y Pablo los envió de vuelta a Tesalónica para ayudar allí a la iglesia. Luego él personalmente se dirigió a Corinto, donde más tarde se reunieron (Hechos 18:5).

Lo más probable es que cuando Pablo dice en 1 Tesalonicenses 3:1 "quedamos solos" se refiere a sí mismo, pues emplea el singular "yo" cuando retoma el argumento ("yo, no pudiendo soportar más, envié para informarme de vuestra fe" [1 Tesalonicenses 3:5]); además, no se mencionaría el tema de su extrema soledad en Atenas si Silas se hubiera quedado con él. El hecho es que Pablo parece dejar en claro que el plural "nosotros" usado en frases anteriores equivale en términos generales al singular "yo" pues dice: "quisimos ir a vosotros, yo Pablo ciertamente una y otra vez; pero Satanás nos estorbó" (1 Tesalonicenses 2:18). En esta epístola parece que Pablo empleó más frecuentemente el "nosotros" como un modo cortés de incluir a Silas y Timoteo, quienes habían pasado tanto tiempo en esa iglesia, al dirigir su carta a Tesalónica. Por su parte, los tesalonicenses mismos apenas habrían dudado sobre quién estaba en realidad a cargo de esta gran misión a los gentiles, ni sobre la autoridad apostólica de quién se basaba la carta en primer lugar (o por completo). De modo que hay la posibilidad de que Silas mismo fuera un apóstol, y de que esto se reflejara en 1 Tesalonicenses 2:6. Por cierto que era uno de los miembros dirigentes en la iglesia de Jerusalén (véase Hechos 15:22); es muy probable que haya visto a Jesús después de su resurrección y que posteriormente haya sido designado apóstol. Pero no podemos tener una certeza absoluta.

El caso de Timoteo, sin embargo, es diferente. No se le incluye en el plural "nosotros" de 1 Tesalonicenses 2:2 (ni en 3:1-2), así que también parece quedar excluido de 1 Tesalonicenses 2:6. Agreguemos a esto que, por ser originario de Listra (Hechos 16:1-3) y haber aprendido acerca de Jesucristo a través de su abuela y su madre (2 Timoteo 1:5), no parece factible que haya estado en Jerusalén antes de Pentecostés como para ver personalmente al Señor resucitado de modo que creyera en él y de improviso fuera designado apóstol. Además de esto, Pablo siempre reserva celosamente el título de "apóstol" para sí mismo en la fórmula de encabezamiento en sus cartas, y nunca deja lugar para su aplicación a Timoteo ni a los demás compañeros de viaje (nótese 2 Corintios 1:1; Colosenses 1:1: "Pablo, apóstol de Jesucristo . . . y el hermano Timoteo"; luego también Filipenses 1:1: "Pablo y Timoteo, *siervos* de Jesucristo"). Así que Timoteo, a pesar de la importancia de su función, no puede considerarse correctamente uno de los apóstoles.

Esto nos proporciona la idea de un grupo limitado, cuyo número permanece algo indefinido, de aquellos que cumplían la función de "apóstoles de Jesucristo". Parecería que había como mínimo quince, tal vez dieciséis o aun algunos más que no se hayan registrado en el Nuevo Testamento.

Lo que parece bastante seguro es que no se ha designado nuevos apóstoles después de Pablo. Cuando Pablo enumera las apariciones de Cristo, acentúa el modo particular en que Jesús se le apareció a él, y menciona el hecho relacionándolo con la afirmación de que esa fue la última de todas las apariciones, siendo él ciertamente "el más pequeño de los apóstoles, que no soy digno de ser llamado apóstol".

"Apareció a Cefas, y después a *los doce*. Después apareció a más de quinientos hermanos a la vez, de los cuales muchos viven aún y otros ya duermen. Después apareció a *Jacobo*, después a *todos los apóstoles*; y al *último de todos*, como a un abortivo, se apareció a mí. Porque yo soy el más pequeño de los apóstoles, que no soy digno de ser llamado apóstol . . ." (1 Corintios 15:5-9).

Resumen

La palabra "apóstol" puede usarse en un sentido amplio o restringido. En el sentido amplio, simplemente significa "mensajero" o "misionero pionero". Pero en el sentido restringido, el más común en el Nuevo Testamento, se refiere a una función específica: "apóstol de Jesucristo". Estos apóstoles tenían la autoridad exclusiva para fundar y dirigir la iglesia primitiva, y podían hablar las palabras de Dios y escribirlas. Muchas de sus palabras escritas componen las Escrituras del Nuevo Testamento.

Para ser apóstol, el candidato debía:

(1) Haber visto a Jesucristo personalmente después que él resucitó de los muertos, y (2) haber sido designado específicamente apóstol por Jesucristo.

El número de apóstoles era limitado, quizá quince, dieciséis, o algunos más; el Nuevo Testamento no es explícito en cuanto a la cantidad. A los doce apóstoles originales (los once, más Matías) se añadieron Bernabé y Pablo, muy posiblemente Santiago, quizás Silas, y aun podrían haber sido incluidos Andrónico, Junias y algunos más no mencionados.

Parece que no se designaron más apóstoles después de Pablo, y de hecho, como hoy día nadie puede cumplir con el requisito de haber visto con sus propios ojos al Cristo resucitado, no hay apóstoles actualmente. En vez de tener presentes en la iglesia a los apóstoles vivos para enseñar y dirigirla, tenemos en su lugar los escritos de los apóstoles como libros del Nuevo Testamento. Esas Escrituras del Nuevo Testamento suplen en la iglesia de hoy las funciones de enseñanza y dirección que desempeñaban los apóstoles en persona durante los primeros años de la iglesia.

EL CANON DE LA ESCRITURA

Es un asunto crucial para nosotros conocer y creer las palabras de Dios habladas por medio de la Escritura. Antes de que esto sea posible, sin embargo, debemos saber cuáles son los escritos que pertenecen a la Biblia y cuáles no pertenecen. Esta es la cuestión del *canon* bíblico; puede definirse así: "El *canon* de la Escritura Sagrada es la nómina de todos los libros que corresponden a la Biblia."

No debemos subestimar la importancia de esta cuestión. Las palabras de la Escritura son las palabras por las cuales alimentamos nuestra vida espiritual. Así podemos reafirmar el comentario hecho por Moisés al pueblo de Israel respecto a las palabras de la ley: "Porque no os es cosa vana: *es vuestra vida,* y por medio de esta ley haréis prolongar vuestros días sobre la tierra adonde vais, pasando el Jordán, para tomar posesión de ella" (Deuteronomio 32:47).

Sumarles o restarles a las palabras de Dios significaría impedir que el pueblo de Dios le obedeciera en forma total, pues aquellos mandatos que se quitaran no serían conocidos por el pueblo, y lo añadido podría exigir del pueblo lo que Dios no hubiera ordenado. Por eso Moisés advirtió al pueblo de Israel: "No *añadiréis* a la palabra que yo os mando, ni *disminuiréis* de ella, *para que guardéis* los mandamientos de Jehová vuestro Dios que yo os ordeno" (Deuteronomio 4:2).

La delimitación precisa de lo que abarca al canon bíblico es, por lo tanto, de extrema importancia para los creyentes. Si hemos de confiar en Dios y obedecerle plenamente debemos poseer una colección de palabras de las que tenemos la certidumbre que son las palabras mismas de Dios para nosotros. Si hay porciones de la Escritura de las que dudamos que sean palabras de Dios, no consideramos que las respalda la absoluta autoridad divina y no confiaremos en ellas tanto como confiaríamos en la persona misma de Dios.

El canon del Antiguo Testamento

La Biblia misma nos muestra varios aspectos del desarrollo histórico del canon. La colección más temprana de palabras de Dios puestas por escrito son los diez mandamientos. Eran dos tablas de piedra sobre las cuales Dios mismo escribió lo que él mandaba a su pueblo: "Y dio a Moisés, cuando acabó de hablar con él en el monte de Sinaí, dos tablas de testimonio, tablas de piedra escritas con el dedo de Dios" (Exodo 31:18). Leemos en otra oportunidad: "Y las tablas eran obras de Dios, y la escritutra era escritura de Dios grabada sobre las tablas" (Exodo 32:16); véanse Deuteronomio 4:13; 10:4). Estas tablillas de piedra fueron depositadas en el arca del pacto (Deuteronomio 10:5) y constituían los términos del pacto entre Dios y su pueblo.

Esta colección de palabras de Dios, con su absoluta autoridad, creció en volumen a lo largo del período de la historia de Israel. Moisés mismo escribió más palabras para ser depositadas junto al arca del pacto:

> Y cuando acabó Moisés de escribir las palabras de esta ley en un libro hasta concluirse, dio órdenes Moisés a los levitas que llevaban el arca del pacto de Jehová, diciendo: Tomad este libro de la ley, y ponedlo al lado del arca del pacto de Jehová vuestro Dios y esté allí por testigo contra ti (Deuteronomio 31:24-26).

La referencia inmediata de este texto parece ser el libro de Deuteronomio, pero otras referencias a escritos de Moisés indican que los cuatro primeros libros del Antiguo Testamento fueron escritos por él también (véanse Exodo 17:14; 24:4; 34:27; Números 33:2; Deuteronomio 31:22).

Después de la muerte de Moisés, también Josué añadió a la colección de las palabras de Dios escritas: "Y escribió Josué estas palabras en el libro de la ley de Dios" (Josué 24:26). Esto es sorprendente, especialmente a la luz de la orden de no añadir ni quitar a las palabras que Dios dio al pueblo por medio de Moisés: "No añadiréis a la palabra que yo os mando, ni disminuiréis de ella . . ." (Deuteronomio 4:2; véase 12:32). Para desobedecer semejante mandato específico, Josué debe de haber estado convencido de que Dios mismo autorizaba tal escritura adicional.

Más tarde otros en Israel, principalmente los que desempeñaban la función de profeta, escribieron más palabras adicionales de Dios. 1 Samuel 10:25: "Samuel recitó luego al pueblo las leyes del reino, y las escribió en un libro, el cual guardó delante de Jehová." 1 Crónicas 29:29: "Y los hechos de David, primeros y postreros, están escritos en el libro de las crónicas de Samuel vidente, en las crónicas del profeta Natán, y en las crónicas de Gad vidente." 2 Crónicas 20:34: "Los demás hechos de Josafat, primeros y postreros, he aquí están escritos en las palabras de Jehú hijo de Hanani, del cual se le hace mención en el libro de los reyes de Israel" (véase 1 Reyes 16:7 donde se le llama profeta a Jehú hijo de Hanani). 2 Crónicas 26:22: "Los demás hechos de Uzías, primeros y postreros, fueron escritos por el profeta Isaías, hijo de Amoz." 2 Crónicas 32:32: "Los demás hechos de Ezequías, y sus misericordias, he aquí todos están escritos en la profecía del profeta Isaías hijo de Amoz, en el libro de los reyes de Judá e Israel." Jeremías 30:2: "Así habló Jehová Dios de Israel, diciendo: Escríbete en un libro todas las palabras de que te he hablado."

Podrían citarse más textos (véanse 2 Crónicas 9:29; 12:15; 13:22; Isaías 30:8; Jeremías 29:1; 36:1-32; 45:1; 51:60; Ezequiel 43:11; Habacuc 2:2; Daniel 7:1), pero debe quedar en claro el proceso de aumento en la colección de las palabras escritas de Dios. El Antiguo Testamento no especifica todos los detalles de cada libro, pero sí nos deja un registro de varios ejemplos de la forma en que este aumento se produjo, generalmente por intervención de un profeta elegido por Dios para ser su vocero.

Este proceso de crecimiento del canon del Antiguo Testamento continuó hasta el fin del proceso de composición del mismo. Si ubicamos a Hageo en el año 520 a.C., a Zacarías en 520-518 a.C. (con algún agregado tal vez después de 480 a.C.) y a Malaquías cerca de 435 a.C., tendremos una idea aproximada de las fechas de los últimos profetas del Antiguo Testamento. Coincidiendo aproximadamente en este período están los libros Esdras y Nehemías: Esdras fue a Jerusalén en 458 a.C. y Nehemías se encontraba en Jerusalén desde 445 a 433 a.C. Ester fue escrito después de la muerte de Jerjes I (o Asuero), acaecida en 465 a.C.: una fecha probable sería durante el reinado de Artajerjes I (464-423 a.C.).

Siendo así, no se agregaron más escritos al canon del Antiguo Testamento después de 430 a.C. aproximadamente. La historia posterior del pueblo judío quedó registrada en otros escritos, tales como el libro de Macabeos, pero no se consideró que estos escritos tenían méritos suficientes para ser incluidos en las colecciones de las palabras de Dios de años anteriores.

La creencia de que las palabras de Dios con autoridad divina habían cesado la atestiguan con bastante claridad varios ejemplos de literatura judía extra-bíblica. En 1 Macabeos (escrito cerca de 100 a.C.) el autor escribió acerca del altar profanado: "Y les pareció buen consejo destruirlo, por cuanto los gentiles lo habían profanado, y depositar las piedras en el monte del templo, en lugar conveniente hasta que viniese un profeta que diese oráculo sobre ellas" (1 Macabeos 4:45-46). Parecería que no sabían de ninguno que pudiera hablar con la autoridad de Dios como lo habían hecho los profetas del Antiguo Testamento. El recuerdo de un profeta con autoridad en el pueblo ya pertenecía a un pasado remoto, por eso el autor describía "una gran tribulación en Israel, cual no se vio desde el tiempo en que no había entre ellos profetas" (1 Macabeos 9:27; compárese "mientras no aparezca un profeta digno de fe" [1 Macabeos 14:41]).*

Josefo (nacido cerca de 37 o 38 d.C.) explicó: "Desde Artajerjes hasta nuestros propios tiempos se ha escrito una historia completa, pero no se la ha considerado digna de crédito semejante al registro anterior a causa de la falla existente en la sucesión exacta de los profetas" (*Contra Apio* 1:41). Tal declaración por parte del mayor de los historiadores judíos del siglo I demuestra que estaba informado de los escritos ahora considerados como los "apócrifos", pero que él por su parte (junto con el punto de vista judío muy común que él representa) consideraba a esos otros escritos como carente de un mérito igual a los escritos que hoy conocemos como el Antiguo Testamento. Desde el punto de vista de Josefo, no se habían agregado "palabras de Dios" a la Escritura después de 430 a.C. aproximadamente.

La literatura rabínica refleja una convicción similar al repetir la afirmación de que el Espíritu Santo (en cuanto a la función del Espíritu Santo de inspirar la profecía) se había alejado de Israel. "Luego que los postreros profetas Hageo, Zacarías y Malaquías murieron, el Espíritu Santo se alejó de Israel, pero ellos aún se valían del *bath qol* [una voz de los cielos]" (*Talmud Babilónico*, *Yomah* 9b, repetido en *Sota* 48b, *Sanhedrín* 11a, y *Midrash Rabbah* sobre Cantar de Cantares, 8:9:3).

---

* Citas tomadas de la traducción Nacar-Colunga, B.A.C., 1971.

La comunidad de Qumrán (la secta judaica que nos legó los rollos del Mar Muerto) también aguardaba un profeta cuyas palabras tuvieran autoridad como para suplantar cualquier reglamento existente (véase el *Manual de Disciplina* 9:11 de los Rollos del Mar Muerto), y declaraciones semejantes se hallan en otras porciones de la antigua literatura judaica (véanse por ejemplo 2 Baruc 85:3 y Oración de Azarías 15).

De modo que los escritos posteriores al año 430 a.c. aproximadamente no fueron aceptados por el pueblo judío en general como iguales en autoridad al resto de la Escritura.

En el Nuevo Testamento no poseemos evidencias de disputa alguna entre Jesús y los judíos en cuanto a la extensión del canon. Evidentemente había un completo acuerdo entre Jesús y sus discípulos por una parte y lo jefes judíos o el pueblo por la otra, en cuanto a que los agregados al canon del Antiguo Testamento habían cesado después de la época de Esdras, Nehemías, Ester, Hageo, Zacarías y Malaquías. Este hecho lo confirman Jesús y los escritores del Nuevo Testamento. Según un cálculo, Jesús y los escritores del Nuevo Testamento citan varias porciones del Antiguo Testamento como Escrituras de autoridad divina más de 295 veces,* pero no citan siquiera una sola vez una frase de los libros apócrifos ni de ningún otro escrito como si tuvieran autoridad divina. La ausencia de referencias a otra literatura como si tuviera autoridad divina, en oposición a las abrumadoramente frecuentes referencias a cientos de puntos del Antiguo Testamento como poseedores de la divina autoridad provee de fuerte confirmación el hecho de que los escritores del Nuevo Testamento coincidían en que el canon establecido del Antiguo Testamento, ni más ni menos, debía ser aceptado como las palabras mismas de Dios.

¿Qué se deberá decir, pues, acerca de los libros apócrifos, la colección que la Iglesia Católica Romana incluye dentro del canon, y que el Protestantismo excluye del canon?

Dichos libros no fueron nunca aceptados por los judíos en calidad de Escritura; fue durante la primera parte de la historia de la iglesia que apareció una doble opinión acerca de si debían formar parte de la Escritura o no. El hecho de que Jerónimo los incluyera en su

---

* Véase Roger Nicole, "New Testament Use of the Old Testament", en *Revelation and the Bible*, ed. Carl F. H. Henry (Tyndale Press, 1959), pp. 137-141.

traducción de la Biblia a la Vulgata Latina (completada en 404 d.C.) respaldó su incorporación, aun cuando Jerónimo mismo dijo que no eran "libros del canon" sino meramente "libros de la iglesia" de ayuda y utilidad para los creyentes. El uso difundido de la Vulgata Latina en siglos posteriores aseguró la continua disponibilidad de los controvertidos libros, pero el hecho de que no hubiera un original hebreo previo que los sustentara y el estar excluidos del canon judaico, sumados a la ausencia de citas de los mismos en el Nuevo Testamento, condujo a muchos a cierto recelo en su aceptación o a un rechazo en cuanto a su valor como autoridad.

No fue antes de 1548, durante el Concilio de Trento, que la Iglesia Católica Romana declaró oficialmente los libros apócrifos parte del canon (exceptuando 1 y 2 de Esdras y la Oración de Manasés). En cuanto a esto, los católicos romanos sostendrán que su iglesia tiene autoridad para declarar que una obra literaria tiene valor de "Escritura", mientras que los protestantes han sostenido siempre que la iglesia no puede *hacer* que algo se constituya en Escritura, sino que sólo puede *reconocer* lo que Dios ya ha hecho escribir como sus propias palabras.

Por lo tanto, los escritos apócrifos no deben considerarse parte de la Sagrada Escritura:

(1) no pretenden en su propio contenido poseer una autoridad espiritual de la misma calidad que la de los escritos del Antiguo Testamento;

(2) no se consideraban palabras de Dios por el pueblo judío, de donde surgieron; y

(3) no los consideraban como Sagradas Escrituras Jesús ni los escritores del Nuevo Testamento.

Debemos arribar a la conclusión de que estos libros son palabras meramente humanas, no inspiradas por Dios como son las palabras de la Escritura. Tienen, sí, valor para la investigación histórica y lingüística, pero nunca han integrado el canon del Antiguo Testamento y no deben considerarse como componente de la Biblia. Por lo tanto, no poseen una autoridad que encauce el pensamiento o la vida de los cristianos.

En conclusión, respecto del canon del Antiguo Testamento, los creyentes de nuestros días no deben abrigar dudas de que se haya dejado de lado cosa alguna, ni de que se haya incluido algo que no sea palabra de Dios.

El canon del Nuevo Testamento

El desarrollo del canon del Nuevo Testamento comienza con los escritos de los apóstoles. Téngase presente que la composición de la Escritura comienza en primer lugar con relación a los grandes hechos de Dios en la historia de la redención. El Antiguo Testamento registra y nos da la interpretación del llamamiento de Abraham y de la vida de sus descendientes, el éxodo de Egipto y de los peregrinajes por el desierto, el asentamiento del pueblo de Dios en la tierra de Canaán, el establecimiento de la monarquía; el exilio a tierras extranjeras y el regreso de la cautividad. Cada uno de estos grandes hechos de Dios en la historia recibe la interpretación que necesitamos en las propias palabras de Dios en la Escritura. El Antiguo Testamento cierra con la expectativa del Mesías que habría de venir (Malaquías 3:1-4; 4:1-6). El acto siguiente en la historia de la redención es la llegada del Mesías, y no es sorprendente que no se haya escrito ningún otro texto inspirado hasta acaecer este siguiente acontecimiento, grande y último, en la historia de la redención.

Esta es la razón por la cual el Nuevo Testamento consiste en lo escrito por los apóstoles. Primordialmente los apóstoles fueron dotados por el Espíritu Santo con la capacidad para recordar con exactitud las palabras y los hechos de Jesús y para interpretarlos correctamente para beneficio de generaciones venideras.

Jesús había prometido esta capacitación a sus discípulos (llamados "apóstoles" luego de la resurrección) en Juan 14:26: "Mas el Consolador, el Espíritu Santo, a quien el padre enviará en mi nombre, él os enseñará todas las cosas, y os recordará todo lo que yo os he dicho". Del mismo modo Jesús había prometido una revelación más amplia de la verdad del Espíritu Santo, diciendo a sus discípulos:

> Pero cuando venga el Espíritu de verdad, él os guiará a toda la verdad; porque no hablará por su propia cuenta, sino que hablará todo lo que oyere, y os hará saber las cosas que habrán de venir. El me glorificará; porque tomará de lo mío y os lo hará saber (Juan 16:13-14).

Así los discípulos reciben la promesa de dones asombrosos que los capacitarían para redactar la Escritura: el Espíritu Santo les enseñaría "todas las cosas", haría que recordaran "todo" lo que Jesús había dicho, y los guiaría a "toda la verdad".

Además, a aquellos que desempeñan el cargo de apóstol en la

iglesia primitiva se les ve hacer uso de una autoridad equivalente a la de los profetas del Antiguo Testamento, la autoridad para hablar y escribir lo que son las mismísimas palabras de Dios. Pedro exhorta a sus lectores a recordar "el mandamiento del Señor y Salvador dado por vuestros apóstoles" (2 Pedro 3:2). Mentir a los apóstoles (Hechos 5:2) equivale a mentir al Espíritu Santo (Hechos 5:3) y a mentir a Dios (Hechos 5:4).

Esta afirmación de estar capacitado para hablar palabras que son las palabras de Dios mismo es particularmente frecuente en los escritos del apóstol Pablo. No sólo asevera que el Espíritu Santo le ha revelado "cosas que ojo no vio, ni oído oyó, ni han subido en corazón de hombre" (1 Corintios 2:9), sino que asegura que cuando declara esta revelación está hablando "no con palabras habladas con sabiduría humana, sino con las que enseña el Espíritu de Dios, interpretando las cosas espirituales con palabras espirituales" (1 Corintios 2:13).*

Así también les dice a los corintios: "Si alguno se cree profeta o espiritual, reconozca que lo que os escribo son mandamientos del Señor" (1 Corintios 14:37). El vocablo griego que se traduce "lo que" en este versículo es *ha* en griego, un pronombre relativo plural, y más literalmente se traduciría "las cosas que os escribo". De esta manera, Pablo da a entender que sus indicaciones para la iglesia de Corinto no son simplemente suyas sino mandamientos del Señor. Al defender su cargo apostólico, Pablo dice que les daría a los corintios "prueba de que habla Cristo en mí" (2 Corintios 13:3). Podrían citarse versículos similares (por ejemplo, Romanos 2:16; Gálatas 1:8-9; 1 Tesalonicenses 2:13; 4:8; 15; 5:27; 2 Tesalonicenses 3:6, 14).

Luego los apóstoles tienen autoridad para escribir palabras que son las propias palabras de Dios, iguales en cuanto a su valor de veracidad y autoridad a las palabras de la Escritura del Antiguo Testamento. Esta se les confirió para que pudieran registrar, interpretar y aplicar a la vida de los creyentes las grandes verdades acerca de la vida, la muerte y la resurrección de Cristo.

Entonces, no es de asombrarse si algunos escritos del Nuevo Testamento se colocan con las Escrituras del Antiguo Testamento como parte del canon bíblico. Es esto, de hecho, lo que encontramos en dos casos, al menos. En 2 Pedro 3:16, refiriéndose a las cartas de Pablo, Pedro dice: "entre las cuales hay algunas difíciles de entender,

---

* Esta es mi propia traducción de la última frase de 1 Corintios 2:13.

las cuales los indoctos e inconstantes tuercen, como también las otras Escrituras, para su propia perdición". El vocablo traducido como "Escrituras" es el griego *graphe*, una palabra que en el Nuevo Testamento aparece cincuenta veces y que en cada una de las cincuenta apariciones se refiere a las Escrituras del Antiguo Testamento. De modo que para los escritores del Nuevo Testamento, "Escritura" era un término técnico y se empleaba sólo para aquellos escritos que se consideraban palabras de Dios, o que se creían que eran parte del canon bíblico. Pero en este versículo Pedro clasifica los escritos de Pablo dentro de las "otras Escrituras" (es decir, las Escrituras del Antiguo Testamento). De esa manera los escritos de Pablo son considerados por Pedro como también acreedores del título "Escritura", digno por lo tanto de ser incluidos dentro del canon.

Un segundo ejemplo se halla en 2 Timoteo 5:17-18. Pablo dice: "Los ancianos que gobiernan bien sean tenidos por dignos de doble honor, mayoremente los que trabajan en predicar y enseñar. *Pues la Escritura dice*: No pondrás bozal al buey que trilla; y: Digno es el obrero de su salario" (1 Timoteo 5:17-18). La primera cita de la Escritura la encontramos en Deuteronomio 25:4, pero la segunda cita, "Digno es el obrero de su salario", no se encuentra en punto alguno del Antiguo Testamento. Sin embargo, sí aparece en Lucas 10:7 (con las mismas palabras exactamente en el texto griego).

De manera que, según parece, Pablo repite aquí un fragmento del Evangelio según San Lucas y lo denomina "Escritura", lo cual equivale a considerarlo parte del canon.

Así fue que el Nuevo Testamento comenzó a engrosarse y sus escritos fueron aceptándose como parte del canon por la iglesia primitiva.

Los apóstoles, en virtud de su designación apostólica, tenían autoridad para redactar palabras de la Escritura, y por eso cualquier auténtico escrito de los apóstoles era aceptado por la iglesia primitiva como parte del canon bíblico. Si aceptamos lo que sostienen las opiniones tradicionales acerca de la autoría de los escritos del Nuevo Testamento, luego la mayor parte del Nuevo Testamento nos queda dentro del canon por el papel directo de los apóstoles como autores. Eso incluiría a Mateo, Juan, todas las epístolas paulinas desde Romanos hasta Filemón, Santiago, 1 y 2 Pedro, 1, 2 y 3 Juan y Apocalipsis.

De esta manera quedan cinco libros: Marcos, Lucas, Hechos, Hebreos y Judas, los cuales no fueron escritos por apóstoles. Los detalles del proceso histórico por lo cual los libros llegaron a incorporarse como parte de la Escritura en la iglesia primitiva son escasos, pero Marcos, Lucas y Hechos fueron reconocidos en forma general muy temprano, probablemente por la vinculación estrecha de Marcos con el apóstol Pedro, y la de Lucas (autor del evangelio y el libro de Hechos) con el apóstol Pablo. Así también aparentemente fue aceptado Judas merced a su parentezco con Jacobo (véase Judas 1) y por el hecho de ser hermano de Jesús.*

La aceptación de Hebreos como obra canónica fue presionada por muchos en la iglesia, sustentándola en la supuesta paternidad paulina. Pero desde los más tempranos tiempos otros negaban que Pablo fuera el autor, inclinándose a favor de uno u otro de los muchos sugeridos. El exégeta Orígenes, muerto alrededor de 254 d.C., propone varias teorías en cuanto al autor de Hebreos y concluye: "Pero quien realmente escribió la epístola, sólo Dios lo sabe."** De modo que la aceptación de la epístola a los hebreos como canónica no se debió enteramente a la creencia de que Pablo fuera el autor. Más bien, las cualidades intrínsecas del libro mismo deben de haber convencido finalmente a los primitivos lectores, así como continúa persuadiendo a los creyentes de hoy de que, quienquiera que haya sido su autor humano, su autor divino en última instancia sólo pudo haber sido Dios mismo. La majestuosa gloria de Cristo refulge desde las páginas de la epístola a los hebreos tan brillantemente que ningún creyente que la lea con seriedad jamás pondrá en duda su lugar dentro del canon.

Y así llegamos al meollo de la cuestión de la canonicidad. El criterio final para decidir si un escrito pertenece al canon o no es la responsabilidad divina de su paternidad. Si las palabras del libro son palabras de Dios (a través de autores humanos), luego el libro pertenece al canon. Si las palabras del libro no son palabras de Dios, el libro no pertenece al canon bíblico. La cuestión de que un apóstol sea el autor es importante porque originalmente fue a los apóstoles a quienes Jesucristo dio la capacidad de escribir palabras con absoluta autoridad divina. Si se puede demostrar que un escrito se debe a un apóstol, entonces se establece automáticamente su absoluta autoridad divina. Fue así que la iglesia primitiva aceptó espontáneamente

---

*   Véase Mateo 13:55.
** La declaración de Origen se cita en Eusebio, *Historia eclesiástica*, 6:25:14.

los escritos de los apóstoles como parte del canon.

Sin embargo, la existencia de algunos escritos en el Nuevo Testamento que no fueron firmados por los apóstoles mismos demuestra que había otros en la iglesia primitiva a quienes Jesucristo también les dio la capacidad, mediante la obra del Espíritu Santo, de escribir palabras que eran genuinamente palabras de Dios mismo, y por lo tanto parte del canon también. En estos casos, a la iglesia primitiva le cupo la tarea de *reconocer* cuáles de los escritos tenían las características de ser las palabras mismas de Dios (a través de escritores humanos).

En el caso de algunos libros (por lo menos Marcos, Lucas y Hechos, y quizás también Hebreos y Judas) la iglesia contaba con el testimonio personal — al menos en algunos aspectos — de los apóstoles que aún vivían que confirmaran la autoridad absolutamente divina de estos libros. En otros casos, y en algunas áreas geográficas, la iglesia simplemente se vio obligada a decidir si oía la voz de Dios mismo hablándoles mediante estos escritos. En estos casos, las palabras de estos libros serían *autoconfirmadas*, es decir, las palabras mismas deberían ser portadoras del testimonio de su propia autoridad divina al ser leídas por los cristianos. Esto parece haber sido el caso del libro de Hebreos especialmente.

Pero no deberíamos asombrarnos de que la iglesia finalmente estuviera en muy buenas condiciones de tomar esa decisión, pues Jesús había dicho: "Mis ovejas oyen mi voz, y yo las conozco, y me siguen" (Juan 10:27). Es un hecho real que el pueblo de Dios oye su voz hablándoles en las palabras de la Escritura como ningún otro escrito. No debe considerarse imposible ni improbable, por tanto, que la iglesia primitiva estuviera capacitada para aplicar una combinación de factores, entre los cuales estarían: el testimonio apostólico, la coincidencia con el resto de las Escrituras, la percepción de la inspiración de Dios en un texto por parte de una abrumadora mayoría de creyentes; así determinarían que un escrito era de hecho la palabra de Dios (mediante un redactor humano) y por todo eso le correspondía ser incluido en el canon. Tampoco debe considerarse improbable que la iglesia se valiera de este procedimiento durante cierto espacio de tiempo (al circular los escritos hacia varios puntos geográficos en la primera época de la iglesia) y que arribara finalmente a una decisión absolutamente correcta que no excluía ningún escrito que fuera realmente inspirado por Dios y no incluía ninguno que no tuviera el hálito de la creación divina.

En el 367 d.C. la carta de Atanasio *Pascálida* 39 contenía la lista exacta de los veintisiete libros del Nuevo Testamento que hoy poseemos. Era ésta la lista de libros aceptados por la iglesia en el mundo mediterráneo oriental. Treinta años más tarde, en 397 d.C., los del concilio de Cartago, que representaban a la iglesia en el mundo meditterráneo occidental, estuvieron de acuerdo con los orientales en cuanto a dicha lista de libros. Estas son las más tempranas de las nóminas finales del canon de nuestros días.

¿Deberíamos esperar que se agreguen más escritos al canon? Los dos primeros versículos de la epístola a los Hebreos colocan esta cuestión en la perspectiva histórica que le corresponde: la perspectiva de la historia de la redención:

> Dios habló desde antaño a los antepasados por los profetas, en muchas partes y de variadas maneras, pero en estos últimos tiempos nos ha hablado por un Hijo, a quien designó heredero de todas las cosas, por intermedio de quien también creó el mundo (Hebreos 1:1-2).*

Aquí se presenta un contraste entre las dos maneras en que Dios habla a la humanidad. Por un lado están las palabras de Dios en el Antiguo Testamento que llegaron "en muchas partes y de variadas maneras". "Muchas" y "variadas" llevan un contraste implícito con el hablar de Dios en *una parte* y de *una manera*, es decir, "por un hijo". La contraposición entre el hablar antiguo "desde antaño" y el hablar reciente "en estos últimos tiempos" da a entender que su mensaje por medio de su Hijo es el punto culminante de su hablar a la humanidad, y que es su máxima y última revelación a la humanidad en este período de la historia de la redención. La grandeza excepcional de la revelación que viene por medio del Hijo, sobrepasando con mucho a cualquier revelación en el Antiguo Pacto, se subraya vez tras vez a lo largo de los capítulos 1 y 2 de Hebreos. Estos hechos indican conjuntamente que hay un punto final en la revelación de Dios en Cristo y una vez que esta revelación se haya completado no cabe esperar más.

Pero, ¿dónde nos enteramos acerca de esta revelación por Jesucristo? El Nuevo Testamento contiene en sus escritos la interpretación consumada, suficiente y de legítima autoridad en cuanto a la obra redentora de Cristo. Los apóstoles y sus compañeros más cercanos

---

* Traducción directa del autor.

comunican las palabras y los hechos de Jesucristo y los interpretan con absoluta autoridad divina. Una vez concluida su obra escrita, no hay más que añadir con la misma autoridad divina. Así es que, una vez completados los escritos de los apóstoles del Nuevo Testamento y sus compañeros, tenemos el registro final en forma escrita de todo lo que Dios desea que sepamos acerca de la vida, muerte y resurrección de Cristo y su significado para la vida de los creyentes de todos los tiempos. Por ser ésta la máxima revelación de Dios para la humanidad, una vez completa no ha de esperarse nada más. Visto de esta manera, Hebreos 1:1-2 nos hace ver por qué no pueden sumarse más escritos a la Biblia después del tiempo de composición del Nuevo Testamento. El canon ahora está cerrado.

Por cierto que no es sólo el texto de Hebreos 1:1-2 lo que demuestra la terminación de la revelación del Nuevo Testamento tal como lo poseemos ahora, sino más bien la verdad acerca de la historia de la redención que este párrafo representa y que llega a expresarse tan claramente en estos dos versículos.

Podríamos llegar a una conclusión similar partiendo de Apocalipsis 22:18-19:

"Yo testifico a todo aquel que oye las palabras de la profecía de este libro: Si alguno añadiera a estas cosas, Dios traerá sobre él las plagas que están escritas en este libro de esta profecía, Dios quitará su parte del libro de la vida, y de la santa ciudad y de las cosas que están escritas en este libro" (Apocalipsis 22:18-19).

En primera instancia estos versículos se aplican al libro de Apocalipsis, pues Juan se refiere a su escrito como "las palabras de la profecía de este libro" en los versículos 7 y 10 de este capítulo 22 (y se le llama "profecía" al libro entero en Apocalipsis 1:3). Además, al decir "libro de la vida, y . . . la santa ciudad y . . . las cosas que están descritas en este libro", es evidente que se tiene en mente el libro de Apocalipsis mismo.

Ahora, si creemos en el cuidado providencial de Dios en la composición de las Escrituras, no consideremos casualidad que esta afirmación aparezca al final del último capítulo de Apocalipsis, y que Apocalipsis sea el último libro del Nuevo Testamento. De hecho, Apocalipsis debe ubicarse en el último lugar en el canon. En el caso de muchos de los libros, el lugar concedido en la reunión del canon

268 *EL DON DE PROFECIA*

es de poca trascendencia. Pero así como Génesis debe ubicarse primero (pues nos relata la creación), así Apocalipsis debe colocarse último (pues su punto central es hablarnos del futuro). Los acontecimientos descritos en Apocalipsis son posteriores en el orden histórico a los descritos en el resto del Nuevo Testamento y exigen que Apocalipsis esté donde quedó. Por eso no es desconcertado que interpretemos esta advertencia extraordinariamente fuerte al final de Apocalipsis como aplicable en segunda instancia a la totalidad del canon bíblico. Ubicada allí, donde debe estar, la advertencia constituye una conclusión apropiada al canon completo de la Escritura. Tomada en conjución con Hebreos 1:1-2 y con la perspectiva implícita en esos versículos acerca de la historia de la redención, esta cláusula nos indica también que no debemos esperar que se añada más de lo que poseemos de la Escritura Sagrada, por lo menos hasta que se inaugure una nueva etapa en la historia de la redención con el regreso del Señor.

Entonces, ¿cómo sabemos que tenemos los libros que corresponden en el canon bíblico que ahora poseemos? La pregunta puede responderse en dos sentidos. Primero que si lo que queremos preguntar es *cuál es el fundamento de nuestra confianza*, la respuesta finalmente debe ser que nuestra confianza se basa en la fidelidad de Dios. Sabemos que Dios ama a su pueblo, y es de suprema importancia que el pueblo de Dios tenga en su poder sus propias palabras, pues son nuestra vida (Deuteronomio 32:47; Mateo 4:4). Son más valiosas, más importantes, que cualquier otra cosa en este mundo. También sabemos que Dios nuestro Padre está en control de toda la historia, y no es un Padre que emplea trampas o falta a su lealtad o nos priva de algo que necesitamos imperiosamente.

La severidad de los castigos que según Apocalipsis 22:18-19 recaerán sobre los que agregan o sustraen de las palabras de Dios confirma también la importancia que reviste para el pueblo de Dios la posición de un canon correcto. Si alguno añade a las palabras de la profecía, "Dios traerá sobre él las plagas que están escritas en este libro", y si alguno quita palabras a esta profecía, "Dios quitará su parte del libro* de la vida, y de la santa ciudad" (Apocalipsis 22:18-19). No podría haber castigos peores que estos, pues implican los castigos del juicio eterno. Esto demuestra que Dios mismo otorga un valor supremo a nuestra posesión de una colección correcta de los escritos inspirados

---

*   Lit. "del árbol de la vida". Véase La Biblia de las Américas.

por Dios, ni más ni menos. A la luz de este hecho, ¿podríamos nosotros con justicia creer que nuestro Padre Dios, quien controla la historia, permitiría que toda su iglesia durante casi dos mil años quedara privada de algo que él mismo valora en tan alto grado, lo cual es necesario para nuestra vida espiritual?

La conservación y correcta agrupación del canon de las Escrituras, entonces, debe ser visto por los creyentes finalmente, no como parte de la historia de la iglesia posterior a los grandes hechos centrales de la redención de su pueblo efectuada por Dios, sino como parte integrante de esa misma historia. Así como Dios entró en acción en la creación, en el llamamiento de su pueblo Israel, en la vida, muerte y resurrección de Jesucristo, y en los primeros hechos y escritos de los apóstoles, así Dios actuó al preservar y reunir los libros de la Escritura para beneficio de su pueblo a través de toda la era de la iglesia. Por lo tanto, basamos nuestra seguridad en la corrección del canon tal como lo poseemos en la fidelidad de Dios, últimamente.

Pero la pregunta acerca de cómo sabemos que tenemos los libros correspondientes también puede contestarse de otro modo. Podríamos centrar nuestro lente en *el proceso que nos convence* de que los libros que tenemos en el canon son legítimos. En dicho proceso intervienen dos factores: la obra del Espíritu Santo que nos convence a leer por nosotros mismos la Escritura, y los datos históricos que tenemos a nuestra disposición para ser tomados en cuenta.

Con respecto a la obra del Espíritu Santo, podemos decir que *al leer la Sagrada Escritura* el Espíritu Santo obra para certificarnos que los libros que tenemos son todos de Dios y son sus palabras para nosotros. Jesús dijo: "Mis ovejas oyen mi voz, y yo las conozco, y me siguen" (Juan 10:27); al leer los creyentes la Escritura oyen la voz de su Salvador y a Dios hablándoles mediante esas palabras. A lo largo de los siglos los cristianos han dado fe de que a medida que leen los libros de la Biblia se dan cuenta de que, comparado con la lectura de otros libros, las palabras de la Escritura hablan al corazón como ningún otro libro. Día tras día, año tras año, los creyentes descubren que las palabras de la Biblia son ciertamente las palabras de Dios que las hablan con una autoridad, un poder y una convicción tal como no se encuentran en ninguna otra obra escrita. En verdad "la palabra de Dios vive y tiene poder. Es mas aguda que cualquier espada de dos filos, y penetra hasta lo más profundo del alma y del espíritu, hasta lo más íntimo de la persona; y pone en claro los pensamientos y las

intenciones del corazón" (Hebreos 4:2, Versión Popular).*
Sin embargo, el proceso por el cual llegamos a la certeza de que el canon presente es correcto también recibe apoyo de los datos históricos. Por supuesto, si el acopio del canon es verdaderamente uno de los hechos centrales de Dios en la historia de la redención (como hemos dado por sentado), luego ningún cristiano debería en el presente atreverse a tomar sobre sí mismo el empeño de adicionar o sustraer de los libros del canon. No obstante esta declaración, una cabal investigación de las circunstancias históricas que acompañaron la recopilación del canon será provechosa para reafirmar nuestra convicción de que las decisiones tomadas por la iglesia de los primeros tiempos fueron acertadas. Algunos de los datos históricos ya se han mencionado en páginas anteriores. Hay más material de estudio, más en detalle, al alcance de aquellos que deseen llevar a cabo investigaciones más especializadas.

Pero hay un hecho histórico más que debe mencionarse: no hay al presente en existencia otros escritos con méritos de peso para ser adicionados al canon y tampoco hay fuertes objeciones a ningún libro que actualmente integre el canon. Podemos afirmar con confianza que, de aquellos escritos que algunos en aquella iglesia inicial consideraban apropiados para incluir en el canon, no hay ni uno que los evangélicos en la actualidad quisieran de modo alguno incorporar. Algunos de los primeros escritores se distinguían claramente de los apóstoles, así como sus escritos se distinguían de los escritos apostólicos. Ignacio, por ejemplo, dice: "Yo no os doy órdenes, como hicieron Pedro y Pablo; ellos eran apóstoles, yo soy prisionero; ellos eran libres, yo soy aún hasta el día de hoy esclavo (Ignacio, *A los romanos*, 4:3, compárese la actitud hacia los apóstoles en 1 Clemente 42:1, 2; 44:1-2; Ignacio, *A los magnesianos*, 7:1; 13:1-2, etc.).

En otros escritos, aun en aquellos que durante un tiempo algunos consideraban merecedores de ser incorporados al canon, hay unas enseñanzas doctrinales contradictorias con el resto de la Escritura. En "El Pastor" de Hermas, por ejemplo, se enseña la "necesidad de penitencia" y

la posibilidad del perdón de pecados por lo menos una vez después del bautismo. . . El autor parece identificar al Espí-

---

* La Versión Popular (Sociedades Bíblicas Unidas) hace comprensible este texto y a la vez se aproxima más al pensamiento desarrollado por el autor.

ritu Santo con el Hijo de Dios antes de su encarnación, y parece opinar que la Trinidad comenzó su existencia sólo luego de haber subido al cielo la humanidad de Cristo (*Oxford Dictionary of the Christian Church*, p. 641).

El *Evangelio de Tomás*, que algunos sostuvieron como perteneciente al canon durante algún tiempo, concluye con la siguiente afirmación (párrafo 114):

Simón Pedro les dijo: Que María se aleje de nosotros, pues las mujeres no son dignas de la vida. Jesús dijo: He aquí, yo la guiaré para poder hacer de ella un varón, para que ella también pueda llegar a ser un espíritu viviente, semejante a vosotros los varones. Pues toda mujer que se haga varón entrará en el reino de los cielos.

Todos los demás documentos que aún perduran y tenían posibilidad de integrar el canon en la temprana época de la iglesia son similares al citado puesto que contienen declaraciones que explícitamente renuncian su validez para el canon o por cuanto contienen algunas aberraciones doctrinales que claramente los manifiestan como indignos de ser incluidos en la Biblia.

Por otra parte, no hay fuertes objeciones hacia ninguno de los libros dentro del canon actual. En el caso de varios libros del Nuevo Testamento que ganaron la aprobación de toda la iglesia en forma paulatina (libros tales como 2 Pedro o 2 y 3 Juan), pueden atribuirse muchos titubeos acerca de su incorporación al hecho de que al comienzo no circularon muy ampliamente, y de que un conocimiento cabal del contenido de todos los escritos del Nuevo Testamento se difundió por la iglesia bastante lentamente. (La vacilación de Martín Lutero respecto de Santiago es en parte comprensible en vista de la controversia doctrinal en que él militaba, pero tal vacilación ciertamente no era necesaria. Las dificultades doctrinales aparentes se resuelven facilmente una vez que se capta que Santiago usa tres términos cruciales: justificación, fe y obras, en sentidos diferentes de los que Pablo les otorgó.)

Por lo tanto, hay confirmación histórica de la corrección del canon corriente. Sin embargo, debe tenerse en cuenta con relación a cualquier investigación histórica que el trabajo de la iglesia primitiva no era el de *otorgar autoridad divina* ni aun autoridad eclesiástica a escritos meramente humanos, sino más bien el de *reconocer* las características de autoridad divina en los escritos que ya poseían dicha cualidad. Esto se debe a que el criterio definitivo en cuanto a la canonicidad es la originaria paternidad de Dios, no la aprobación humana ni la eclesiástica.

Superado este punto, alguno podría formular la pregunta hipotética sobre lo que deberíamos hacer si se descubriera otra epístola de Pablo, por ejemplo. ¿La acoplaríamos a la Escritura? La respuesta probablemente debería ser que si una gran mayoría de creyentes tuviera la certeza de que fuera una epístola verdaderamente auténtica, escrita durante el curso del desempeño del oficio apostólico de Pablo, entonces la calidad de la autoridad apostólica de Pablo determinaría que esta epístola también contiene las palabras mismas de Dios y que por lo tanto se debe incorporar a la Escritura. Su paternidad divina también sería una garantía de que sus enseñanzas serían acordes con el resto de la Escritura. Pero inmediatamente debe decirse que una pregunta hipotética es sólo eso: hipotética. Es extraordinariamente difícil de imaginar qué clase de documento histórico podría ser descubierta que fuera capaz de demostrar fehacientemente a la iglesia entera que una carta extraviada durante casi dos mil años genuinamente fuera redactada por Pablo, y más difícil aún comprender cómo un Dios soberano pudo cuidar fielmente de su pueblo durante casi dos mil años y haber permitido, a pesar de todo, que se viera privado de algo que él había propuesto fuera parte de su revelación postrera de sí mismo en Cristo Jesús. Tomando todo esto en cuenta, parece altamente improbable que se llegue a descubrir tal manuscrito en algún momento futuro. Por eso una pregunta hipotética así no merece ser considerada más seriamente: se torna mera especulación desprovista de valor actual para la iglesia.

Concluyendo, en nuestro canon presente, ¿hay libros que no deberían encontrarse allí? No, podemos apoyar nuestra confianza de que sea así en la fidelidad de Dios el Padre, quien no conduciría a su pueblo a confiar por caso dos mil años en algo como si fuera su palabra y no lo es. Y nuestra confianza se ve confirmada repetidamente tanto por la investigación histórica como por la obra del Espíritu Santo que nos capacita para oír la voz de Dios en forma incomparable al leer cualquier parte de los sesenta y seis libros que conforman nuestro canon desde la terminación del Nuevo Testamento.

Pero se puede preguntar: ¿faltan libros, libros que deberían haber integrado la Escritura y que sin embargo no aparecen? La respuesta debe ser negativa. En toda la literatura conocida no se encuentran textos que se aproximen ni remotamente a las Sagradas Escrituras cuando se toma en cuenta tanto su coherencia doctrinal con el resto de la Escritura como la autoridad que dichos textos se adjudican a sí mismos (considerando también la manera en que su pretensión de autoridad fue recibida por otros creyentes). Una vez más la lealtad de Dios hacia su pueblo nos convence de que no falta de la Escritura cosa alguna que Dios considere que necesitamos saber para obedecerle y confiar plenamente en él. El canon de la Escritura hoy día está exactamente como Dios quería que estuviera, y así permanecerá hasta el regreso de Cristo.

Algunas preguntas de estudio de aplicación personal

¿Qué importancia tiene para la vida cristiana saber cuáles escritos son palabras de Dios y cuáles no lo son? ¿En qué variaría la relación que el creyente tiene con Dios si tuviéramos que rebuscar sus palabras por todos los fragmentos que los cristianos han dejado escritos a lo largo de la historia de la iglesia? Si las palabras de Dios estuvieran contenidas no sólo en la Biblia, sino además en todas las declaraciones oficiales de la iglesia a través de la historia, ¿eso significaría un cambio en la vida cristiana, particularmente la de usted?

¿Ha tenido usted dudas o preguntas acerca de la canonicidad de algunos de los libros de la Biblia? ¿Cuál fue la causa de estas dudas? ¿Qué se debería hacer en casos de dudar?

De vez en cuando nos enteramos de la publicación de un libro que contiene "los dichos desconocidos de Jesús" o "los libros perdidos de la Biblia" o "las Escrituras que la iglesia suprimió en los primeros tiempos" o "el relato de la niñez de Jesús". A veces se trata de fraudes, pero por lo general son legítimas traducciones a las lenguas modernas de documentos muy antiguos, algunos de los cuales datan del siglo I o II d.C. ¿Qué razones hay para considerar valiosos tales escritos? ¿Qué peligros entraña el hecho de comercializarlos con títulos como los que ya hemos mencionado? ¿Qué actitud debe asumir frente a ellos el cristiano que los lea? ¿Le agradaría a usted leer algunos de estos textos? ¿Por qué? ¿Se alteraría en algo su vida espiritual si usted nunca llegara a leer escritos no canónicos?

Mormones, Testigos de Jehová y miembros de otras organizaciones religiosas han sostenido poseer revelaciones de Dios de tiempos modernos, a los cuales otorgan una autoridad equivalente a la Biblia.

¿Qué argumentos puede alegar usted para demostrar la falsedad de tal pretensión? En la práctica, ¿estos seguidores de otras "revelaciones" conceden a la Biblia una autoridad igual a la de dichas "revelaciones"?

Los que deseen analizar los libros apócrifos del Antiguo Testamento pueden conseguir traducciones modernas. Comparen el efecto que estos escritos producen en usted con el efecto de la lectura bíblica. A algunos podría interesarles una comparación semejante con la lectura de una colección de libros a la que se le llama *New Testament Apocrypha* (Libros Apócrifos del Nuevo Testamento).* ¿El efecto espiritual de estos escritos es positivo o negativo en su vida? Comparándolo con el efecto espiritual que la Biblia ejerce en su vida, ¿cuál es su veredicto?.

(Personalmente mi experiencia ha sido, luego de leer un poco de literatura apócrifa, que al volver a la Biblia misma, ésta me pareció como una bocanada de aire fresco. Aquellos escritos contrastan con la Biblia, la cual evidencia una majestad, una dignidad y una calidad de hálito divino que con ningún otro libro comparte. Muchos otros cristianos me han referido impresiones similares: en la Biblia oyen que la voz del Creador habla a sus corazones como ninguna otra obra escrita. Por ser esto así, creo que un análisis de estos otros escritos en términos generales fortalecerá, no debilitará, la confianza del creyente en la exclusiva autoridad divina de la Biblia.)

NOTA: Este "Apéndice B" ha sido tomado de un libro en preparación del mismo autor: *Systematic Theology: An Introductory Course.* Se ha incluido con permiso de la rama británica de la editorial Inter-Varsity Press.

---

* E. Hennecke, *New Testament Apocrypha*, ed. W. Schneemelcher; trad. al inglés ed. por R. McL. Wilson (SCM Press, 1965).

LA SUFICIENCIA DE LA ESCRITURA

Explicación y base bíblica

La pregunta es: ¿Hemos de empeñarnos por encontrar otras palabras de Dios aparte de lo que tenemos en la Escritura? La doctrina de la *suficiencia de la Escritura* encara la pregunta.

Podemos definir la suficiencia de la Escritura del modo siguiente:

El significado de la *suficiencia de la Escritura* en este caso es que la Escritura contiene todas las palabras que Dios ha determinado que su pueblo posea en cada una de las etapas de la historia de la redención, y que contiene todo lo que necesitamos que Dios nos diga en cuanto a la salvación, para poder confiar perfectamente en él y para obedecerle perfectamente.

Esta definición destaca el hecho de que es en la Escritura solamente donde debemos buscar las palabras de Dios para nosotros. También nos recuerda que Dios considera que lo que él nos ha dicho en la Biblia basta para nosotros, y que debemos regocijarnos por la gran revelación que nos ha dado y sentirnos satisfechos con ella.

Un significativo respaldo bíblico y a la vez la explicación de esta doctrina se encuentra en 2 Timoteo, donde Pablo le dice a Timoteo: "desde la niñez has sabido las Sagradas Escrituras, las cuales te pueden hacer sabio para la salvación por la fe que es en Cristo Jesús" (2 Timoteo 3:15). El contexto nos hace saber algo más sobre lo que implican las palabras "Sagradas Escrituras" (2 Timoteo 3:16). Aquí tenemos un indicio de que las palabras de Dios que están en las Escrituras son todas las palabras de Dios que necesitamos para ser salvos: estas palabras tienen la capacidad de hacernos sabios "para la salvación". Esto lo corroboran otros pasajes que se refieren a la Escritura como el medio por el cual Dios nos lleva hacia la salvación (Santiago 1:18; 1 Pedro 1:23).

Otros pasajes indican que la Biblia es suficiente para equiparnos para vivir la vida cristiana. Otra palabra de Pablo a Timoteo dice:

Toda la Escritura es inspirada* por Dios, útil para enseñar, para redargüir, para corregir, para instruir en justicia, a fin de que el hombre de Dios sea perfecto,** enteramente preparado para toda buena obra (2 Timoteo 3:16-17).

Aquí Pablo explica que uno de los propósitos para los cuales Dios dispuso la composición de las Escrituras fue el de "equiparnos" para *toda buena obra*. Si hay una "buena obra" que Dios quiere que uno de los creyentes realice, Dios ha dejado en su palabra lo necesario para capacitarlo para la ejecución de la misma, según este pasaje. Y no hay *ninguna* "buena obra" que Dios quiera que hagamos fuera de las que se enseñan en alguna porción de las Escrituras. Ellas nos capacitan para *toda* buena obra.

Es semejante la enseñanza que se encuentra en el Salmo 119: "¡Bienaventurados los perfectos de camino, los que andan en la ley de Jehová!" (v. 1). Este texto pone de manifiesto una equivalencia entre ser "perfectos" y andar "en la ley de Jehová"; es decir, perfectos *son* los que se rigen por la ley del Señor. Aquí hay una nueva señal de que *todo* lo que Dios requiere de nosotros está registrado en su palabra escrita. Simplemente hacer todo lo que la Biblia indica nos hace perfectos a los ojos de Dios.

Luego para ser moralmente intachables a los ojos de Dios, ¿qué debemos hacer además de lo que Dios nos ordena en las Sagradas Escrituras? Nada. ¡Absolutamente nada! Si sólo obedecemos las Sagradas Escrituras seremos intachables y ejecutaremos "toda buena obra" que Dios espera de nosotros.

Nos damos cuenta de que jamás obedeceremos a la perfección toda Escritura en esta vida (véase 1 Juan 1:8-10; Santiago 3:2). Por eso tal vez no parezca de tanto interés en un primer momento la afirmación de que lo único que debemos hacer es lo que Dios ordena en la Biblia, pues nunca llegaremos a obedecerlo todo en esta vida, de cualquier modo.

Sin embargo, esta verdad es de gran peso en nuestra vida cristiana, pues nos permite *enfocar* la atención en la Biblia sola en nuestra

---

* En griego *theopneustos*, literalmente "soplado por el aliento de Dios", como propone la interpretación del autor.
** O "completo", según la traducción del autor.

búsqueda de las palabras de Dios para nosotros y nos salva de la interminable tarea de rebuscar en todos los escritos cristianos a lo largo de la historia, o a través de todas las enseñanzas de la iglesia, o por todos los sentimientos e impresiones que lleguen a nuestra mente día tras día, para encontrar así lo que Dios quiere de nosotros. En un sentido muy práctico, significa que estamos *capacitados* para alcanzar conclusiones claras acerca de muchas enseñanzas de la Escritura.

Llevaría bastante trabajo, pero es *posible* encontrar todos los pasajes bíblicos que son directamente pertinentes al tema del matrimonio y el divorcio, por ejemplo, o el de las responsabilidades de los padres hacia los hijos, o de la relación del creyente y las autoridades civiles, o nuestra responsabilidad en cuanto a la veracidad en el lenguaje. También significa que es posible recopilar todos los pasajes que se relacionan directamente con los temas doctrinales tales como la expiación, o la persona de Cristo, o la obra del Espíritu Santo en la vida del creyente en la actualidad. En el caso de estos cientos de otras cuestiones morales y doctrinales, lo que nos enseña la Biblia acerca de la *suficiencia* de las Sagradas Escrituras nos da la confianza de que sí estaremos equipados para hallar lo que el Señor desee que pensemos o hagamos en estos casos. En muchos de estos asuntos podemos aumentar nuestra autoridad a partir del hecho de que nosotros, junto con la mayor parte de la iglesia a lo largo de su historia, *hemos* encontrado y formulado correctamente lo que Dios quiere que creamos y hagamos. Para expresarlo simplemente, esta doctrina de la suficiencia de la Escritura nos equipa para estudiar la teología sistemática y ética, y hallar respuestas a nuestras preguntas.

En este aspecto nos diferenciaremos de los teólogos católico-romanos quienes dicen que ninguno encontrará todo lo que Dios nos revela acerca de un tema cualquiera, hasta que también haya escuchado la enseñanza oficial de la iglesia en su desarrollo histórico. Nuestra respuesta sería que, aunque la historia de la iglesia podría cooperar con nuestra *comprensión* de lo que Dios nos trasmite en la Biblia, jamás en la historia de la iglesia ha permitido Dios que se añada al contenido de la Escritura, ni ha agregado mensajes dirigidos a la humanidad que se igualen en autoridad a la Escritura. En ningún recodo de la historia eclesiástica ha añadido Dios cosas más allá de las Escrituras que él exija que creamos o hagamos. La Escritura es suficiente para hacernos aptos para "toda buena obra", y andar en sus caminos es ser intachables a los ojos de Dios.

También discrepamos en este punto con teólogos no evangélicos que no están convencidos de que la Biblia sea la palabra de Dios en un sentido exclusivo y absoluto en cuanto a autoridad, y por lo tanto no sólo investigan la Biblia sino también otros muchos escritos del cristianismo de la primera época en un esfuerzo por encontrar no simplemente lo que Dios manifestó a la humanidad, sino más bien lo que muchos de los primeros creyentes experimentaron en su relación con Dios, o Cristo. Por eso procuran dar una conclusión, no única o unificada acerca de lo que Dios desea que creamos o hagamos respecto de una cuestión en particular, sino con una multiplicidad de opiniones y puntos de vista que giren en torno de algunas ideas principales que las unifiquen. De esta manera, todas las opiniones sostenidas por los primeros creyentes en cualquiera de las iglesias de la época temprana serían interpretaciones válidas también para los cristianos de hoy.

A esto respondemos que nuestra búsqueda de respuestas a las cuestiones teológicas y éticas no es un rastreo para descubrir lo que han pensado diversos creyentes en la historia de la iglesia, sino una búsqueda para hallar y comprender lo que Dios mismo nos dice en sus propias palabras, y esas palabras se encuentran en la Escritura y solamente allí.

Debemos aclarar que la doctrina de la suficiencia de la Escritura no implica que *Dios* no pueda agregar más palabras a las que él ya ha hablado a su pueblo. Lo que sí implica es que *el ser humano* no puede agregar por iniciativa propia más palabras a las que Dios ya ha permitido. Aún más, implica que Dios de hecho *no* ha hablado a la humanidad más palabras de las que espera que creamos u obedezcamos además de aquellas que tenemos ahora en la Biblia.

Este es un punto importante pues nos ayuda a comprender el hecho de que Dios haya dicho a su pueblo que sus palabras a ellos eran suficientes en muchos diferentes momentos de la historia de la redención, y la manera como, no obstante, pudo agregar a sus propias palabras en etapas posteriores de la historia de la redención. Por ejemplo, en Deuteronomio 29:29 dice Moisés: "Las cosas secretas pertenecen a Jehová nuestro Dios; mas las reveladas son para nosotros y nuestros hijos para siempre, para que cumplamos todas las palabras de esta ley."

Este versículo nos hace ver que Dios siempre ha tomado la iniciativa al revelarnos cosas. El ha decidido qué revelarnos, y qué no revelar. En cada etapa de la historia de la redención, las cosas que Dios había revelado eran para su pueblo en ese momento, y su pueblo debía estudiar, creer y obedecer aquellas cosas. A medida que avanzaba la historia de la redención, más de las palabras de Dios se añadían, registrando e interpretando esa historia. (Véase el Apéndice "B" precedente en cuanto al desarrollo del canon.) De modo que para el tiempo de la muerte de Moisés, los primeros cinco libros de nuestro Antiguo Testamento eran suficientes para el pueblo de Dios *de esa época*. Pero Dios dirigió a autores posteriores para que agregaran más, de modo que las Escrituras fueran suficientes para los creyentes de esos tiempos posteriores. Para los cristianos de hoy, las palabras de Dioa que tenemos en el Antiguo Testamento y el Nuevo Testamento conjuntamente son suficientes para nosotros *durante la era de la iglesia*. Luego de la muerte, resurrección y ascensión de Cristo y la fundación de la iglesia tal como quedó registrada en el Nuevo Testamento, no han tenido lugar otros significativos actos redentores de Dios en la historia (actos que tengan aplicabilidad directa para todo el pueblo de Dios y todo el tiempo transcurrido desde entonces), y por eso Dios no ha emitido más palabras para que fueran registradas y nos dieran la interpretación de esos actos.

Todo esto significa que podemos citar textos de la Escritura de cualquier porción dentro del canon para demostrar que el principio de la suficiencia de la revelación de Dios a su pueblo en cada período particular continúa siendo el mismo. En este sentido, esos versículos que hablan de la suficiencia de la Escritura en épocas más tempranas son directamente aplicables para nosotros también, si bien la extensión de la Escritura a la que se refieren actualmente se ha expandido en comparación con la cantidad de Escritura a la que atañían en su contexto original. En este sentido se aplican a nuestros días también textos de la Escritura tales como los siguientes:

Deuteronomio 4:2: "No añadiréis a la palabra que yo os mando, ni disminuiréis de ella, para que guardéis los mandamientos de Jehová vuestro Dios que yo os ordeno."

Deuteronomio 12:32: "Cuidarás de hacer todo lo que yo te mando; no añadiréis a ello, ni de ello quitarás."

Proverbios 30:5-6: "Toda palabra de Dios es limpia; él es escudo en los que en él esperan. No añadas a sus palabras, para que no te reprenda, y seas hallado mentiroso."

Apocalipsis 22:18-19: "Yo testifico a todo aquel que oye las palabras de la profecía de este libro: Si alguno añadiere a estas cosas, Dios traerá sobre él las plagas que están escritas en este libro. Y si alguno quitare de las palabras del libro de esta profecía, Dios quitará su parte del libro de la vida, y de la santa ciudad y de las cosas que están escritas en este libro."

A partir de esta doctrina de la suficiencia de las Escrituras podemos derivar varias aplicaciones prácticas para nuestra vida cristiana. La lista siguiente intenta dar una idea de la gama de aplicaciones posibles, pero de manera alguna es exhaustiva.

1. La suficiencia de las Escrituras debe alentarnos cuando tratamos de descubrir lo que Dios desea que pensemos (respecto de alguna cuestión doctrinal que nos interese) o hagamos (respecto de alguna situación que se presente en nuestra vida). Debemos sentirnos alentados, ya que todo lo que Dios quiere decirnos acerca de esa cuestión se encuentra en las Escrituras. No quiere decir que la Biblia contenga ilimitadas respuestas a todas las preguntas que se podría imaginar una vana curiosidad, pues "las cosas secretas pertenecen a Jehová nuestro Dios" (Deuteronomio 29:29). Pero sí quiere decir que cuando nos enfrentamos con un legítimo problema de importancia en nuestra vida espiritual, debemos acudir a las Escrituras con la confianza de que de ellas Dios nos dará la dirección que necesitamos para hacer frente al problema.

Por supuesto, habrá ocasiones en que la respuesta que encontramos es que la Biblia no responde directamente a nuestra pregunta. (Así sería, por ejemplo, si intentáramos descubrir en las Escrituras cuál orden debemos seguir en el culto dominical, o si es mejor arrodillarse o quizá ponerse de pie al orar, o a qué hora debemos comer durante el día.) En esos casos, es correcto concluir que Dios no nos ha dirigido a pensar o actuar en ningún modo específico en cuanto a esa pregunta (salvo, quizá, desde el punto de vista de principios generales en cuanto a nuestras actitudes y metas). Pero en muchos otros casos encontraremos dirección inmediata y clara del Señor para prepararnos para "toda buena obra" (2 Timoteo 3:17).

En el transcurso de la vida, la práctica frecuente de buscar dirección en las Escrituras dará como fruto una capacidad cada vez mayor para encontrar respuestas precisas y cuidadosamente formuladas a los problemas y preguntas que tengamos. De esa manera, el desarrollo de nuestro conocimiento de las Escrituras incluirá crecimiento en la capacidad de entender y aplicar correctamente cuestiones específicas de las enseñanzas bíblicas.

2. La suficiencia de las Escrituras nos recuerda que no les debemos añadir nada, y que no debemos considerar que escrito alguno sea de valor igual que el de las Escrituras. De esta inferencia hacen caso omiso casi todas las sectas. Por ejemplo, los mormones pretenden creer la Biblia, pero también reclaman autoridad divina para el *Libro de Mormón*. De manera semejante, los seguidores de la Ciencia Cristiana pretenden creer la Biblia, pero en la práctica consideran a nivel de las Escrituras o mayor que ellas la autoridad del libro *Science and Health with a Key to the Scriptures* (Ciencia y salud con una clave de las Escrituras) por Mary Baker Eddy. Estas prácticas violan los mandamientos de Dios de no añadir a sus palabras, y no debemos pensar que se hallen en esos escritos palabras adicionales de Dios.

3. La suficiencia de las Escrituras nos dice también que Dios no requiere que creamos nada respecto de él ni su obra redentora que no se encuentre en las Escrituras. Entre las colecciones de escritos del tiempo de la iglesia primitiva están algunas que pretenden ser recopilaciones de dichos de Jesús que no se conservaron en los Evangelios. Es probable que por lo menos algunos de los "dichos de Jesús" que se encuentran en esos escritos sean registros bastante precisos de cosas que Jesús mismo en realidad dijo (aunque al presente nos resulta imposible a nosotros determinar con un alto grado de probabilidad cuáles sean esos dichos legítimos). Pero realmente no tiene importancia alguna para nuestra vida cristiana si no leemos jamás esos dichos, pues Dios ha hecho registrar en las Escrituras todo lo que necesitamos saber de las palabras y hechos de Jesús para confiar en él y obedecerle perfectamente. ¿Qué más podríamos desear? Esas recopilaciones de dichos tienen, efectivamente, cierto valor limitado para investigaciones lingüísticas y quizá para el estudio de la historia de la iglesia, pero no tienen ninguna posibilidad de ayudarnos directamente a aprender lo que debemos creer acerca de la vida y las enseñanzas de Cristo, ni a formular nuestras convicciones doctrinales o éticas.

4. La suficiencia de las Escrituras nos muestra que no se debe colocar en un nivel de autoridad igual a las Escrituras ninguna revelación moderna de Dios. En varias oportunidades a lo largo de la historia de la iglesia, y especialmente en el moderno movimiento carismático, ha habido personas que pretenden que Dios ha dado revelaciones mediante ellas para el beneficio de la iglesia. Como quiera que evaluemos tales pretensiones, debemos tener mucho

cuidado de que nunca permitamos — en la teoría o la práctica — que se coloquen tales revelaciones en un mismo nivel con las Escrituras. (En realidad, parece que los voceros más responsables del moderno movimiento carismático están de acuerdo con esta advertencia.) Debemos insistir en que Dios no requiere que creamos nada respecto de él ni su obra en el mundo que se contenga en estas revelaciones pero no en las Escrituras. Y debemos insistir en que Dios no requiere que obedezcamos ninguna orden moral que nos venga por tal medio pero que no se confirme en las Escrituras. La Biblia contiene todo lo que necesitamos que Dios nos diga para confiar en él y obedecerle perfectamente.

También debe notarse en este punto que cada vez que han surgido desafíos a la suficiencia de las Escrituras en forma de otros documentos a colocar a la par de las Escrituras (sea literatura cristiana extrabíblica del siglo I, o las enseñanzas acumuladas de la Iglesia Católica Romana, o bien los libros de diversas sectas tales como el *Libro de Mormón*), esto siempre ha dado por resultado (i) restarles importancia a las enseñanzas de la Biblia misma; y (ii) empezar a enseñar algunas cosas que están en contra de las Escrituras. Este es un peligro por el que la iglesia siempre debe estar alerta.

5. En cuanto a la práctica de la vida cristiana, la suficiencia de las Escrituras nos recuerda que nada es pecado que las Escrituras no prohíban (o explícitamente o por inferencia). Andar en la ley del Señor es efectivamente ser "perfecto" (Salmo 119:1). Por lo tanto, no debemos añadir prohibiciones además de las que ya están declaradas en las Escrituras. De cuando en cuando pueden surgir situaciones en las que sería incorrecto, por ejemplo, tomar café o refresco, ir al cine o comer carne ofrecida a ídolos (véase 1 Corintios 8-10); pero a no ser que se pueda demostrar que alguna enseñanza específica o algún principio general de las Escrituras prohíbe estas actividades, o cualquier otra, para todos los creyentes para siempre, debemos insistir en que estas actividades no son pecaminosas *en sí mismas* y que no están prohibidas por Dios para su pueblo *en toda situación*.

Este es un principio importante también porque siempre hay la tendencia entre los creyentes de empezar a abandonar la busca regular y diaria en las Escrituras de guía, y de comenzar a vivir de acuerdo con una lista de reglas, escritas o no escritas, o una tradición denominacional, respecto de lo que se hace o no se hace en la vida cristiana.

Más aún, cada vez que agregamos a la lista de pecados prohibidos por las Escrituras mismas, siempre se producirá daño de otras clases en la iglesia y en la vida de creyentes individuales. El Espíritu Santo no concederá poder a los creyentes para que obedezcan reglas que no cuenten con la aprobación de Dios a base de las Escrituras, ni tampoco los creyentes se regocijarán por lo general al obedecer mandamientos que no estén de acuerdo con las leyes de Dios escritas en sus corazones. En algunos casos, los cristianos podrían rogar a Dios repetida e intensamente que les conceda "victoria" sobre supuestos pecados que en realidad no lo son en absoluto, de manera que no recibirán la "victoria" porque la actitud o acción de que se trata no desagrada a Dios. Esto puede dar por resultado gran desánimo en la oración y frustración en la vida cristiana en general.

En otros casos, se producirá una desobediencia continua o aun aumentada a esos "pecados" nuevos, junto con un falso sentido de culpabilidad y una resultante enajenación de Dios, la cual nunca debiera suceder. A menudo también aparecerá en los que siguen esas reglas una insistencia cada vez más inflexible y legalista en las mismas, y la genuina comunión entre los creyentes de la iglesia se desvanecerá. También se impedirá a menudo el evangelismo, pues la proclamación silenciosa del evangelio que es un fruto de la vida de los creyentes tendrá al menos la apariencia de incluir el requisito adicional de que uno tiene que conformarse a este modelo uniforme de la vida para poder integrarse en el cuerpo de Cristo.

Un ejemplo claro de tal adición a los mandamientos de la Escritura se encuentra en la oposición de la Iglesia Católica Romana a los medios anticonceptivos "artificiales", política que no cuenta con ningún apoyo válido en las Escrituras. Ha dado por resultado desobediencia extendida, enajenación y falsos sentimientos de culpabilidad. Pero la propensión humana a hacer tales reglas es tan grande que probablemente se puedan encontrar otros ejemplos en las tradiciones escritas o no escritas de casi todas las denominaciones.

6. Una consideración paralela a la anterior es el hecho de que la suficiencia de las Escrituras nos dice que Dios no nos exige nada que no esté ordenado en las Escrituras (sea explícitamente o por inferencia). Eso nos recuerda que al buscar la voluntad de Dios, debemos concentrarnos en las Escrituras, y no principalmente en la búsqueda de dirección mediante oración para circunstancias alteradas o sentimientos cambiados o la guía directa del Espíritu Santo aparte de las

Escrituras. También quiere decir que si alguien pretende tener un mensaje de Dios para nosotros concerniente a lo que debemos hacer, nunca hay que pensar que sea pecado desobedecer tal mensaje a menos que se lo pueda confirmar mediante la aplicación de las Escrituras mismas a nuestra situación.

El descubrimiento de esta gran verdad podría traer tremendo gozo y paz a la vida de miles de cristianos que pasan horas incontables buscando la voluntad de Dios fuera de las Escrituras y dudan siempre que la hayan encontrado. En realidad, muchos cristianos hoy día tienen probablemente muy poca confianza en su capacidad de discernir la voluntad de Dios con mucha certeza. Así que, pocos se esfuerzan por seguir la voluntad de Dios (pues, ¿quién puede saberla?), y hay poco crecimiento en santidad ante Dios.

La situación debiera ser lo contrario. Los cristianos que están convencidos de la suficiencia de las Escrituras deben comenzar a buscar con anhelo la voluntad de Dios *y encontrarla* en las Escrituras. Deben estar creciendo afanosa y regularmente en su obediencia a Dios. Esto resultaría en gran libertad y paz en la vida cristiana, y cada vez más podríamos decir con el Salmista: "Guardaré tu ley siempre, para siempre y eternamente. Y andaré en libertad, porque busqué tus mandamientos . . . Mucha paz tienen los que aman tu ley, y no hay para ellos tropiezo" (Salmo 119:44-45, 165).

7. La suficiencia de las Escrituras nos recuerda que en nuestra enseñanza doctrinal y ética debemos hacer énfasis en lo que recalcan las Escrituras, y debemos estar contentos con lo que Dios nos ha dicho en las Escrituras. Algunos temas hay acerca de los cuales Dios nos ha dicho poco o nada en la Biblia. Debemos tener presente que "las cosas secretas pertenecen a Jehová nuestro Dios" (Deuteronomio 29:29) y que Dios nos ha revelado en las Escrituras exactamente lo que él juzgó conveniente para nosotros. No debiéramos desalentarnos con eso y pensar que las Escrituras son menos de lo que debieran ser, o comenzar a desear que Dios nos hubiera dado mucho más información acerca de asuntos sobre los cuales hay poquísimas referencias en las Escrituras. Por supuesto, habrá algunas situaciones en que se nos presentará un problema particular que requiere mucha atención, mucho más que el énfasis que recibe en la enseñanza de las Escrituras o del Nuevo Testamento en conjunto. Pero esas situaciones debieran ser poco frecuentes y no debieran ser la norma en el transcurso general de nuestra vida o ministerio.

Es una característica de muchas sectas que dan énfasis a porciones o enseñanzas confusas de las Escrituras (viene a la mente otra vez el énfasis de los mormones en el bautismo por los muertos, un tema que se menciona en un solo versículo de la Biblia [1 Corintios 15:29], en una frase cuyo sentido es, al aparecer, imposible de determinar a ciencia cierta al presente). Pero semejante error fue cometido por toda una generación de estudiosos liberales del Nuevo Testamento a comienzos de este siglo que dedicaron la mayoría de su vida académica a una búsqueda de las fuentes "tras" las actuales narraciones de los evangelios, o a una búsqueda de los dichos "auténticos" de Jesús.

Lamentablemente, semejante tipo de acontecimientos se han desarrollado con demasiada frecuencia entre evangélicos dentro de varias denominaciones. Las cuestiones doctrinales que han dividido las denominaciones evangélicas protestantes unas de otras han sido casi sin excepción cuestiones sobre las que la Biblia pone relativamente poco énfasis, y cuestiones acerca de las cuales tenemos que sacar conclusiones a base de inferencia hábil más que de declaraciones bíblicas directas. (Por ejemplo, diferencias duraderas entre las denominaciones se han producido o mantenido a partir de la forma "correcta" de gobierno eclesiástico, la naturaleza precisa de la presencia de Cristo en la Santa Cena, la secuencia exacta de los acontecimientos de los últimos días, las categorías de personas que se deben admitir a la Santa Cena, la manera como Dios planificó que los méritos de la muerte de Cristo se aplicarían a los creyentes y no a los incrédulos, los sujetos propios para el bautismo, la comprensión correcta del "bautismo en el Espíritu Santo", etc.)

No debiéramos decir que todos esos asuntos *carecen de importancia*, ni debiéramos decir que las Escrituras no dan solución alguna a ninguna de estas cuestiones. Pero el asunto es que todas estas cuestiones son de las que reciben relativamente poco énfasis directo en las Escrituras, y es irónico y trágico que los líderes denominacionales a menudo pasan grandes porciones de su vida defendiendo justamente los pequeños puntos doctrinales que distinguen sus denominaciones de las otras. ¿Tal esfuerzo será de veras motivado por el deseo de traer unidad de entendimiento a la iglesia? ¿O es, más bien, motivado por el orgullo humano, por un deseo de retener poder sobre otras personas, y por un intento de autojustificación que desagrada a Dios y que al fin daña la iglesia?

Algunas preguntas para estudio y aplicación personal

En el proceso de crecer en la vida cristiana y profundizar su relación con Dios, ¿cuánto énfasis aproximadamente pone usted en la lectura de la Biblia misma, y cuánto en la lectura de otros libros cristianos? ¿Cree que la doctrina de la suficiencia de las Escrituras lo moverá a usted a poner más énfasis en la lectura de las Escrituras mismas?

Cuáles son algunas de las cuestiones doctrinales o morales acerca de las que se está preguntando en este momento? ¿Ha aumentado esta exposición su confianza en la capacidad de las Escrituras de dar una respuesta clara para algunas de estas preguntas?

Ha deseado alguna vez que la Biblia dijera más sobre cierto asunto? ¿Menos? Después de leer este apéndice, ¿cómo respondería usted a una persona que expresara semejante deseo hoy? ¿Cómo se demuestra la sabiduría de Dios en el hecho de que escogió no hacer la Biblia mucho más larga ni mucho más corta de lo que efectivamente es?

¿Cómo podría la definición de lo que es ser bendecido o bienaventurado en el Salmo 119:1 cambiar su opinión de lo que constituye éxito en su vida diaria? ¿En su trabajo?

A veces las personas toman decisiones a base de toda la información que han podido obtener en el momento de la decisión, pero luego se enteran de más información que las hace sentir gran pena. Se podría poner por ejemplo el caso de un hombre de negocios que pierde una gran oportunidad de inversión, o una persona que por circunstancias apremiantes pierde su visita diaria a su padre o madre anciano y después se entera de que éste murió ese día. ¿Puede usted explicar cómo la doctrina de la suficiencia de las Escrituras podría librar a los cristianos de remordimientos excesivos y falsos sentimientos de culpabilidad en casos tales como estos?

Si la Biblia contiene todo lo que necesitamos que Dios nos diga para que le obedezcamos perfectamente, ¿qué papel cumplen las siguientes cosas en ayudarnos a encontrar la voluntad de Dios para nosotros: los consejos de otros, los sermones o clases bíblicas, nuestra conciencia, nuestros sentimientos, la guía del Espíritu Santo en la manera como sentimos que impulsa nuestros deseos interiores e impresiones subjetivas, los cambios de circunstancias, la profecía de hoy día?

A la luz de este análisis, ¿cómo encontraría usted la perfecta voluntad de Dios para su vida? ¿Es posible que haya más de una elección perfecta en muchas de las decisiones que tomamos? (Tome en cuenta Salmo 1:3 y 1 Corintios 7:39 al buscar una respuesta a esta pregunta.)

¿Ha habido oportunidades en que usted ha comprendido los principios de las Escrituras lo suficientemente bien respecto de una situación específica pero no ha conocido los hechos de la situación lo suficientemente bien para saber aplicar correctamente estos principios de las Escrituras? Al buscar la voluntad de Dios, ¿puede haber otras cosas que necesitamos saber además de (a) la enseñanza de las Escrituras y (b) los hechos de la situación de que se trata, junto con (c) habilidad en aplicar (a) a (b) correctamente? ¿Cuál, pues, es el papel de la oración en la búsqueda de guía? ¿Por qué debemos orar?

NOTA: Este "Apéndice C" ha sido tomado de un libro en preparación del mismo autor: *Systematic Theology: An Introductory Course.* Se ha incluido con permiso de la rama británica de la editorial Inter-Varsity Press.